헌법개정사

憲法改正史

김 종 세

정독
DEEP READING

머리말

헌법학자는 한국 헌법사에 대하여 다양하게 조명하는 시각을 가질 수 있습니다. 특히 한국 공화국의 시대적 구분은 여전히 완결되지 않은 장으로 남아 있습니다. 헌법사와 헌정사는 모두 헌법과 헌법현실을 대상으로 삼고 있습니다. 헌법사는 규범적 측면에 중점을 두고 전개하고, 헌정사는 정치현상의 사실적 측면에 중점을 두고 전개한다는 점에서 기본적인 차이점이 있습니다. 이러한 측면에서 본 저서의 헌법 개정사는 헌법과 헌법현실을 대상으로 모두 다루고 있습니다. 일반적으로 헌법학이나 헌법이론을 강의를 하다 보면 헌법제정 및 헌법개정은 역사적이고 정치적 상황을 전개할 수밖에 없는 사실을 근거로 헌법규범적 변화를 가져온 것입니다. 헌법을 배우는 학습자는 헌법개정의 내용을 어렵게 여기는 학습 뷰야로 여기고 있습니다. 더욱이 수험생 입장에서는 시대적 및 정치적 사실을 매우 복잡하게 여기며 암기 사항이 많은 분야로 부담을 갖고 있습니다. 실제로 시험을 출제하는 입장에서도 부담이 되기는 마찬가지입니다

본 저서에서는 우리나라가 광복 이후로 일어난 정치적 상황을 기반으로 하여 제헌국회 및 헌법제정의 과정을 전개하였고, 이에 제1차 헌법 개정부터 제9차 헌법 개정의 사유와 그 해당 헌법전을 정리하였습니다. 제1장에서는 헌법사를 개관하는 차원에서 헌법의 의의, 대한민국헌법사를 다루었습니다. 제2장에서는 한국정치사와 국회구성에 대하여 해방 후 정치 상황과 국회구성을 다루었습니다. 제3장에서는 이승만 정권의 헌법 제정 및 개정에 대하여 정치 상황에 비추어 본 헌법 제정(1948년 7월 17일), 제1차 개정 헌법(1952년 7월 7일), 제2차 개정 헌법(1954년 11월 29일)을 다루었습니다. 제4장에서는 제2공화국의 장면 내각에 대하여 정치 상황에 비추어 본 제3차 개정 헌법(1960년 6월 15일), 제4차 개정 헌법(1960년 11월 29일)을 다루었습니다. 제5장에서는 제3공화국에 대하여 정치 상황에 비추어 본 제5차 개정 헌법(1962년 12월 26일), 제6차 개정 헌법

(1969년 10월 21일)을 다루었습니다. 제6장에서는 제4공화국 및 유신헌법에 대하여 정치 상황에 비추어 본 제7차 헌법 개정(1972년 12월 27일)을 다루었습니다. 제7장에서는 제5공화국에 대하여, 정치 상황에 비추어 본 제8차 개정 헌법(1980년 10월 27일)을 다루었습니다. 제8장에서는 제6공화국에 대하여 정치 상황에 비추어 본 제9차 개정 헌법(1987년 10월 29일)을 다루었습니다. 마지막으로 제9장에서는 최근 헌법 개정 논의에 대하여 즉 제10차 헌법 개정안으로 대통령의 개정안 발의를 소개하였습니다. 마지막 장에서 소개된 내용은 최근까지 몇 차례 논의되었던 헌법개정에 대한 부분을 언급하면서 한국헌법학회, 국회헌법개정특별위원회, 대통령 소속 헌법개정특별위원회에서 개정안을 추진해 왔던 것을, 그 중에서도 실제 대통령이 발의한 헌법개정안을 본 저서에 맨 끝 장에 배치하였습니다. 앞으로 지속적으로 전개될 헌법 개정에 있어서 참고할 만하여 소개하였습니다.

부족하기만 한 학자의 길을 걸어 가면서 늘 함께 하며 든든한 버팀목이 되어준 나의 가족, 아내 김혜진과 큰아들 김태현과 둘째 아들 김태윤에게 깊은 감사의 마음을 이 책을 통해서 다시 한 번 더 전하고 싶습니다. 아직까지 농사일 놓지 못하고 계시는 92세 아버님과 어머님께 늘 감사한 마음 전하고 싶습니다. 지금처럼 늘 건강하시고 즐거운 마음으로 곁에 계셔서 든든합니다. 저희 헌법연구실의 장준혁 실장님, 강혜경 박사님, 박정선 박사님, 임서진 원장님, 양문석 대표님, 이원관 이사장님, 신정식 대표님, 김정현 선생님, 이영세 대표님, 조재현 과장님, 허준행 대표님, 오승재 박사님께 감사드립니다.

2024. 4.

김 종 세

차 례

제6장 제4공화국 및 유신헌법

제7장 제5공화국

제8장 제6공화국 헌법

제9장 최근 헌법 개정 논의

헌법개정사

제1장

헌법사 개관

제1장 헌법사 개관

1. 헌법의 의의

(1) 헌법의 개념

헌법은 국민의 기본권 보장과 이를 위한 통치체제인 국가 조직과 구성에 관한 기본법으로서 최고 규범을 말한다. 헌법개념은 역사적 발전과정과 사회적 접근방법에 따라 다르게 분석하고 정의되는 다의적 개념으로 변천되어 왔으므로 이를 일의적으로 정의하기는 어렵고, 그 개념 정의나 분류의 기준에 따라서 다양하게 사용된다. 그렇지만 일반적으로 본다면 헌법이란 국가의 기본법으로서 국가의 조직·구성·작용과 기본권보장에 관한 기본적 원칙과 규범적 내용을 규정한 근본법이며 최고의 수권규범이라고 할 수 있다. 국가조직에 있어서 권력 구조와 견제는 기본권보장을 위한 중요한 역할을 한다. 1789년 프랑스 인권선언 제16조에 "권리의 보장이 확보되지 않고 권력분립이 되어 있지 아니한 모든 사회는 헌법을 가졌다고 할 수 없다."라는 말에서도 알 수 있는 바와 같이 기본권보장과 권력분립은 헌법의 불가결한 내용이다.

(2) 헌법개념의 다의성과 분류

1) 헌법개념의 다의성

헌법은 국가의 조직·구조의 의미에서도 사실로서의 국가의 통치형태를 의미하나, 다른 면에서는 이와 같은 국가의 통치형태를 규율하는 법규범을 의미한다.

사회학적 헌법개념에 있어서 라살레(F. Lassale)는 헌법을 그 본질로서 국가에 존재하는 사실적 권력관계라 하였고, 스멘트(R. Smend)는 헌법을 국가의 통합

과정이라 보고 통합과정의 법질서 내지 생활형식이라 하였다. 슈미트(C. Schmitt)는 헌법을 헌법제정권력의 행위에 의한 국가의 정치생활의 종류와 형태에 관한 근본결단이라 하였다.

법학적 헌법개념에 있어서 켈젠(H. Kelsen)은 헌법을 광의의 헌법과 협의의 헌법으로 나누고 있다. 협의의 헌법은 기본헌법 또는 기본질서라고 하고, 광의의 헌법은 국가조직법과 인권보장법으로 구성된 것으로 한다. 캐기(W. Kaegi)는 헌법을 국가 최고법규범의 체계로 파악하였다. 스테른(K. Stern)은 헌법을 국가의 통치질서와 가치질서의 기본원칙에 관한 최고의 규범적 표현이라 하였다.

헌법개념에 대한 규범성의 우위에 있어서 헌법 현상은 헌법규범과 정치적 현실의 순환관계에 의하여 형성되고 있으며, 어느 일면을 배제하고 헌법개념을 정확하게 파악할 수 없고 양면을 모두 파악하여야 한다. 또한 헌법의 본질에 있어서 그 가치 규범적 측면과 사실적 측면이 중요한 내용으로도 포함하고 있다.

2) 헌법개념의 분류

고유한 의미의 헌법은 권력분립을 전제로 한 국가의 최고기관을 조직, 구성하고, 이들 기관의 작용 방법, 권력기관의 상호관계 및 활동범위를 규정하는 국가의 기본조직법을 말하는 것으로 어떠한 국가든지 이 고유한 의미의 헌법을 가지고 있다.

근대입헌주의적 의미의 헌법은 국가권력의 조직과 제한에 관한 근본적 규범인 권력분립과 함께 국민의 국가권력에 대한 지위를 보장할 수 있도록 기본권보장에 관하여 규정하고 있는 헌법이다. 이는 자유민주주의 사상을 구현한 것으로 국가권력을 조직하는 측면보다 국가권력을 제한하는 측면이 더 중요시되고 있다. 근대입헌주의적 의미의 헌법은 자유와 형식적 평등을 중요시한 것이라면, 현대복지주의적 의미의 헌법은 실질적 평등의 보장을 보다 중요시하고 있다. 이러한 현대복지주의적 의미의 헌법은 국민주권주의를 실질적으로 구현하고, 다양한 분류의 기본권 중에서도 사회적 기본권을 적극적으로 보장하며, 실질적 법치국가원리를 채택하여 권력행사의 통제와 합리적 조정에 기여할 수 있도록 한다. 또한 이는 국민의 정치적 매개체 역할을 할 수 있는 정당제도를 헌법에 수용함으로써 사회적 시장경제체제를 보장하며, 대외적 기본원칙으로서 국제평화주의를 채택하고 있다.

실질적 의미의 헌법은 성문 또는 불문의 형식 여하를 불문하고 그 내용이 성질상 국가의 조직·구성·작용 및 국민과의 관계에 관한 근본원칙을 담고 있는 헌법이다. 따라서 성문헌법이 없는 영국 등의 불문헌법국가도 실질적 의미의 헌법이라 할 수 있다. 한편 형식적 의미의 헌법은 법에 규정되어 있는 내용에 착안하지 않고 그 성립형식·존재형식·형식적 효력 등의 외형적 특징에 따라서 정의한 헌법개념으로서, 헌법전이라는 특별한 형식으로 성문화된 법규범이다. 형식적 의미의 헌법은 대체로 실질적 의미의 헌법과 그 내용을 같이 하지만 반드시 완전히 일치하는 것은 아니다.

2. 대한민국 헌법사

(1) 제헌 헌법 전사(前史)

우리나라에서 근대입헌주의적 의미의 헌법에 관한 논의는 19세기 말부터 시작되었다.[1] 그 이전에 경국전(經國典)은 조선 태조 3년(1394)에 정도전이 지은 법전으로 조선 개국의 기본 강령과 육전에 관한 사무를 규성한 것이 있었으며, 그리고 경국대전(經國大典)은 조선시대의 최고의 법전으로서 조선 건국 초의 법전인 경제육전(經濟六典)의 원전(原典)과 속전(續典), 그리고 그 뒤의 법령을 종합하여 만들어진 통치의 기본이 되는 통일 법전이었다. 조선 세조 대에 편친을 시작하여 성종 대에 들어 완성, 반포되었다. 이와 같이 경국대전과 같은 국가의 조직과 구성에 관한 기본법제가 있었지만 근대국가의 헌법이라고 할 수는 없다.

1919년 3월 1일의 기미독립운동을 기점으로 상해에 대한민국임시정부를 수립하였다. 임시정부는 1919년 4월 11일에 대한민국임시헌장을 제정하고, 9월 11일에는 대한민국임시헌법을 제정하였다. 이 헌법은 그 이후 대한민국임시헌법(1925년 4월 7일), 대한민국임시약헌(1927년 4월 11일), 대한민국임시약헌(1940년 10월 9일), 대한민국임시헌장(1944년 4월 22일)으로 개정된 바 있다.[2]

1) 성낙인, 헌법학, 법문사, 2020, 75면.
2) 위의 책, 75면.

(2) 한국 헌법 제·개정사

1948년 2월 27일 유엔소총회에서 가능한 범위 내에서의 총선거 실시를 결의함에 따라 미군정은 5월 10일 국회의원총선거를 실시하였다. 총선거에서 선출된 198명의 국회의원으로 5월 30일 제헌국회가 구성되었다. 1948년 7월 17일 공포된 제헌헌법은 전문, 10개 장, 103개 조로 구성되었으며, 1952년 제1차 개헌을 시작으로, 1987년 10월 대통령 직선제를 골자로 한 제9차 개헌까지 이루어졌다. 물론 제헌헌법의 기본틀은 1987년 제9차 개정된 현행 헌법까지 대체로 유지되고 있다.

가. 제1공화국(제정헌법)

제1공화국 제정헌법은 1948년 5월 10일 총선거로 구성된 국회(이를 제헌국회라 함)가 헌법기초에 착수하여 동년 7월 17일 공포한 헌법이다. 제정헌법은 대통령, 부통령을 국회에서 간접선거로 선출하도록 하는 내용 등을 담았다.

ㄱ. 제1차 개헌(1952년 발췌개헌) 대통령 직선제 도입

이승만 당시 대통령은 국회에서 당선될 가능성이 없음을 인정하고 장기 집권을 위해 강제력을 동원하여 헌법을 개정하게 된다. 당시 대통령 직선제를 골자로 하는 정부안과 의원내각제를 주요 내용으로 하는 의회 발의안이 충돌하게 되자, 정부와 의회는 양 개정안에서 발췌한 발췌개헌안을 만들어 공고절차도 없이 기립표결로 통과시켰다. 이렇게 야당의 개헌안과 정부의 안을 절충한 것에서 일명 발췌개헌이라고 한다.

ㄴ. 제2차 개헌(1954년 사사오입) 이승만 대통령 3선을 위한 개헌

제2차 개헌은 대통령의 중임을 1차로 제한한 규정을 초대 대통령에 한하여 철폐하는 것이 골자로 하여, 당시 국회에서 재적 203명 중 135표로 개헌선(재적 2/3인 135.333)에 0.333인이 미달되며 부결되었다. 의장은 부결을 선포했으나, 2일 후 '4사5입' 이론을 내세워 개헌선을 135표로 수정하여 개헌을 선포하였다.

나. 제2공화국

ㄱ. 제3차 개헌(1960년 6월) 4·19혁명 後 내각책임제로 전환

이승만 정권의 1960년 3·15 부정선거는 대대적인 국민의 저항을 받아 4·

19로 이어지게 되고, 결국 이승만은 하야하였다. 이후 의원내각제 형태로 제3차 개헌이 이뤄졌는데, 이는 장기집권에 따른 독재를 방지하기 위해 국민의 자유와 권리를 최대한 보장하고 공무원의 신분 및 정치적 중립성을 보장하는 내용을 골자로 한다.

ㄴ. 제4차 개헌(1960년 11월) 반민주행위자 처벌에 관한 부칙조항 삽입

1960년 3·15 부정선거 관련 반민주 행위자 처벌을 위한 소급적용을 허용하는 헌법부칙만 개정이 이루어졌다.

다. 제3공화국

ㄱ. 제5차 개헌(1962년 12월) 5·16군사반란 후 대통령제로 전환

1961년 박정희가 주도한 5·16군사반란으로 헌정이 중단되고 군정이 실시되었다. 이후 민정 이양을 위한 헌법 개정이 이루어지면서 대통령제로 복귀하고, 대통령의 재임을 2기로 국한하는 제5차 헌법 개정안이 국민투표로 확정되어 제3공화국이 출범하게 되었다. 특히 제5차 개헌은 처음으로 국민투표를 거친 헌법 개정이었다.

ㄴ. 제6차 개헌(1969년 3선 개헌) 박정희 대통령 3선을 위한 개헌

1962년 제5차 개헌 때 3선을 금지한 조항을 1969년 제6차 개헌 때에는 철폐하여 대통령의 재임을 3선까지 가능하게 하였다.

라. 제4공화국(1972년 제7차 개헌의 유신헌법으로 유신체제 전환을 위한 개헌)

1972년 10월 17일 비상초치로 헌정이 중단되었고 비상국무회의에 의해 만들어진 개정안이 동년 11월 국민투표를 통과하였다. 유신헌법은 기본권의 약화와 대통령 1인 장기집권체제의 제도를 확립하고자 하는 내용의 골자로 이루어졌다. 개헌에 따르면 대통령은 통일주체국민회의에 의해 간접선거로 선출되며, 임기는 6년으로 중임이나 연임제한에 관한 조항을 두지 않아 1인 장기집권을 가능하게 했다.

마. 제5공화국(1980년 제8차 개헌으로 전두환 신군부의 정권 전환)

1979년 10·26사태로 박정희 유신체제가 막을 내리고 최규하 대통령이 취임하였다. 그러나 전두환, 노태우를 중심으로 하는 신군부 세력은 12·12사태를 일으켜 정권을 장악하였다. 이후 신군부는 국회를 해산하고 자의로 국가보위입법회의라는 기구를 만들어 헌법을 제정하고 국민투표로 이를 확정하였다. 1980년 제8차 제5공화국 헌법은 전면 개헌으로서 대통령을 간선으로 뽑고 대통령의 임기를 7년 단임으로 하였다.

바. 제6공화국(1987년 제9차 개헌인 현행 헌법의 대통령 직선제 개정)

1987년 범국민적 저항운동인 6월 항쟁이 일어나자 당시 노태우 민정당 대표위원은 이른바 '6.29선언'으로 직선제 개헌을 약속하였고, 그 결과 최초로 여야 합의를 통한 개헌이 이루어졌다. 1987년 10월 27일 국민투표에 의해 개정된 현행 헌법은 대통령을 직선제로 하고 5년 단임으로 하였다. 현행 헌법은 전문(前文)을 비롯하여 총강, 국민의 권리와 의무, 국회, 정부, 법원, 헌법재판소, 선거관리, 지방자치, 경제, 헌법개정 등 10장으로 구분하여 전문, 본문 130개 조와, 부칙 6개 조로 구성되어 있다.

3. 헌법 개정의 절차와 한계

(1) 헌법 개정의 절차

1987년 제9차 개정된 현행 헌법은 개정절차를 일원화하였다. 대통령은 국무회의의 심의를 거쳐(제89조 제3호), 국회는 재적 과반수 또는 대통령의 발의로 헌법개정안을 제안한다(제128조). 제안된 개정안은 대통령이 20일 이상의 기간 이를 공고하여야 한다(제129조). 국회는 개정안이 공고된 날부터 60일 이내에 의결하여야 하며, 의결은 재적의원 3분의 2 이상의 찬성을 얻어야 한다(제130조 제1항). 헌법개정안은 일반 법률처럼 수정 통과시킬 수 없고, 그 표결은 기명투표로써 하며 공개한다. 국회를 통과한 개정안은 30일 이내에 국민투표에 붙여 국회의원 선거권자 과반수의 투표와 투표자 과반수의 찬성을 얻은 때에 헌법개정이 확정된다(제130조 제2항). 이러한 조항에 근거한 국민투표는 국민이 최종적인 헌법개정권자이라는 것을 선언한 것이라 할 수 있다. 헌법 개정이 확정되면 대통령은 즉시 이를 공포하여야 한다(제130조 제3항).

(2) 헌법 개정의 한계

현행 헌법에는 개정의 한계조항이 없으나, 제128조 제2항에 근거하여 "대통령의 임기연장 또는 중임변경을 위한 헌법 개정은 그 개정 제안 당시의 대통령에 대하여는 효력이 없다."라고 규정하여 간접적으로 개정을 제한하고 있다. 그리고 헌법제정권자의 근본 결단인 헌법핵(憲法核)은 개정할 수 없다. 헌법 전문(前文)과 제1조의 민주공화국 및 국민주권주의, 제5조의 평화주의, 제8조의 복수정당제, 제10조의 기본권보장주의, 제119조의 사회적 시장경제의 원칙 등을 개정할 수 없는 한계가 있다.

헌법개정사

제2장

한국정치사와 국회 구성

제2장 한국정치사와 국회 구성

1. 해방 후 3년 요약

1945년 8월 15일 광복에서 1948년 8월 15일 대한민국 정부수립까지 3년이 걸렸다. 이 기간 동안 수많은 일들이 일어났는데, 경기여고 강당에서 조선인민공화국이 탄생하였고, 중앙청에는 성조기가 걸렸고, 친탁이냐 반탁이냐 대립하며 연일 시위가 일어났고, 송진우와 장덕수와 여운형이 암살당했고, 정판사 위조지폐 사건이 일어났고, 박헌영이 시체로 위장해 관 속에 누워 북으로 넘어갔고, 제주도에서는 4·3사건이 10만 명 이상의 희생자와 유족을 만들어냈고, 김구와 김규식이 38선을 넘어가 김일성을 만났고, 국회의원 196명이 모여 이승만 대통령과 이시영 부통령을 뽑았다.

2015년 생각정원에서 "해방 후 3년"이라는 조한성의 책은 민족문제연구소 선임연구원 시절 당시에 쓴 것이다. 이 책의 가장 특징은 해방 후 3년이라는 시간을 정리한 게 아니라 그 기간 동안 활동했던 인물들을 정리한 것이다. 다음은 이 책을 근거로 하여 각 인물의 일정별로 간단하게 정리한 것이다.[1]

[1945년]

8월 15일 : 여운형, 조선건국준비위원회 출범[2]

8월 18일 : 박헌영, 서울 도착[3]

8월 24일 : 소련군, 평양 입성[4]

---

1) 조한성, 해방 후 3년, 생각정원, 2015.

2) 건국치안대와 식량대책위원회 조직이며, 8월 말까지 전국에 145개 지부가 만들어진다.

3) 일제 공안을 피해 잠적해 있다가, 서울에 올라와 공산당 재건을 개시한다.

4) 연합군의 한 축이었지만 그동안 일본에 무관심하다가, 미국의 원폭투하 후 그제야 참전 개시하게 된다. 8월 10일부터 북한으로 진주, 순식간에 평양 입성하게 되면서, 미·소의 한

9월 6일 : 여운형, 조선건국준비위원회를 해체하고, 조선인민공화국(약칭 인공) 결성[5)]

9월 9일 : 미군, 서울 입성하면서 미군정 개시[6)]

9월 11일 : 박헌영, 조선공산당 정식 재건[7)]

9월 16일 : 우익 세력 집결, 한국민주당 창당[8)]

10월 10일 : 이북에 조선공산당 북조선분국 설립[9)]

10월 14일 : 이북에서 소련군 환영대회 개최, 김일성 공식 석상에 첫 등장[10)]

10월 16일 : 이승만 귀국[11)]

10월 23일 : 이승만, 독립촉성중앙협의회(약칭 독촉) 결성[12)]

10월 24일 : UN(국제연합) 출범

11월 12일 : 여운형, 조선인민당 창당(중도파 정당)

11월 23일 : 중국 충칭에 있던 임시정부 요인들(김구, 김규식 등) 개인 자격으로 귀국

12월 16일 : 모스크바 3상회의 시작[13)]

12월 27일 : 동아일보 왜곡 보도, 신탁통치안을 처음 접한 전 국민 경악[14)]

12월 28일 : 중경임정, 신탁통치반대국민총동원위원회 결성

12월 29일 : 최초의 대규모 반탁 시위 개최

12월 30일 : 송진우 피살(새벽에 자택에서 피격)

반도 분할점령 소문이 파다해지기 시작하게 된다.

5) 미·소가 들어오기 전에 정부를 만들어 놓고 있겠다는 의도가 있었다.

6) 일본 항복문서 조인하고, 중앙청에 일장기를 내리고 성조기 게양하게 된다.

7) 1925년 창건하여 1928년 일제 탄압으로 해산되었다. 공산당 1국 1당 원칙에 따라 한반도 유일의 정식 공산당이 된다.

8) 수석총무 송진우, 조선인민공화국에 반대한다.

9) 공산당 1국 1당 원칙에 따라 분국이 된다.

10) 보천보 전투의 영웅으로 보기도 한다.

11) 미국의 특별한 배려, 에스코트를 받는다.

12) 한민당과 공산당 등 좌·우 세력을 망라해 200여 명이 모인 단체, 점차 우익 중심으로 변질된다.

13) 당시~12/26. 미·영·소 3개국 외무장관 회의에서 한국에 대한 신탁통치안에 합의한다. 합의내용으로는 미소공동위원회(이하 미소공위)가 한국의 정당 및 사회단체들과 협의해 임시정부 수립 → 임시정부는 미소공위와 협의해 5년 이내를 기한으로 하는 신탁통치를 받는다. 이는 '신탁통치'를 중시한 미국의 입장과 '임시정부'를 중시한 소련의 입장의 절충안이며, 어쨌든 先 임시정부수립 後 신탁통치의 형태로 합의한다.

14) 아직 독립이 아니라 여기며 많은 국민이 한탄하게 된다.

[1946년]

1월 2일 : 인공과 조선공산당 및 북한, 모스크바 3상회의 결의안 지지 성명(찬탁)
1월 16일 : 미소공위 예비회담 개시[15)]
2월 8일 : 북조선임시인민위원회 결성(북한 최초 중앙정권기관. 위원장 : 김일성)
2월 14일 : 남조선대한국민대표민주의원(약칭 민주의원) 발족[16)]
2월 15일 : 민주주의민족전선(약칭 민전) 결성[17)]
3월 20일 : 제1차 미소공동위원회 개시(삐걱거림)
4월 18일 : 미국, 소련 공위 공동성명 5호 발표[18)]
5월 9일 : 미소공동위원회 무기휴회 선언(계속 갈등하다가 끝내…)
5월 15일 : 미군정청 경무부, 정판사 위조지폐 사건 발표
6월 3일 : 이승만 정읍 발언(단독정부 수립 주장)[19)]
6월 30일 : 미군정의 하지, 좌우합작운동에 대한 지지 성명 발표
7월 10일 : 좌우합작위원회 출범[20)]
7월 25일 : 좌우합작위원회 첫 회담 시작
7월 27일 : 박헌영, 좌우합작 5원칙 제시[21)]
8월 28일 : 북조선노동당(북로당) 창립(명실상부 한반도 내 주류 공산당)
9월 7일 : 미군정청 경무부, 조선공산당 간부 체포령(박헌영 등), 좌익 신문 폐쇄 조치
9월 23일 : 조선공산당, 총파업 개시[22)]

15) 남·북의 모든 세력이 과도정부 수행능력을 보여주는 게 중요한 시점이었다.
16) 의회 형식의 미군정청 입법·자문기관으로 의장은 이승만, 부의장은 김구, 김규식이며, 좌익계를 배제하였다.
17) 조선인민당과 조선공산당이 힘을 합친 남한 내 좌익 정당 및 사회단체의 총집결체이며, 의장단은 여운형, 허헌, 박헌영, 김원봉, 백남운이었다.
18) 과거의 반탁 여부 무관, 모스크바 결의안에 찬성한다는 선언서에 서명한다면 임시정부를 구성할 협의 대상에 포함시킨다.
19) 미소공위가 무기휴회되고 통일정부 수립 가능성도 희박해졌으니 남한만이라도 정부를 수립하자는 단독정부수립 주장했으며, 결국 영구분단을 기정사실화하는 충격적 발언이었다.
20) 좌우익 각각 5명씩 10인 위원, 좌익으로는 여운형, 김원봉이며, 우익으로는 김규식, 안재홍 등이었다.
21) 우익이 받아들이지 못할 조건들을 제시해 좌우합작을 방해한다. 이른바 신전술로서 좌익 분열 심화된다.
22) 부산 및 서울 철도노조원 파업으로 시작, 한국 역사상 최대 규모의 파업이며, 박헌영의 신전술로 대구 10월 항쟁으로 이어진다.

9월 29일 : 박헌영 월북(관 속에 누워서 영구차로 위장)
10월 1일 : 대구 10월 항쟁 발발[23)]
11월 23일 : 남조선노동당(남로당) 창립
12월 2일 : 이승만 출국, 도쿄에서 맥아더를 만난 후 미국으로 건너감(1947년 4월 귀국)
12월 12일 : 남조선과도입법의원(입법의원) 개원[24)]

[1947년]

2월 22일 : 북조선인민위원회 수립[25)]
3월 1일 : 좌우익, 남대문 충돌[26)]
3월 12일 : 트루먼 독트린(공산주의 확산저지 천명하면서 냉전의 서막)
5월 21일 : 제2차 미소공동위원회 개최[27)]
7월 19일 : 여운형 피살(대낮 혜화동 로터리에서 총격)
11월 14일 : UN총회, 미국이 제출한 한국 문제에 관한 결의안 통과[28)]
12월 2일 : 장덕수 피살(한민당 정치부장, 단정 주장)
12월 22일 : 김구, 단정수립 반대 성명 발표

[1948년]

1월 8일 : UN 한국임시위원단 서울 도착(공청회 등 실사하는데, 소련은 거부)
2월 7일 : 2·7사건[29)]

---

23) 총파업 중 대구에서 경찰 발포로 사망자 발생, 민중 봉기로 전국적으로 확대되어, 2개월간 지속되었다. 식량 부족과 물가 폭등 등 생활난의 원인도 컸다.

24) 미군정이 좌우합작위원회에 요청해 온 과도기 입법기관으로 57명의 의원으로 구성하였는데, 의장은 김규식이며, 1948년 5월까지 각종 법령 제정하기도 했는데, 이로써 좌우합작위원회는 무력화된다.

25) 2월 15일 소련군정이 종식되고 북한에 탄생한 최고통치기관으로 위원장은 김일성이 되며, 1948년 9월 9일까지 유지된다.

26) 각자 별도의 장소에서 3·1절 기념식을 마치고 시가행진 도중 무력 충돌, 사상자 40여 명 발생한다. 제주 3·1절 발포사건은 3·1절 기념식 마친 3만여 군중의 가두 시위에 경찰 발포, 6명 사망하는데, 이를 계기로 3·9 제주 총파업. 제주도에 대한 미군정의 좌익탄압 심화된다. 결국 이는 제주 4·3 사건의 한 원인이 된다.

27) 처음 분위기는 좋았으나 7월 중순 사실상 결렬된다. 미국, UN총회에서 한국문제 논의 제안하였으나, 소련은 반대한다.

28) 미소 각자 UN 감시하에 총선거 실시→비례 대표자 선출→의회 및 정부 수립→ 미소 철수의 절차이며, 단독선거, 단독정부의 분위기가 짙어지게 된다.

29) 남로당이 주도한 단선단정 반대 총파업이었으며, 서울, 부산, 밀양 등 2주간 200만 명이 참

2월 10일 : 김구 [삼천만 동포에게 읍고함] 발표[30)]
2월 26일 : 유엔소총회 결의(선거가능 지역, 즉 남한만이라도 선거할 것을 권고함)
4월 3일 : 제주 4·3사건(제주민중 무장투쟁)
4월 19일 : 김구 방북(남북협상운동 : 김구, 김규식, 김일성, 김두봉 4자회담 등)
5월 10일 : 총선거 실시(남한 단독 선거, 제헌국회의원 198명 선출)
5월 31일 : 제헌국회 출범(국호 : 대한민국)
7월 17일 : 제헌국회, 헌법 공포(제헌절)
7월 20일 : 제헌국회, 정부통령 선거(대통령 이승만, 부통령 이시영 선출)
8월 15일 : 대한민국 정부수립(미군정 종식, 제1공화국 출범)
9월 9일 : 조선민주주의인민공화국 선포(북한 건국일)

2. 해방 후 정치 상황

우리나라 정치는 1945년 8월 해방 이후에서만 볼 때, 정부 수립 이전의 혼란기, 이승만 대통령시대, 4·19혁명과 짧은 장면 정권의 시기, 5·16 군사 쿠데타와 박정희의 장기 집권, 박정희 피살 후의 혼란기와 신군부 쿠데타, 그 이후 문민정부 집권기 등으로 크게 구분할 수 있다.

1945년 8월 해방 후 남한에 전승국인 미군이 주둔하고, 북한에는 역시 전승국 소련군이 주둔한 것은 한국 정치사의 사실이다. 따라서 남한에는 미국에서 돌아오, 미국의 지지를 받는 이승만이 집권하고, 북한에는 소련에서 돌아온 김일성이 집권하게 된다. 이들에 비해 여운형 등 중간파의 노력이나 김구 등의 남북협상파의 노력은 비록 이상의 추구이기는 하나 비현실적이었다.

제2차 세계대전 후 독립한 국가의 초대 대통령은 장기집권이라는 권력을 유지하고자 하였다. 미국의 명문 대학에서 박사 학위까지 취득하는 등 미국의 정치 문화에 영향을 많이 받은 이승만도 예외가 아니었다. 1960년 4·19혁명은 우리나라 헌정사의 대표적 사태였다. 한편 장면 정권의 시기야말로 권력의 소재가 불분명하였다. 당시 국민은 혁명의 열기로 각계에 만연한 부정부패의 해결을

가하며, 100여 명 사망한다.

30) "나의 단일한 염원은 삼천만 동포와 손을 잡고 통일된 조국 독립의 달성을 위하여 공동분투하는 것뿐이다. 이 육신을 조국이 수요한다면 당장에라도 제단에 바치겠다. 나는 통일된 조국을 건설하려다가 38선을 베고 쓰러질지언정 일신에 구차한 안일 취하여 단독정부를 세우는 데는 협력하지 아니하겠다." 서울신문.

요구했고, 민주화와 경제 발전과 민족 통일의 성취를 위한 노력을 요구했다.

그러나 장면 정권은 그 혁명적 격류를 무시한 채 아주 평상시처럼 모든 것을 서서히 정상적 방법으로만 대응하려 한 것이었다. 이러한 정치적 상황이 권력의 표류가 있게 되고 권력의 소재가 불분명한 가운데 이른바 통치권자의 공백기의 시대가 된 것이다. 이러한 시기에 1961년 5월 군사반란이 일어났다. 1961년 박정희 군사정권에 이어 1979년 박정희 대통령 피살 후 최규하 과도 대통령이 맡고 있던 권력은 신군부의 쿠데타로 제5공화국이 등장하게 된다. 또한 김영삼, 김대중, 김종필 등 이른바 3김 시대의 경쟁이 가중되었다. 이후 1980년 6월 항쟁으로 현행 헌법이 마련되었는데, 오랜 군부 통치에 대항하는 시민의 항쟁으로 문민 정권이 들어서는 민주화가 이룩되어 오늘날까지 지속되고 있다.

3. 국회 구성

초대 국회의원을 1948년 3월 30일(화) 공고하여 1948년 5월 10일(월) 선거로 선출하였다. 당시 임기는 2년으로 1948년 5월 31일~1950년 5월 30일이었다. 대한민국 국회가 구성된 이후 초대 대통령을 1948년 7월 18일(일) 공고하여 국회에서 1948년 7월 20일(화) 간접 선거로 이승만을 선출하였다. 이후 국회에서 헌법을 제정하게 되었다. 이를 흔히 제헌국회 또는 제헌헌법이라 부르고 있다.

제3장

이승만 정권의 헌법 제정 및 개정

제3장 이승만 정권의 헌법 제정 및 개정

1. 정치 상황

1948년 5월 10일 대한민국 최초의 국회의원 선거로 200명 국회의원들로 구성된 대한민국의 제1대 국회가 국호와 헌법을 제정했다. 우리나라 공화헌정 체제는 제헌국회에서 시작되었고, 이 국회에서 헌법을 제정함으로써 제헌국회라 불리게 된 것이다. 제1대 국회는 1948년 5월 31일에 구성되고 1950년 5월 30일까지 2년 동안 입법활동기였다. 초대 임시의장으로 추대된 이승만이 초대 국회의장으로 선출되었고, 부의장에는 신익희, 김동원 의원이 선출되었다. 국회의석수는 북한 지역 100석, 남한 지역 200석으로 1945년 2월 26일, 유엔소총회는 사흘간의 토론 끝에 다음과 같은 결의를 찬성 32명, 반대 2명으로 가결했다. 조선의 가능한 지역에서 조선인의 자유의사에 의한 선거를 유엔감시하에 실시하고, 이 선거는 인구비례에 의하여 독립정부 수립의 제1보로 실정될 조선국회의 3분의 2의 대의원을 선거하는 것으로, 잔여 3분의 1은 북조선 선거시까지 보류하였다.

1948년 5월 31일 오전, 제1차 국회 본회의에서 임시의장으로 선출된 이승만이 회의를 시작하기에 앞서 축도 기도를 이윤영 의원에게 요청하였다. 1948년 5월 31일 오후 2시에 열린 제헌국회 개원식에서 초대 국회의장으로 피선된 이승만이 개회사를 하였다.

1948년 7월 17일 대한민국 헌법을 제정·공포한 날이다. 5월 10일의 총선거로 구성된 제헌국회는 헌법기초에 착수, 6월 3일 유진오 등 전문위원 10명과 헌법기초위원 30명으로 헌법기초위원회를 구성했다. 위원회는 유진오의 안을 원안으로, 권승렬의 안을 참고안으로 하여 초안을 작성했는데, 이는 의원내각제·국회 양원제안이었다. 그러나 이승만의 반대에 부딪쳐 대통령제·국회 단원제로 바뀌었다. 초안이 국회에 상정되자 수정안이 많이 나왔으나, 8월 15일까지 정부 수립을 선포할 필요성에 쫓겨 7월 12일 국회 통과, 17일에 서명·공포되어 그날부터 발효되었다. 이 제헌헌법은 구일본제국 헌법과 독일의 바이마르 헌법을 모방한 것으로, 3권 분립을 규정하고 단원제 국회를 두었으며, 대통령을 국회에서 선출하도록 되어 있었다.

2. 헌법 제정(1948년 7월 17일)

(1) 헌법 제정 이유

대한민국헌법

[시행 1948. 7. 17.] [헌법 제1호, 1948. 7. 17., 제정]

유구한 역사와 전통에 빛나는 우리들 대한국민은 기미 3·1운동으로 대한민국을 건립하여 세계에 선포한 위대한 독립정신을 계승하여 이제 민주독립국가를 재건함에 있어서 정의·인도와 동포애로써 민족의 단결을 공고히 하며 모든 사회적 폐습을 타파하고 민주주의 제제도를 수립하여 정치·경제·사회·문화의 모든 영역에 있어서 각인의 기회를 균등히 하고 능력을 최고도로 발휘케 하며 각인의 책임과 의무를 완수케 하여 안으로는 국민생활의 균등한 향상을 기하고 밖으로는 항구적인 국제평화의 유지에 노력하여 우리들과 우리들의 자손의 안전과 자유와 행복을 영원히 확보할 것을 결의하고 우리들의 정당 또 자유로이 선거된 대표로서 구성된 국회에서 이 헌법을 제정하려는 것임.

① 국회를 단원제로 함.
② 정부형태를 대통령중심제로 함.
③ 국민의 기본권을 규정함.
④ 대통령·부통령·국무총리·국무위원 등의 직무수행에 관하여 헌법과 법률에 위배된 때에는 국회는 탄핵의 소추를 결의할 수 있도록 함.
⑤ 탄핵사건을 심판하기 위하여 탄핵재판소를 설치함.
⑥ 대통령과 부통령을 국회에서 선출하도록 함.
⑦ 대통령과 부통령의 임기는 4년으로 하고, 1차중임을 허용함.
⑧ 대법원장인 법관은 대통령이 임명하고 국회의 승인을 얻도록 함.

⑨ 법률의 위헌심사권을 헌법위원회에 부여함.

제정문

대한민국헌법 전문

유구한 역사와 전통에 빛나는 우리들 대한국민은 기미 삼일운동으로 대한민국을 건립하여 세계에 선포한 위대한 독립정신을 계승하여 이제 민주독립국가를 재건함에 있어서 정의인도와 동포애로써 민족의 단결을 공고히 하며 모든 사회적 폐습을 타파하고 민주주의제제도를 수립하여 정치, 경제, 사회, 문화의 모든 영역에 있어서 각인의 기회를 균등히 하고 능력을 최고도로 발휘케 하며 각인의 책임과 의무를 완수케하여 안으로는 국민생활의 균등한 향상을 기하고 밖으로는 항구적인 국제평화의 유지에 노력하여 우리들과 우리들의 자손의 안전과 자유와 행복을 영원히 확보할 것을 결의하고 우리들의 정당 또 자유로히 선거된 대표로서 구성된 국회에서 단기 4281년 7월 12일 이 헌법을 제정한다.

단기 4281년 7월 12일
대한민국국회의장　이승만

(2) 헌법 제정(1948년 7월 17일)

대한민국헌법

[시행 1948. 7. 17.] [헌법 제1호, 1948. 7. 17., 제정]

전문

유구한 역사와 전통에 빛나는 우리들 대한국민은 기미 삼일운동으로 대한민국을 건립하여 세계에 선포한 위대한 독립정신을 계승하여 이제 민주독립국가를 재건함에 있어서 정의인도와 동포애로써 민족의 단결을 공고히 하며 모든 사회적 폐습을 타파하고 민주주의제제도를 수립하여 정치, 경제, 사회, 문화의 모든 영역에 있어서 각인의 기회를 균등히 하고 능력을 최고도로 발휘케 하며 각인의 책임과 의무를 완수케하여 안으로는 국민생활의 균등한 향상을 기하고 밖으로는 항구적인 국제평화의 유지에 노력하여 우리들과 우리들의 자손의 안전과 자유와 행복을 영원히 확보할 것을 결의하고 우리들의 정당 또 자유로히 선거된 대표로써 구성된 국회에서 단기 4281년 7월 12일 이 헌법을 제정한다.

단기 4281년 7월 12일
대한민국국회의장 이 승 만

제1장 총강

제1조 대한민국은 민주공화국이다.

제2조 대한민국의 주권은 국민에게 있고 모든 권력은 국민으로부터 나온다.

제3조 대한민국의 국민되는 요건은 법률로써 정한다.

제4조 대한민국의 영토는 한반도와 그 부속도서로 한다.

제5조 대한민국은 정치, 경제, 사회, 문화의 모든 영역에 있어서 각인의 자유, 평등과 창의를 존중하고 보장하며 공공복리의 향상을 위하여 이를 보호하고 조정하는 의무를 진다.

제6조 대한민국은 모든 침략적인 전쟁을 부인한다.

국군은 국토방위의 신성한 의무를 수행함을 사명으로 한다.

제7조 비준공포된 국제조약과 일반적으로 승인된 국제법규는 국내법과 동일한 효력을 가진다.

외국인의 법적지위는 국제법과 국제조약의 범위내에서 보장된다.

제2장 국민의 권리의무

제8조 모든 국민은 법률앞에 평등이며 성별, 신앙 또는 사회적 신분에 의하여 정치적, 경제적, 사회적 생활의 모든 영역에 있어서 차별을 받지 아니한다.

사회적 특수계급의 제도는 일체 인정되지 아니하며 여하한 형태로도 이를 창설하지 못한다.

훈장과 기타 영전의 수여는 오로지 그 받은 자의 영예에 한한 것이며 여하한 특권도 창설되지 아니한다.

제9조 모든 국민은 신체의 자유를 가진다. 법률에 의하지 아니하고는 체포, 구금, 수색, 심문, 처벌과 강제노역을 받지 아니한다.

체포, 구금, 수색에는 법관의 영장이 있어야 한다. 단, 범죄의 현행 범인의 도피 또는 증거인멸의 염려가 있을 때에는 수사기관은 법률의 정하는 바에 의하여 사후에 영장의 교부를 청구할 수 있다.

누구든지 체포, 구금을 받은 때에는 즉시 변호인의 조력을 받을 권리와 그 당부의 심사를 법원에 청구할 권리가 보장된다.

제10조 모든 국민은 법률에 의하지 아니하고는 거주와 이전의 자유를 제한받지 아니하며 주거의 침입 또는 수색을 받지 아니한다.

제11조 모든 국민은 법률에 의하지 아니하고는 통신의 비밀을 침해받지 아니한다.

제12조 모든 국민은 신앙과 양심의 자유를 가진다.

국교는 존재하지 아니하며 종교는 정치로부터 분리된다.

제13조 모든 국민은 법률에 의하지 아니하고는 언론, 출판, 집회, 결사의 자유를 제한받지 아니한다.

제14조 모든 국민은 학문과 예술의 자유를 가진다.

저작자, 발명가와 예술가의 권리는 법률로써 보호한다.

제15조 재산권은 보장된다. 그 내용과 한계는 법률로써 정한다.

재산권의 행사는 공공복리에 적합하도록 하여야 한다.

공공필요에 의하여 국민의 재산권을 수용, 사용 또는 제한함은 법률의 정하는 바에 의하여 상당한 보상을 지급함으로써 행한다.

제16조 모든 국민은 균등하게 교육을 받을 권리가 있다. 적어도 초등교육은 의무적이며 무상으로 한다.

모든 교육기관은 국가의 감독을 받으며 교육제도는 법률로써 정한다.

제17조 모든 국민은 근로의 권리와 의무를 가진다.

근로조건의 기준은 법률로써 정한다.

여자와 소년의 근로는 특별한 보호를 받는다.

제18조 근로자의 단결, 단체교섭과 단체행동의 자유는 법률의 범위내에서 보장된다.

영리를 목적으로 하는 사기업에 있어서는 근로자는 법률의 정하는 바에 의하여 이익의 분배에 균점할 권리가 있다.

제19조 노령, 질병 기타 근로능력의 상실로 인하여 생활유지의 능력이 없는 자는 법률의 정하는 바에 의하여 국가의 보호를 받는다.

제20조 혼인은 남녀동권을 기본으로 하며 혼인의 순결과 가족의 건강은 국가의 특별한 보호를 받는다.

제21조 모든 국민은 국가 각기관에 대하여 문서로써 청원을 할 권리가 있다.
청원에 대하여 국가는 심사할 의무를 진다.

제22조 모든 국민은 법률의 정한 법관에 의하여 법률에 의한 재판을 받을 권리가 있다.

제23조 모든 국민은 행위시의 법률에 의하여 범죄를 구성하지 아니하는 행위에 대하여 소추를 받지 아니하며 또 동일한 범죄에 대하여 두 번 처벌되지 아니한다.

제24조 형사피고인은 상당한 이유가 없는 한 지체없이 공개재판을 받을 권리가 있다.
형사피고인으로서 구금되었던 자가 무죄판결을 받은 때에는 법률의 정하는 바에 의하여 국가에 대하여 보상을 청구할 수 있다.

제25조 모든 국민은 법률의 정하는 바에 의하여 공무원을 선거할 권리가 있다.

제26조 모든 국민은 법률의 정하는 바에 의하여 공무를 담임할 권리가 있다.

제27조 공무원은 주권을 가진 국민의 수임자이며 언제든지 국민에 대하여 책임을 진다. 국민은 불법행위를 한 공무원의 파면을 청원할 권리가 있다.
공무원의 직무상 불법행위로 인하여 손해를 받은 자는 국가 또는 공공단체에 대하여 배상을 청구할 수 있다. 단, 공무원 자신의 민사상이나 형사상의 책임이 면제되는 것은 아니다.

제28조 국민의 모든 자유와 권리는 헌법에 열거되지 아니한 이유로써 경시되지는 아니한다.
국민의 자유와 권리를 제한하는 법률의 제정은 질서유지와 공공복리를 위하여 필요한 경우에 한한다.

제29조 모든 국민은 법률의 정하는 바에 의하여 납세의 의무를 진다.

제30조 모든 국민은 법률의 정하는 바에 의하여 국토방위의 의무를 진다.

제3장 국회

제31조 입법권은 국회가 행한다.

제32조 국회는 보통, 직접, 평등, 비밀선거에 의하여 공선된 의원으로써 조직한다.

국회의원의 선거에 관한 사항은 법률로써 정한다.

제33조 국회의원의 임기는 4년으로 한다.

제34조 국회의 정기회는 매년 1회 12월 20일에 집회한다. 당해일이 공휴일인 때에는 그 익일에 집회한다.

제35조 임시긴급의 필요가 있을 때에는 대통령 또는 국회의 재적의원 4분지 1 이상의 요구에 의하여 의장은 국회의 임시회의 집회를 공고한다.

국회폐회중에 대통령 또는 부통령의 선거를 행할 사유가 발생한 때에는 국회는 지체없이 당연히 집회한다.

제36조 국회는 의장 1인 부의장 2인을 선거한다.

제37조 국회는 헌법 또는 국회법에 특별한 규정이 없는 한 그 재적의원의 과반수의 출석과 출석의원의 과반수로써 의결을 행한다.

의장은 의결에 있어서 표결권을 가지며 가부동수인 경우에는 결정권을 가진다.

제38조 국회의 회의는 공개한다. 단, 국회의 결의에 의하여 비밀회로 할 수 있다.

제39조 국회의원과 정부는 법률안을 제출할 수 있다.

제40조 국회에서 의결된 법률안은 정부로 이송되어 15일 이내에 대통령이 공포한다. 단, 이의가 있는 때에는 대통령은 이의서를 부하여 국회로 환부하고 국회는 재의에 부한다. 재의의 결과 국회의 재적의원 3분지 2이상의 출석과 출석의원 3분지 2이상의 찬성으로 전과 동일한 의결을 한 때에는 그 법률안은 법률로서 확정된다. 법률안이 정부로 이송된 후 15일이내에 공포 또는 환부되지 아니하는 때에도 그 법률안은 법률로서 확정된다.

대통령은 본조에 의하여 확정된 법률을 지체없이 공포하여야 한다.

법률은 특별한 규정이 없는 한 공포일로부터 20일을 경과함으로써 효력을 발생한다.

제41조 국회는 예산안을 심의결정한다.

제42조 국회는 국제조직에 관한 조약, 상호원조에 관한 조약, 강화조약, 통상조약, 국가 또는 국민에게 재정적 부담을 지우는 조약, 입법사항에 관한 조약의 비준과 선전포고에 대하여 동의권을 가진다.

제43조 국회는 국정을 감사하기 위하여 필요한 서류를 제출케 하며 증인의 출석과 증언 또는 의견의 진술을 요구할 수 있다.

제44조 국무총리, 국무위원과 정부위원은 국회에 출석하여 의견을 진술하고 질문에 응답할 수 있으며 국회의 요구가 있을 때에는 출석답변하여야 한다.

제45조 국회는 의원의 자격을 심사하고 의사에 관한 규칙을 제정하고 의원의 징벌을 결정할 수 있다.

의원을 제명함에는 재적의원 3분지 2이상의 찬성이 있어야 한다.

제46조 대통령, 부통령, 국무총리, 국무위원, 심계원장, 법관 기타 법률이 정하는 공무원의 그 직무수행에 관하여 헌법 또는 법률에 위배한 때에는 국회는 탄핵의 소추를 결의할 수 있다.

국회의 탄핵소추의 발의는 의원 50인 이상의 연서가 있어야 하며 그 결의는 재적의원 3분지 2이상의 출석과 출석의원 3분지 2이상의 찬성이 있어야 한다.

제47조 탄핵사건을 심판하기 위하여 법률로써 탄핵재판소를 설치한다.

탄핵재판소는 부통령이 재판장의 직무를 행하고 대법관 5인과 국회의원 5인이 심판관이 된다. 단, 대통령과 부통령을 심판할 때에는 대법원장이 재판장의 직무를 행한다.

탄핵판결은 심판관 3분지 2이상의 찬성이 있어야 한다.

탄핵판결은 공직으로부터 파면함에 그친다. 단, 이에 의하여 민사상이나 형사상의 책임이 면제되는 것은 아니다.

제48조 국회의원은 지방의회의 의원을 겸할 수 없다.

제49조 국회의원은 현행범을 제한 외에는 회기중 국회의 동의없이 체포 또는 구금되지 아니하며 회기전에 체포 또는 구금되었을 때에는 국회의 요구가 있으면 회기중 석방된다.

제50조 국회의원은 국회내에서 발표한 의견과 표결에 관하여 외부에 대하여 책임을 지지 아니한다.

제4장 정부

제1절 대통령

제51조 대통령은 행정권의 수반이며 외국에 대하여 국가를 대표한다.

제52조 대통령이 사고로 인하여 직무를 수행할 수 없을 때에는 부통령이 그 권한을 대행하고 대통령, 부통령 모다 사고로 인하여 그 직무를 수행할 수 없을

때에는 국무총리가 그 권한을 대행한다.

第53조 대통령과 부통령은 국회에서 무기명투표로써 각각 선거한다.

전항의 선거는 재적의원 3분지 2이상의 출석과 출석의원 3분지 2이상의 찬성투표로써 당선을 결정한다. 단, 3분지 2이상의 득표자가 없는 때에는 2차투표를 행한다. 2차투표에도 3분지 2이상의 득표자가 없는 때에는 최고득표자 2인에 대하여 결선투표를 행하여 다수득표자를 당선자로 한다.

대통령과 부통령은 국무총리 또는 국회의원을 겸하지 못한다.

第54조 대통령은 취임에 제하여 국회에서 좌의 선서를 행한다.

「나는 국헌을 준수하며 국민의 복리를 증진하며 국가를 보위하여 대통령의 직무를 성실히 수행할 것을 국민에게 엄숙히 선서한다.」

第55조 대통령과 부통령의 임기는 4년으로 한다. 단, 재선에 의하여 1차중임할 수 있다.

부통령은 대통령재임중 재임한다.

第56조 대통령, 부통령의 임기가 만료되는 때에는 늦어도 그 임기가 만료되기 30일전에 그 후임자를 선거한다.

대통령 또는 부통령이 궐위된 때에는 즉시 그 후임자를 선거한다.

第57조 내우, 외환, 천재, 지변 또는 중대한 재정, 경제상의 위기에 제하여 공공의 안녕질서를 유지하기 위하여 긴급한 조치를 할 필요가 있는 때에는 대통령은 국회의 집회를 기다릴 여유가 없는 경우에 한하여 법률의 효력을 가진 명령을 발하거나 또는 재정상 필요한 처분을 할 수 있다.

전항의 명령 또는 처분은 지체없이 국회에 보고하여 승인을 얻어야 한다.

만일 국회의 승인을 얻지 못한 때에는 그때부터 효력을 상실하며 대통령은 지체없이 차를 공포하여야 한다.

第58조 대통령은 법률에서 일정한 범위를 정하여 위임을 받은 사항과 법률을 실시하기 위하여 필요한 사항에 관하여 명령을 발할 수 있다.

第59조 대통령은 조약을 체결하고 비준하며 선전포고와 강화를 행하고 외교사절을 신임접수한다.

第60조 대통령은 중요한 국무에 관하여 국회에 출석하여 발언하거나 또는 서한으로 의견을 표시한다.

제61조 대통령은 국군을 통수한다.

국군의 조직과 편성은 법률로써 정한다.

제62조 대통령은 헌법과 법률의 정하는 바에 의하여 공무원을 임면한다.

제63조 대통령은 법률의 정하는 바에 의하여 사면, 감형과 복권을 명한다.

일반사면을 명함에는 국회의 동의를 얻어야 한다.

제64조 대통령은 법률의 정하는 바에 의하여 계엄을 선포한다.

제65조 대통령은 훈장 기타 영예를 수여한다.

제66조 대통령의 국무에 관한 행위는 문서로 하여야 하며 모든 문서에는 국무총리와 관계국무위원의 부서가 있어야 한다. 군사에 관한 것도 또한 같다.

제67조 대통령은 내란 또는 외환의 죄를 범한 때 이외에는 재직중 형사상의 소추를 받지 아니한다.

제2절 국무원

제68조 국무원은 대통령과 국무총리 기타의 국무위원으로 조직되는 합의체로서 대통령의 권한에 속한 중요 국책을 의결한다.

제69조 국무총리는 대통령이 임명하고 국회의 승인을 얻어야 한다. 국회의원총선거후 신국회가 개회되었을 때에는 국무총리임명에 대한 승인을 다시 얻어야 한다.

국무위원은 대통령이 임명한다.

국무위원의 총수는 국무총리를 합하여 8인 이상 15인 이내로 한다.

군인은 현역을 면한 후가 아니면 국무총리 또는 국무위원에 임명될 수 없다.

제70조 대통령은 국무회의의 의장이 된다.

국무총리는 대통령을 보좌하며 국무회의의 부의장이 된다.

제71조 국무회의의 의결은 과반수로써 행한다.

의장은 의결에 있어서 표결권을 가지며 가부동수인 경우에는 결정권을 가진다.

제72조 좌의 사항은 국무회의의 의결을 경하여야한다.

1. 국정의 기본적 계획과 정책
2. 조약안, 선전, 강화 기타 중요한 대외정책에 관한 사항
3. 헌법개정안, 법률안, 대통령령안

4. 예산안, 결산안, 재정상의 긴급처분안, 예비비지출에 관한 사항
5. 임시국회의 집회요구에 관한 사항
6. 계엄안, 해엄안
7. 군사에 관한 중요사항
8. 영예수여, 사면, 감형, 복권에 관한 사항
9. 행정각부간의 연락사항과 권한의 획정
10. 정부에 제출 또는 회부된 청원의 심사
11. 대법관, 검찰총장, 심계원장, 국립대학총장, 대사, 공사, 국군총사령관, 국군참모총장, 기타 법률에 의하여 지정된 공무원과 중요 국영기업의 관리자의 임면에 관한 사항
12. 행정각부의 중요한 정책의 수립과 운영에 관한 사항
13. 기타 국무총리 또는 국무위원이 제출하는 사항

제3절 행정각부

제73조 행정각부장관은 국무위원중에서 대통령이 임명한다.

국무총리는 대통령의 명을 승하여 행정각부장관을 통리감독하며 행정각부에 분담되지 아니한 행정사무를 담임한다.

제74조 국무총리 또는 행정각부장관은 그 담임한 직무에 관하여 직권 또는 특별한 위임에 의하여 총리령 또는 부령을 발할 수 있다.

제75조 행정각부의 조직과 직무범위는 법률로써 정한다.

제5장 법원

제76조 사법권은 법관으로써 조직된 법원이 행한다.

최고법원인 대법원과 하급법원의 조직은 법률로써 정한다.

법관의 자격은 법률로써 정한다.

제77조 법관은 헌법과 법률에 의하여 독립하여 심판한다.

제78조 대법원장인 법관은 대통령이 임명하고 국회의 승인을 얻어야 한다.

제79조 법관의 임기는 10년으로 하되 법률의 정하는 바에 의하여 연임할 수 있다.

제80조 법관은 탄핵, 형벌 또는 징계처분에 의하지 아니하고는 파면, 정직 또는 감봉되지 아니한다.

제81조 대법원은 법률의 정하는 바에 의하여 명령, 규칙과 처분이 헌법과 법률에 위반되는 여부를 최종적으로 심사할 권한이 있다.

법률이 헌법에 위반되는 여부가 재판의 전제가 되는 때에는 법원은 헌법위원회에 제청하여 그 결정에 의하여 재판한다.

헌법위원회는 부통령을 위원장으로 하고 대법관 5인과 국회의원 5인의 위원으로 구성한다.

헌법위원회에서 위헌결정을 할 때에는 위원 3분지 2이상의 찬성이 있어야 한다.

헌법위원회의 조직과 절차는 법률로써 정한다.

제82조 대법원은 법원의 내부규율과 사무처리에 관한 규칙을 제정할 수 있다.

제83조 재판의 대심과 판결은 공개한다. 단, 안녕질서를 방해하거나 풍속을 해할 염려가 있는 때에는 법원의 결정으로써 공개를 아니할 수 있다.

제6장 경제

제84조 대한민국의 경제질서는 모든 국민에게 생활의 기본적 수요를 충족할 수 있게 하는 사회정의의 실현과 균형있는 국민경제의 발전을 기함을 기본으로 삼는다. 각인의 경제상 자유는 이 한계내에서 보장된다.

제85조 광물 기타 중요한 지하자원, 수산자원, 수력과 경제상 이용할 수 있는 자연력은 국유로 한다. 공공필요에 의하여 일정한 기간 그 개발 또는 이용을 특허하거나 또는 특허를 취소함은 법률의 정하는 바에 의하여 행한다.

제86조 농지는 농민에게 분배하며 그 분배의 방법, 소유의 한도, 소유권의 내용과 한계는 법률로써 정한다.

제87조 중요한 운수, 통신, 금융, 보험, 전기, 수리, 수도, 까스 및 공공성을 가진 기업은 국영 또는 공영으로 한다. 공공필요에 의하여 사영을 특허하거나 또는 그 특허를 취소함은 법률의 정하는 바에 의하여 행한다.

대외무역은 국가의 통제하에 둔다.

제88조 국방상 또는 국민생활상 긴절한 필요에 의하여 사영기업을 국유 또는 공유로 이전하거나 또는 그 경영을 통제, 관리함은 법률이 정하는 바에 의하여 행한다.

제89조 제85조 내지 제88조에 의하여 특허를 취소하거나 권리를 수용 사용 또

는 제한하는 때에는 제15조제3항의 규정을 준용한다.

제7장 재정

제90조 조세의 종목과 세율은 법률로써 정한다.

제91조 정부는 국가의 총수입과 총지출을 회계연도마다 예산으로 편성하여 매년 국회의 정기회개회초에 국회에 제출하여 그 의결을 얻어야 한다.

특별히 계속지출의 필요가 있을 때에는 연한을 정하여 계속비로서 국회의 의결을 얻어야 한다.

국회는 정부의 동의없이는 정부가 제출한 지출예산 각항의 금액을 증가하거나 또는 신비목을 설치할 수 없다.

제92조 국채를 모집하거나 예산외에 국가의 부담이 될 계약을 함에는 국회의 의결을 얻어야 한다.

제93조 예측할 수 없는 예산외의 지출 또는 예산초과지출에 충당하기 위한 예비비는 미리 국회의 의결을 얻어야 한다.

예비비의 지출은 차기국회의 승인을 얻어야 한다.

제94조 국회는 회계연도가 개시되기까지에 예산을 의결하여야 한다. 부득이한 사유로 인하여 예산이 의결되지 못한 때에는 국회는 1개월 이내의 가예산을 의결하고 그 기간내에 예산을 의결하여야 한다.

제95조 국가의 수입지출의 결산은 매년 심계원에서 검사한다.

정부는 심계원의 검사보고와 함께 결산을 차년도의 국회에 제출하여야 한다.

심계원의 조직과 권한은 법률로써 정한다.

제8장 지방자치

제96조 지방자치단체는 법령의 범위내에서 그 자치에 관한 행정사무와 국가가 위임한 행정사무를 처리하며 재산을 관리한다.

지방자치단체는 법령의 범위내에서 자치에 관한 규정을 제정할 수 있다.

제97조 지방자치단체의 조직과 운영에 관한 사항은 법률로써 정한다.

지방자치단체에는 각각 의회를 둔다.

지방의회의 조직, 권한과 의원의 선거는 법률로써 정한다.

제9장 헌법개정

제98조 헌법개정의 제안은 대통령 또는 국회의 재적의원 3분지 1이상의 찬성으로써 한다.

헌법개정의 제의는 대통령이 이를 공고하여야 한다.

전항의 공고기간은 30일이상으로 한다.

헌법개정의 의결은 국회에서 재적의원 3분지 2이상의 찬성으로써 한다.

헌법개정이 의결된 때에는 대통령은 즉시 공포한다.

제10장 부칙

제99조 이 헌법은 이 헌법을 제정한 국회의 의장이 공포한 날로부터 시행한다. 단, 법률의 제정이 없이는 실현될 수 없는 규정은 그 법률이 시행되는 때부터 시행된다.

제100조 현행법령은 이 헌법에 저촉되지 아니하는 한 효력을 가진다.

제101조 이 헌법을 제정한 국회는 단기 4278년 8월 15일 이전의 악질적인 반민족행위를 처벌하는 특별법을 제정할 수 있다.

제102조 이 헌법을 제정한 국회는 이 헌법에 의한 국회로서의 권한을 행하며 그 의원의 임기는 국회개회일로부터 2년으로 한다.

제103조 이 헌법시행시에 재직하고 있는 공무원은 이 헌법에 의하여 선거 또는 임명된 자가 그 직무를 계승할 때까지 계속하여 직무를 행한다.

대한민국국회의장은 대한민국국회에서 제정된 대한민국 헌법을 이에 공포한다.

단기 4281년 7월 17일

대한민국국회의장 이승만

3. 제1차 개정 헌법(1952년 7월 7일)

국회에서 간선으로 선출된 초대 이승만 대통령은 제1차 헌법개정을 통하여, 제2대 대통령을 1952년 7월 18일(금) 공고하여 1952년 8월 5일(화) 국민의 직접 선거로 이승만을 선출하였다.

제1차 개헌은 국회의 양원제의 채택, 정·부통령의 국민 직선제 선택, 국무원 책임제의 채택이며, 결국 이승만 대통령의 계속집권을 위한 재선 즉 발췌개헌(국회측과 정부측의 두 안 절충)이었다.

(1) 개정 이유

대한민국헌법

[시행 1952. 7. 7.] [헌법 제2호, 1952. 7. 7., 일부개정]

개정이유 [일부개정]

국무위원과 행정각부장관에 대한 임명은 국무총리의 제청으로 대통령이 임명하고, 불신임결의권을 국회에 부여하여 정부 또는 각료가 불법행위를 자행하거나 부적임하다고 인정되는 경우 국민의 대표기관인 국회가 불신임결의를 하도록 하며 일단, 불신임결의가 있은 후 1년 이내에는 또다시 불신임결의를 할 수 없도록 하여 국회의 불신임결의 남발에서 오는 행정의 공백이나 행정조직의 혼란을 미연에 방지하는 한편, 현행법상 대통령과 부통령의 간접선거를 주권을 가진 국민이 직접선거하는 직선제로 개편함과 동시에 단원제국회를 양원제로 하여 다수결의 전제를 방지하고, 국회에서의 의안처리에 있어 경솔·부당한 의결과 파오를 피하고, 정부와 국회간의 충돌을 완화하며, 참의원에 비교적 노련하고 원만한 인물을 선출·활용함으로써 국회운영을 더욱 강화하여 국가백년대계를 확립하려는 것임.

① 대통령·부통령은 직접선거에 의하여 선출하도록 함.

② 국회를 민의원과 참의원의 양원제로 함.

③ 국회는 국무원에 대하여 불신임 결의를 할 수 있도록 함.

④ 국무위원은 국무총리의 제청에 의하여 대통령이 임면하도록 함.

개정문

국회의 의결로 확정된 헌법개정의 건을 이에 공포한다.

대통령 이승만 (印)

단기 4285년 7월 7일

국무위원 국무총리 장택상

국무위원 내무부장관 이범석

국무위원 외무부장관	변영태
국무위원 국방부장관	신태영
국무위원 재무부장관	백두진
국무위원 법무부장관	서상환
국무위원 문교부장관	백락준
국무위원 농림부장관	함인섭
국무위원 상공부장관	이교선
국무위원 사회부장관	최창순
국무위원 보건부장관	최재유
국무위원 교통부장관	금석관
국무위원 체신부장관	조주영
국무위원	이윤영

(2) 제1차 개정 헌법

대한민국헌법

[시행 1952. 7. 7.] [헌법 제2호, 1952. 7. 7., 일부개정]

전문

유구한 역사와 전통에 빛나는 우리들 대한국민은 기미 삼일운동으로 대한민국을 건립하여 세계에 선포한 위대한 독립정신을 계승하여 이제 민주독립국가를 재건함에 있어서 정의인도와 동포애로써 민족의 단결을 공고히 하며 모든 사회적 폐습을 타파하고 민주주의제제도를 수립하여 정치, 경제, 사회, 문화의 모든 영역에 있어서 각인의 기회를 균등히 하고 능력을 최고도로 발휘케 하며 각인의 책임과 의무를 완수케하여 안으로는 국민생활의 균등한 향상을 기하고 밖으로는 항구적인 국제평화의 유지에 노력하여 우리들과 우리들의 자손의 안전과 자유와 행복을 영원히 확보할 것을 결의하고 우리들의 정당 또 자유로히 선거된 대표로써 구성된 국회에서 단기 4281년 7월 12일 이 헌법을 제정한다.

단기 4281년 7월 12일

대한민국국회의장 이 승 만

제1장 총강

제1조 대한민국은 민주공화국이다.

제2조 대한민국의 주권은 국민에게 있고 모든 권력은 국민으로부터 나온다.

제3조 대한민국의 국민되는 요건은 법률로써 정한다.

제4조 대한민국의 영토는 한반도와 그 부속도서로 한다.

제5조 대한민국은 정치, 경제, 사회, 문화의 모든 영역에 있어서 각인의 자유, 평등과 창의를 존중하고 보장하며 공공복리의 향상을 위하여 이를 보호하고 조정하는 의무를 진다.

제6조 대한민국은 모든 침략적인 전쟁을 부인한다.

국군은 국토방위의 신성한 의무를 수행함을 사명으로 한다.

제7조 비준공포된 국제조약과 일반적으로 승인된 국제법규는 국내법과 동일한 효력을 가진다.

외국인의 법적지위는 국제법과 국제조약의 범위내에서 보장된다.

제2장 국민의 권리의무

제8조 모든 국민은 법률 앞에 평등이며 성별, 신앙 또는 사회적 신분에 의하여 정치적, 경제적, 사회적 생활의 모든 영역에 있어서 차별을 받지 아니한다.

사회적 특수계급의 제도는 일체 인정되지 아니하며 여하한 형태로도 이를 창설하지 못한다.

훈장과 기타 영전의 수여는 오로지 그 받은 자의 영예에 한한 것이며 여하한 특권도 창설되지 아니한다.

제9조 모든 국민은 신체의 자유를 가진다. 법률에 의하지 아니하고는 체포, 구금, 수색, 심문, 처벌과 강제노역을 받지 아니한다.

체포, 구금, 수색에는 법관의 영장이 있어야 한다. 단, 범죄의 현행 범인의 도피 또는 증거인멸의 염려가 있을 때에는 수사기관은 법률의 정하는 바에 의하여 사후에 영장의 교부를 청구할 수 있다.

누구든지 체포, 구금을 받은 때에는 즉시 변호인의 조력을 받을 권리와 그 당부의 심사를 법원에 청구할 권리가 보장된다.

제10조 모든 국민은 법률에 의하지 아니하고는 거주와 이전의 자유를 제한받지

아니하며 주거의 침입 또는 수색을 받지 아니한다.

제11조 모든 국민은 법률에 의하지 아니하고는 통신의 비밀을 침해받지 아니한다.

제12조 모든 국민은 신앙과 양심의 자유를 가진다.

국교는 존재하지 아니하며 종교는 정치로부터 분리된다.

제13조 모든 국민은 법률에 의하지 아니하고는 언론, 출판, 집회, 결사의 자유를 제한받지 아니한다.

제14조 모든 국민은 학문과 예술의 자유를 가진다.

저작자, 발명가와 예술가의 권리는 법률로써 보호한다.

제15조 재산권은 보장된다. 그 내용과 한계는 법률로써 정한다.

재산권의 행사는 공공복리에 적합하도록 하여야 한다.

공공필요에 의하여 국민의 재산권을 수용, 사용 또는 제한함은 법률의 정하는 바에 의하여 상당한 보상을 지급함으로써 행한다.

제16조 모든 국민은 균등하게 교육을 받을 권리가 있다. 적어도 초등교육은 의무적이며 무상으로 한다.

모든 교육기관은 국가의 감독을 받으며 교육제도는 법률로써 정한다.

제17조 모든 국민은 근로의 권리와 의무를 가진다.

근로조건의 기준은 법률로써 정한다.

여자와 소년의 근로는 특별한 보호를 받는다.

제18조 근로자의 단결, 단체교섭과 단체행동의 자유는 법률의 범위내에서 보장된다.

영리를 목적으로 하는 사기업에 있어서는 근로자는 법률의 정하는 바에 의하여 이익의 분배에 균점할 권리가 있다.

제19조 노령, 질병 기타 근로능력의 상실로 인하여 생활유지의 능력이 없는 자는 법률의 정하는 바에 의하여 국가의 보호를 받는다.

제20조 혼인은 남녀동권을 기본으로 하며 혼인의 순결과 가족의 건강은 국가의 특별한 보호를 받는다.

제21조 모든 국민은 국가 각 기관에 대하여 문서로써 청원을 할 권리가 있다.

청원에 대하여 국가는 심사할 의무를 진다.

제22조 모든 국민은 법률의 정한 법관에 의하여 법률에 의한 재판을 받을 권리가 있다.

제23조 모든 국민은 행위시의 법률에 의하여 범죄를 구성하지 아니하는 행위에 대하여 소추를 받지 아니하며 또 동일한 범죄에 대하여 두 번 처벌되지 아니한다.

제24조 형사피고인은 상당한 이유가 없는 한 지체 없이 공개재판을 받을 권리가 있다.

형사피고인으로서 구금되었던 자가 무죄판결을 받은 때에는 법률의 정하는 바에 의하여 국가에 대하여 보상을 청구할 수 있다.

제25조 모든 국민은 법률의 정하는 바에 의하여 공무원을 선거할 권리가 있다.

제26조 모든 국민은 법률의 정하는 바에 의하여 공무를 담임할 권리가 있다.

제27조 공무원은 주권을 가진 국민의 수임자이며 언제든지 국민에 대하여 책임을 진다. 국민은 불법행위를 한 공무원의 파면을 청원할 권리가 있다.

공무원의 직무상 불법행위로 인하여 손해를 받은 자는 국가 또는 공공단체에 대하여 배상을 청구할 수 있다. 단, 공무원 자신의 민사상이나 형사상의 책임이 면제되는 것은 아니다.

제28조 국민의 모든 자유와 권리는 헌법에 열거되지 아니한 이유로써 경시되지는 아니한다.

국민의 자유와 권리를 제한하는 법률의 제정은 질서유지와 공공복리를 위하여 필요한 경우에 한한다.

제29조 모든 국민은 법률의 정하는 바에 의하여 납세의 의무를 진다.

제30조 모든 국민은 법률의 정하는 바에 의하여 국토방위의 의무를 진다.

제3장 국회

제31조 입법권은 국회가 행한다.

국회는 민의원과 참의원으로써 구성한다.

[전문개정 1952. 7. 7.]

제32조 양원은 국민의 보통, 평등, 직접, 비밀투표에 의하여 선거된 의원으로써 조직한다.

누구든지 양원의 의원을 겸할 수 없다.
국회의원의 정수와 선거에 관한 사항은 법률로써 정한다.
[전문개정 1952. 7. 7.]
第33조 민의원의원의 임기는 4년으로 한다.
참의원의원의 임기는 6년으로 하고 2년마다 의원의 3분지 1을 개선한다.
[전문개정 1952. 7. 7.]
第34조 국회의 정기회는 매년 1회 12월 20일에 집회한다. 당해일이 공휴일인 때에는 그 익일에 집회한다.
第35조 임시긴급의 필요가 있을 때에는 대통령, 민의원의 재적의원 4분지 1이상 또는 참의원의 재적의원 2분지 1이상의 요구에 의하여 양원의 의장은 국회의 임시회의 집회를 공고한다.
[전문개정 1952. 7. 7.]
第36조 민의원은 의장 1인, 부의장 2인을 선거한다.
참의원은 부통령을 의장으로 하고 부의장 2인을 선거한다.
참의원의장은 양원합동회의의 의장이 된다.
[전문개정 1952. 7. 7.]
第37조 각원은 헌법 또는 국회법에 특별한 규정이 없는 한 그 재적의원의 과반수의 출석과 출석의원의 과반수로써 의결을 행한다.
법률안 기타 의안에 관하여 양원의 의결이 일치되지 아니할 때에는 각원의 재적의원 과반수가 출석한 양원합동회의에서 출석의원 과반수로써 의결한다.
민의원의장은 의결에 있어서 표결권을 가진다.
양원의 의장은 의결에 있어서 가부동수인 경우에 결정권을 가진다.
[전문개정 1952. 7. 7.]
第38조 국회의 회의는 공개한다. 단, 각원 또는 양원합동회의의 결의에 의하여 비밀회로 할 수 있다.
[전문개정 1952. 7. 7.]
第39조 국회의원과 정부는 법률안을 제출할 수 있다.
법률안, 예산안 기타 의안은 먼저 민의원에 제출하여야 한다. 단, 국무총리와 대법원장인 법관의 임명에 관한 의안은 참의원에 먼저 제출할 수 있다.

일원에서 부결된 의안은 타원에 이송할 수 없다.

[전문개정 1952. 7. 7.]

제40조 국회에서 의결된 법률안은 정부로 이송되어 15일이내에 대통령이 공포한다.

이송된 법률안에 대하여 이의가 있는 때에는 대통령은 이의서를 부하여 양원중의 일원에 환부하여 국회의 재의에 부한다. 국회에서 각원이 그 재적의원 3분지 2이상의 출석과 출석의원 3분지 2이상의 찬성으로써 전과 같이 가결한 때에는 그 법률안은 법률로서 확정된다. 법률안이 정부로 이송된 후 15일이내에 국회에 환부되지 아니하는 때에는 그 법률안은 법률로서 확정된다.

대통령은 전2항에 의하여 확정된 법률을 지체없이 공포하여야 한다.

법률은 특별한 규정이 없는 때에는 공포일로부터 20일후에 효력이 발생한다.

[전문개정 1952. 7. 7.]

제41조 국회는 예산안을 심의결정한다.

제42조 국회는 국제조직에 관한 조약, 상호원조에 관한 조약, 강화조약, 통상조약, 국가 또는 국민에게 재정적 부담을 지우는 조약, 입법사항에 관한 조약의 비준과 선전포고에 대하여 동의권을 가진다.

제43조 국회는 국정을 감사하기 위하여 필요한 서류를 제출케 하며 증인의 출석과 증언 또는 의견의 진술을 요구할 수 있다.

제44조 국무총리, 국무위원과 정부위원은 국회에 출석하여 의견을 진술하고 질문에 응답할 수 있으며 국회의 요구가 있을 때에는 출석답변하여야 한다.

제45조 각원은 의원의 자격을 심사하고 의사에 관한 규칙을 제정하고 의원의 징벌을 결정할 수 있다.

의원을 제명함에는 각원의 재적의원 3분지 2이상의 찬성이 있어야 한다.

[전문개정 1952. 7. 7.]

제46조 대통령, 부통령, 국무총리, 국무위원, 심계원장, 법관 기타 법률이 정하는 공무원이 그 직무수행에 관하여 헌법 또는 법률에 위배한 때에는 국회는 탄핵의 소추를 결의할 수 있다.

국회의 탄핵소추는 민의원의원 50인이상의 발의가 있어야 하며 그 결의는 양원합동회의에서 각원의 재적의원 3분지 2이상의 출석과 출석의원 3분지 2이상의 찬성이 있어야 한다.
[전문개정 1952. 7. 7.]

제47조 탄핵사건을 심판하기 위하여 법률로써 탄핵재판소를 설치한다.
탄핵재판소는 부통령이 재판장의 직무를 행하고 대법관5인과 참의원의원 5인이 심판관이 된다. 단, 대통령과 부통령을 심판할 때에는 대법원장이 재판장의 직무를 행한다.
탄핵판결은 심판관 3분지 2이상의 찬성이 있어야 한다.
탄핵판결은 공직으로부터 파면함에 그친다. 단, 이에 의하여 민사상이나 형사상의 책임이 면제되는 것은 아니다.
[전문개정 1952. 7. 7.]

제48조 국회의원은 지방의회의 의원을 겸할 수 없다.

제49조 국회의원은 현행범을 제외한 외에는 회기중 그 원의 동의없이 체포 또는 구금되지 아니하며 회기전에 체포 또는 구금되었을 때에는 그 원의 요구가 있으면 회기중 석방된다.
[전문개정 1952. 7. 7.]

제50조 국회의원은 국회내에서 발표한 의견과 표결에 관하여 외부에 대하여 책임을 지지 아니한다.

제4장 정부

제1절 대통령

제51조 대통령은 행정권의 수반이며 외국에 대하여 국가를 대표한다.

제52조 대통령이 사고로 인하여 직무를 수행할 수 없을 때에는 부통령이 그 권한을 대행하고 대통령, 부통령 모다 사고로 인하여 그 직무를 수행할 수 없을 때에는 국무총리가 그 권한을 대행한다.

제53조 대통령과 부통령은 국민의 보통, 평등, 직접, 비밀투표에 의하여 각각 선거한다.
국회폐회중에 대통령과 부통령을 선거할 때에는 그 선거보고를 받기 위하여 양원의 의장은 국회의 집회를 공고하여야 한다.
대통령과 부통령의 선거에 관한 개표보고는 특별시와 도의 선거위원회가 입후보자의 득표수를 명기하여 봉함한 후 참의원의장에게 송부하여야 한다.

참의원의장은 즉시 각원의 재적의원 과반수가 출석한 공개된 양원합동회의에서 전항의 득표수를 계산하여 당선된 대통령과 부통령을 공표하여야 한다.

대통령과 부통령의 당선은 최고득표수로써 결정한다.

최고득표자가 2인이상인 때에는 전항의 양원합동회의에서 다수결로써 당선자를 결정한다.

대통령과 부통령의 선거에 관한 사항은 법률로써 정한다.

대통령과 부통령은 국무총리 또는 국회의원을 겸할 수 없다.

[전문개정 1952. 7. 7.]

第54조 대통령은 취임에 제하여 양원합동회의에서 좌의 선서를 행한다.

「나는 국헌을 준수하며 국민의 복리를 증진하며 국가를 보위하여 대통령의 직무를 성실히 수행할 것을 국민에게 엄숙히 선서한다」

[전문개정 1952. 7. 7.]

第55조 대통령과 부통령의 임기는 4년으로 한다. 단, 재선에 의하여 1차중임할 수 있다.

부통령은 대통령재임중 재임한다.

第56조 대통령, 부통령의 임기가 만료되는 때에는 늦어도 그 임기가 만료되기 30일전에 그 후임자를 선거한다.

대통령 또는 부통령이 궐위된 때에는 즉시 그 후임자를 선거한다.

第57조 내우, 외환, 천재, 지변 또는 중대한 재정, 경제상의 위기에 제하여 공공의 안녕질서를 유지하기 위하여 긴급한 조치를 할 필요가 있는 때에는 대통령은 국회의 집회를 기다릴 여유가 없는 경우에 한하여 법률의 효력을 가진 명령을 발하거나 또는 재정상 필요한 처분을 할 수 있다.

전항의 명령 또는 처분은 지체없이 국회에 보고하여 승인을 얻어야 한다.

만일 국회의 승인을 얻지 못한 때에는 그때부터 효력을 상실하며 대통령은 지체없이 차를 공포하여야 한다.

第58조 대통령은 법률에서 일정한 범위를 정하여 위임을 받은 사항과 법률을 실시하기 위하여 필요한 사항에 관하여 명령을 발할 수 있다.

第59조 대통령은 조약을 체결하고 비준하며 선전포고와 강화를 행하고 외교사절을 신임접수한다.

제60조 대통령은 중요한 국무에 관하여 국회에 출석하여 발언하거나 또는 서한으로 의견을 표시한다.

제61조 대통령은 국군을 통수한다.

국군의 조직과 편성은 법률로써 정한다.

제62조 대통령은 헌법과 법률의 정하는 바에 의하여 공무원을 임면한다.

제63조 대통령은 법률의 정하는 바에 의하여 사면, 감형과 복권을 명한다.

일반사면을 명함에는 국회의 동의를 얻어야 한다.

제64조 대통령은 법률의 정하는 바에 의하여 계엄을 선포한다.

제65조 대통령은 훈장 기타 영예를 수여한다.

제66소 대통령의 국무에 관한 행위는 문서로 하여야 하며 모든 문서에는 국무총리와 관계국무위원의 부서가 있어야 한다. 군사에 관한 것도 또한 같다.

제67조 대통령은 내란 또는 외환의 죄를 범한 때 이외에는 재직중 형사상의 소추를 받지 아니한다.

제2절 국무원

제68조 국무원은 대통령과 국무총리 기타의 국무위원으로 조직되는 합의체로서 대통령의 권한에 속한 중요 국책을 의결한다.

제69조 국무총리는 대통령이 임명하고 국회의 승인을 얻어야 한다.

민의원의원총선거후 신국회가 개회되었을 때에는 국무총리임명에 대한 승인을 다시 얻어야 한다.

국무총리가 궐위된 때에는 10일이내에 전항의 승인을 요구하여야 한다.

국무위원은 국무총리의 제청에 의하여 대통령이 임면한다.

국무위원총수는 8인이상 15인이내로 한다.

군인은 현역을 면한 후가 아니면 국무총리 또는 국무위원에 임명될 수 없다.

[전문개정 1952. 7. 7.]

제70조 ①대통령은 국무회의의 의장이 된다.

②국무총리는 대통령을 보좌하며 국무회의의 부의장이 된다.

③국무총리와 국무위원은 국회에 대하여 국무원의 권한에 속하는 일반국무에

관하여는 연대책임을 지고 각자의 행위에 관하여는 개별책임을 진다. [신설 1952. 7. 7.]

第70조의2 민의원에서 국무원불신임결의를 하였거나 민의원의원총선거후 최초에 집회된 민의원에서 신임결의를 얻지 못한 때에는 국무원은 총사직을 하여야 한다.

국무원의 신임 또는 불신임결의는 그 발의로부터 24시간이상이 경과된 후에 재적의원 과반수의 찬성으로 행한다.

민의원은 국무원의 조직완료 또는 총선거 즉후의 신임결의로부터 1년이내에는 국무원불신임결의를 할 수 없다. 단, 재적의원 3분지 2이상의 찬성에 의한 국무원불신임결의는 언제든지 할 수 있다.

총사직한 국무원은 신국무원의 조직이 완료될 때까지 그 직무를 행한다.

[본조신설 1952. 7. 7.]

第71조 국무회의의 의결은 과반수로써 행한다.

의장은 의결에 있어서 표결권을 가지며 가부동수인 경우에는 결정권을 가진다.

第72조 좌의 사항은 국무회의의 의결을 경하여야한다.

1. 국정의 기본적 계획과 정책
2. 조약안, 선전, 강화 기타 중요한 대외정책에 관한 사항
3. 헌법개정안, 법률안, 대통령령안
4. 예산안, 결산안, 재정상의 긴급처분안, 예비비지출에 관한 사항
5. 임시국회의 집회요구에 관한 사항
6. 계엄안, 해엄안
7. 군사에 관한 중요사항
8. 영예수여, 사면, 감형, 복권에 관한 사항
9. 행정각부간의 연락사항과 권한의 획정
10. 정부에 제출 또는 회부된 청원의 심사
11. 대법관, 검찰총장, 심계원장, 국립대학총장, 대사, 공사, 국군총사령관, 국군참모총장, 기타 법률에 의하여 지정된 공무원과 중요 국영기업의 관리자의 임면에 관한 사항
12. 행정각부의 중요한 정책의 수립과 운영에 관한 사항

13. 기타 국무총리 또는 국무위원이 제출하는 사항

제3절 행정각부

제73조 행정각부의 장은 국무위원이어야 하며 국무총리의 제청에 의하여 대통령이 임면한다.

국무총리는 대통령의 명을 승하여 행정각부장관을 통리감독하며 행정각부에 분담되지 아니한 행정사무를 담임한다.

[전문개정 1952. 7. 7.]

제74조 국무총리 또는 행정각부장관은 그 담임한 직무에 관하여 직권 또는 특별한 위임에 의하여 총리령 또는 부령을 발할 수 있다.

제75조 행정각부의 조직과 직무범위는 법률로써 정한다.

제5장 법원

제76조 사법권은 법관으로써 조직된 법원이 행한다.

최고법원인 대법원과 하급법원의 조직은 법률로써 정한다.

법관의 자격은 법률로써 정한다.

제77조 법관은 헌법과 법률에 의하여 독립하여 심판한다.

제78조 대법원장인 법관은 대통령이 임명하고 국회의 승인을 얻어야 한다.

제79조 법관의 임기는 10년으로 하되 법률의 정하는 바에 의하여 연임할 수 있다.

제80조 법관은 탄핵, 형벌 또는 징계처분에 의하지 아니하고는 파면, 정직 또는 감봉되지 아니한다.

제81조 대법원은 법률의 정하는 바에 의하여 명령규칙과 처분이 헌법과 법률에 위반되는 여부를 최종적으로 심사할 권한이 있다.

법률이 헌법에 위반되는 여부가 재판의 전제가 되는 때에는 법원은 헌법위원회에 제청하여 그 결정에 의하여 재판한다.

헌법위원회는 부통령을 위원장으로 하고 대법관 5인 민의원의원 3인과 참의원의원 2인의 위원으로 구성한다.

헌법위원회에서 위헌결정을 할 때에는 위원 3분지 2이상의 찬성이 있어야 한다.

헌법위원회의 조직과 절차는 법률로써 정한다.

[전문개정 1952. 7. 7.]

제82조 대법원은 법원의 내부규율과 사무처리에 관한 규칙을 제정할 수 있다.

제83조 재판의 대심과 판결은 공개한다. 단, 안녕질서를 방해하거나 풍속을 해할 염려가 있는 때에는 법원의 결정으로써 공개를 아니할 수 있다.

제6장 경제

제84조 대한민국의 경제질서는 모든 국민에게 생활의 기본적 수요를 충족할 수 있게 하는 사회정의의 실현과 균형있는 국민경제의 발전을 기함을 기본으로 삼는다. 각인의 경제상 자유는 이 한계내에서 보장된다.

제85조 광물 기타 중요한 지하자원, 수산자원, 수력과 경제상 이용할 수 있는 자연력은 국유로 한다. 공공필요에 의하여 일정한 기간 그 개발 또는 이용을 특허하거나 또는 특허를 취소함은 법률의 정하는 바에 의하여 행한다.

제86조 농지는 농민에게 분배하며 그 분배의 방법, 소유의 한도, 소유권의 내용과 한계는 법률로써 정한다.

제87조 중요한 운수, 통신, 금융, 보험, 전기, 수리, 수도, 까스 및 공공성을 가진 기업은 국영 또는 공영으로 한다. 공공필요에 의하여 사영을 특허하거나 또는 그 특허를 취소함은 법률의 정하는 바에 의하여 행한다.

대외무역은 국가의 통제하에 둔다.

제88조 국방상 또는 국민생활상 긴절한 필요에 의하여 사영기업을 국유 또는 공유로 이전하거나 또는 그 경영을 통제, 관리함은 법률이 정하는 바에 의하여 행한다.

제89조 제85조 내지 제88조에 의하여 특허를 취소하거나 권리를 수용 사용 또는 제한하는 때에는 제15조제3항의 규정을 준용한다

제7장 재정

제90조 조세의 종목과 세율은 법률로써 정한다.

제91조 정부는 국가의 총수입과 총지출을 회계연도마다 예산으로 편성하여 매년 국회의 정기회개회초에 국회에 제출하여 그 의결을 얻어야 한다.

특별히 계속지출의 필요가 있을 때에는 연한을 정하여 계속비로서 국회의 의결을 얻어야 한다.

국회는 정부의 동의없이는 정부가 제출한 지출예산 각항의 금액을 증가하거

나 또는 신비목을 설치할 수 없다.

제92조 국채를 모집하거나 예산외에 국가의 부담이 될 계약을 함에는 국회의 의결을 얻어야 한다.

제93조 예측할 수 없는 예산외의 지출 또는 예산초과지출에 충당하기 위한 예비비는 미리 국회의 의결을 얻어야 한다.

예비비의 지출은 차기국회의 승인을 얻어야 한다.

제94조 국회는 회계연도가 개시되기까지에 예산을 의결하여야 한다. 부득이한 사유로 인하여 예산이 의결되지 못한 때에는 국회는 1개월 이내의 가예산을 의결하고 그 기간내에 예산을 의결하여야 한다.

제95조 국가의 수입지출의 결산은 매년 심계원에서 검사한다.

정부는 심계원의 검사보고와 함께 결산을 차년도의 국회에 제출하여야 한다.

심계원의 조직과 권한은 법률로써 정한다.

제8장 지방자치

제96조 지방자치단체는 법령의 범위내에서 그 자치에 관한 행정사무와 국가가 위임한 행정사무를 처리하며 재산을 관리한다.

지방자치단체는 법령의 범위내에서 자치에 관한 규정을 제정할 수 있다.

제97조 지방자치단체의 조직과 운영에 관한 사항은 법률로써 정한다.

지방자치단체에는 각각 의회를 둔다.

지방의회의 조직, 권한과 의원의 선거는 법률로써 정한다.

제9장 헌법개정

제98조 헌법개정의 제안은 대통령, 민의원의 재적의원 3분지 1이상 또는 참의원의 재적의원 3분지 2이상의 찬성으로써 한다.

헌법개정의 제의는 대통령이 이를 공고하여야 한다.

전항의 공고기간은 30일이상으로 한다.

헌법개정의 의결은 양원에서 각각 그 재적의원 3분지 2이상의 찬성으로써 한다.

헌법개정이 의결된 때에는 대통령은 즉시 공포한다.

[전문개정 1952. 7. 7.]

제10장 부칙

제99조 이 헌법은 이 헌법을 제정한 국회의 의장이 공포한 날로부터 시행한다. 단, 법률의 제정이 없이는 실현될 수 없는 규정은 그 법률이 시행되는 때부터 시행된다.

제100조 현행법령은 이 헌법에 저촉되지 아니하는 한 효력을 가진다.

제101조 이 헌법을 제정한 국회는 단기 4278년 8월 15일 이전의 악질적인 반민족행위를 처벌하는 특별법을 제정할 수 있다.

제102조 이 헌법을 제정한 국회는 이 헌법에 의한 국회로서의 권한을 행하며 그 의원의 임기는 국회개회일로부터 2년으로 한다.

제103조 이 헌법시행시에 재직하고 있는 공무원은 이 헌법에 의하여 선거 또는 임명된 자가 그 직무를 계승할 때까지 계속하여 직무를 행한다.

부칙 [제2호, 1952. 7. 7.]

부칙 [단기 4285년 7월 4일 헌법개정] [제2호,1952. 7. 7.]

이 헌법은 공포한 날로부터 시행한다. 단, 참의원에 관한 규정과 참의원의 존재를 전제로 한 규정은 참의원이 구성된 날로부터 시행한다.

본법 시행후 참의원이 구성될 때까지는 양원합동회의에서 행할 사항은 민의원이 행하고 참의원의장이 행할 사항은 민의원의장이 행한다.

참의원이 구성될 때까지는 민의원의 의결로써 국회의 의결로 한다.

이 헌법시행시의 국회의원은 민의원의원으로 하고 그 임기는 국회의원의 임기의 잔기로써 종료한다.

이 헌법이 시행된 후 처음으로 선거된 참의원의원은 특별시와 도마다 그 득표수의 순차에 따라 제1부, 제2부, 제3부로 나눈다. 제1부의 의원의 임기는 6년, 제2부의 의원의 임기는 4년, 제3부의 의원의 임기는 2년으로 한다.

표수가 같은 때에는 연령순에 의한다.

4. 제2차 개정 헌법(1954년 11월 29일)

제3대 대통령을 1956년 3월 28일(수) 공고하여 1956년 5월 15일(화) 국민의 직접 선거로 이승만을 선출하였다. 제2차 개헌은 주권의 제약, 영토의 변경을 가져올 중대 사항에 대한 국민투표제 채택, 국무총리에 대한 연대책임제 폐지, 초대 대통령 중임제한 철폐, 경제 조항의 자유주의 경제화, 군법회의에 헌법적 근거를 부여하였다. 이 또한 이승만 대통령의 장기 집권하기 위한 사사 오입 개헌(재적 의원 203명 중 가 135표, 부 60표, 기권 7표)이었다. 참고로 재적 의원 203명의 3분의 2는 136명이다.

(1) 개정 이유

대한민국헌법

[시행 1954. 11. 29.] [헌법 제3호, 1954. 11. 29., 일부개정]

개정이유[일부개정]

우리 대한민국헌법은 1948년 7월 17일에 제정·공포되었고 1952년 7월 7일에 그 일부개정이 있었는바 헌정 7년의 실제 운영경험에 비추어 볼 때 일부수정 또는 보충을 요하는 규정이 있을 뿐 아니라 정세의 천이와 국내의 실정에 감하여 새로운 제도로의 이행이 절실히 요청되므로 이에 헌법을 개정하려는 바이며 개헌의 동기는 첫째, 근간의 국내외 정세가 대단히 위급존망지추에 있는바, 이러한 정세에 대응할 수 있도록 하고 둘째, 연래의 우리나라 정치제도상의 숙제를 해결함으로써 정계의 안정을 도모하는 동시에 민심의 안정을 기하며 셋째, 발췌개헌안의 이론적 모순을 이번 기회에 제거하고 넷째, 우리 국민의 민도와 또 지난 7년간 우리가 겪어온 경험에 비추어 우리나라의 실정에 맞는 국가기본법을 제정하지 아니하면 안될 시기에 처해 있는 실정이므로 헌법을 개정하기에 이른 것임.

① 초대 대통령에 대한 중임제한규정을 폐지함.

② 주권의 제약 및 영토의 변경을 가져올 중대 사항에 대하여는 국회의 가결후 국민투표에 회부하도록 함.

③ 국무총리제 및 국무위원의 연대 책임제를 폐지함.

④ 대통령 궐위시에 부통령이 대통령지위를 계승하도록 함.

⑤ 군법회의의 설치근거를 헌법에 의하도록 함.

⑥ 경제조항의 자유경제체제로 수정함.

⑦ 헌법개정의 한계설정

개정문

국회의 의결로 확정된 헌법개정의 건을 이에 공포한다.

대통령 이승만(印)

단기 4287년 11월 19일

국무위원 국무총리 서리	백한성
국무위원 내무부 장관	백한성
국무위원 국방부 장관	손원일
국무위원 재무부 장관	이중재
국무위원 법무부 장관	조용순
국무위원 문교부 장관	이선근
국무위원 농림부 장관	최규옥
국무위원 상공부 장관	강성태
국무위원 사회부 장관	박술음
국무위원 보건부 장관	최재유
국무위원 교통부 장관	이종림
국무위원 체신부 장관	이 광

(2) 제2차 개정 헌법(1954년 11월 29일)

대한민국헌법

[시행 1954. 11. 29.] [헌법 제3호, 1954. 11. 29., 일부개정]

전문

유구한 역사와 전통에 빛나는 우리들 대한국민은 기미 삼일운동으로 대한민국을 건립하여 세계에 선포한 위대한 독립정신을 계승하여 이제 민주독립국가를 재건함에 있어서 정의인도와 동포애로써 민족의 단결을 공고히 하며 모든 사회적 폐습을 타파하고 민주주의제제도를 수립하여 정치, 경제, 사회, 문화의 모든 영역에 있어서 각인의 기회를 균등히 하고 능력을 최고도로 발휘케 하며 각인의 책임과 의무를 완수케하여 안으로는 국민생활의 균등한 향상을 기하고 밖으로는 항구적인 국제평화의 유지에 노력하여 우리들과 우리들의 자손의 안전과 자유와 행복을 영원히 확보할 것을 결의하고 우리들의 정당 또 자유로히 선거된 대표로써 구성된 국회에서 단기 4281년 7월 12일 이 헌법을 제정한다.

단기 4281년 7월 12일

대한민국국회의장 이 승 만

제1장 총강

제1조 대한민국은 민주공화국이다.

제2조 대한민국의 주권은 국민에게 있고 모든 권력은 국민으로부터 나온다.

제3조 대한민국의 국민되는 요건은 법률로써 정한다.

제4조 대한민국의 영토는 한반도와 그 부속도서로 한다.

제5조 대한민국은 정치, 경제, 사회, 문화의 모든 영역에 있어서 각인의 자유, 평등과 창의를 존중하고 보장하며 공공복리의 향상을 위하여 이를 보호하고 조정하는 의무를 진다.

제6조 대한민국은 모든 침략적인 전쟁을 부인한다.

국군은 국토방위의 신성한 의무를 수행함을 사명으로 한다.

제7조 비준공포된 국제조약과 일반적으로 승인된 국제법규는 국내법과 동일한 효력을 가진다.

외국인의 법적지위는 국제법과 국제조약의 범위내에서 보장된다.

제7조의2 대한민국의 주권의 제약 또는 영토의 변경을 가져올 국가안위에 관한 중대사항은 국회의 가결을 거친 후에 국민투표에 부하여 민의원의원선거권자 3분지 2이상의 투표와 유효투표 3분지 2이상의 찬성을 얻어야 한다.

전항의 국민투표의 발의는 국회의 가결이 있은 후 1개월이내에 민의원의원선거권자 50만인이상의 찬성으로써 한다.

국민투표에서 찬성을 얻지 못한 때에는 제1항의 국회의 가결사항은 소급하여 효력을 상실한다.

국민투표의 절차에 관한 사항은 법률로써 정한다.

[본조신설 1954. 11. 29.]

제2장 국민의 권리의무

제8조 모든 국민은 법률앞에 평등이며 성별, 신앙 또는 사회적 신분에 의하여 정치적, 경제적, 사회적 생활의 모든 영역에 있어서 차별을 받지 아니한다.

사회적 특수계급의 제도는 일체 인정되지 아니하며 여하한 형태로도 이를 창설하지 못한다.

훈장과 기타 영전의 수여는 오로지 그 받은 자의 영예에 한한 것이며 여하한 특권도 창설되지 아니한다.

제9조 모든 국민은 신체의 자유를 가진다. 법률에 의하지 아니하고는 체포, 구금, 수색, 심문, 처벌과 강제노역을 받지 아니한다.

체포, 구금, 수색에는 법관의 영장이 있어야 한다. 단, 범죄의 현행 범인의 도피 또는 증거인멸의 염려가 있을 때에는 수사기관은 법률의 정하는 바에 의하여 사후에 영장의 교부를 청구할 수 있다.

누구든지 체포, 구금을 받은 때에는 즉시 변호인의 조력을 받을 권리와 그 당부의 심사를 법원에 청구할 권리가 보장된다.

제10조 모든 국민은 법률에 의하지 아니하고는 거주와 이전의 자유를 제한받지 아니하며 주거의 침입 또는 수색을 받지 아니한다.

제11조 모든 국민은 법률에 의하지 아니하고는 통신의 비밀을 침해받지 아니한다.

제12조 모든 국민은 신앙과 양심의 자유를 가진다.

국교는 존재하지 아니하며 종교는 정치로부터 분리된다.

제13조 모든 국민은 법률에 의하지 아니하고는 언론, 출판, 집회, 결사의 자유를 제한받지 아니한다.

제14조 모든 국민은 학문과 예술의 자유를 가진다.

저작자, 발명가와 예술가의 권리는 법률로써 보호한다.

제15조 재산권은 보장된다. 그 내용과 한계는 법률로써 정한다.

재산권의 행사는 공공복리에 적합하도록 하여야 한다.

공공필요에 의하여 국민의 재산권을 수용, 사용 또는 제한함은 법률의 정하는 바에 의하여 상당한 보상을 지급함으로써 행한다.

제16조 모든 국민은 균등하게 교육을 받을 권리가 있다. 적어도 초등교육은 의무적이며 무상으로 한다.

모든 교육기관은 국가의 감독을 받으며 교육제도는 법률로써 정한다.

제17조 모든 국민은 근로의 권리와 의무를 가진다.

근로조건의 기준은 법률로써 정한다.

여자와 소년의 근로는 특별한 보호를 받는다.

제18조 근로자의 단결, 단체교섭과 단체행동의 자유는 법률의 범위내에서 보장된다.

영리를 목적으로 하는 사기업에 있어서는 근로자는 법률의 정하는 바에 의하여 이익의 분배에 균점할 권리가 있다.

제19조 노령, 질병 기타 근로능력의 상실로 인하여 생활유지의 능력이 없는 자는 법률의 정하는 바에 의하여 국가의 보호를 받는다.

제20조 혼인은 남녀동권을 기본으로 하며 혼인의 순결과 가족의 건강은 국가의 특별한 보호를 받는다.

제21조 모든 국민은 국가 각기관에 대하여 문서로써 청원을 할 권리가 있다.

청원에 대하여 국가는 심사할 의무를 진다.

제22조 모든 국민은 법률의 정한 법관에 의하여 법률에 의한 재판을 받을 권리가 있다.

제23조 모든 국민은 행위시의 법률에 의하여 범죄를 구성하지 아니하는 행위에 대하여 소추를 받지 아니하며 또 동일한 범죄에 대하여 두 번 처벌되지 아니한다.

제24조 형사피고인은 상당한 이유가 없는 한 지체없이 공개재판을 받을 권리가 있다.

형사피고인으로서 구금되었던 자가 무죄판결을 받은 때에는 법률의 정하는 바에 의하여 국가에 대하여 보상을 청구할 수 있다.

제25조 모든 국민은 법률의 정하는 바에 의하여 공무원을 선거할 권리가 있다.

제26조 모든 국민은 법률의 정하는 바에 의하여 공무를 담임할 권리가 있다.

제27조 공무원은 주권을 가진 국민의 수임자이며 언제든지 국민에 대하여 책임을 진다. 국민은 불법행위를 한 공무원의 파면을 청원할 권리가 있다.

공무원의 직무상 불법행위로 인하여 손해를 받은 자는 국가 또는 공공단체에 대하여 배상을 청구할 수 있다. 단, 공무원 자신의 민사상이나 형사상의 책임이 면제되는 것은 아니다.

第28조 국민의 모든 자유와 권리는 헌법에 열거되지 아니한 이유로써 경시되지는 아니한다.

국민의 자유와 권리를 제한하는 법률의 제정은 질서유지와 공공복리를 위하여 필요한 경우에 한한다.

第29조 모든 국민은 법률의 정하는 바에 의하여 납세의 의무를 진다.

第30조 모든 국민은 법률의 정하는 바에 의하여 국토방위의 의무를 진다.

제3장 국회

第31조 입법권은 국회가 행한다.

국회는 민의원과 참의원으로써 구성한다.

[전문개정 1952. 7. 7.]

第32조 양원은 국민의 보통, 평등, 직접, 비밀투표에 의하여 선거된 의원으로써 조직한다.

누구든지 양원의 의원을 겸할 수 없다.

국회의원의 정수와 선거에 관한 사항은 법률로써 정한다.

[전문개정 1952. 7. 7.]

第33조 ①민의원의원의 임기는 4년으로 한다.

②참의원의원의 임기는 6년으로 하고 3년마다 의원의 2분지 1을 개선한다.

[개정 1954. 11. 29.]

第34조 국회의 정기회는 매년 1회 법률의 정하는 바에 의하여 집회한다.

[전문개정 1954. 11. 29.]

第35조 임시긴급의 필요가 있을 때에는 대통령, 민의원의 재적의원 4분지 1이상 또는 참의원의 재적의원 2분지 1이상의 요구에 의하여 양원의 의장은 국회의 임시회의 집회를 공고한다.

[전문개정 1952. 7. 7.]

第36조 민의원은 의장 1인, 부의장 2인을 선거한다.

참의원은 부통령을 의장으로 하고 부의장 2인을 선거한다.

참의원의장은 양원합동회의의 의장이 된다.

[전문개정 1952. 7. 7.]

제37조 ①각원은 헌법 또는 국회법에 특별한 규정이 없는 한 그 재적의원의 과반수의 출석과 출석의원의 과반수로써 의결을 행한다.

②의안에 관하여 양원의 가부의결이 상반할 때 또는 의결내용이 일치하지 아니할 때에는 각원의 재적의원 과반수가 출석한 양원합동회의에서 출석의원 과반수로써 의결한다. 단, 예산안에 관하여 참의원이 민의원과 다른 의결을 하였을 때에는 민의원의 재의에 부하고 그 의결을 국회의 의결로 한다. [개정 1954. 11. 29.]

③민의원의장은 의결에 있어서 표결권을 가진다.

④양원의 의장은 의결에 있어서 가부동수인 경우에 결정권을 가진다.

제38조 국회의 회의는 공개한다. 단, 각원 또는 양원합동회의의 결의에 의하여 비밀회로 할 수 있다.

[전문개정 1952. 7. 7.]

제39조 ①국회의원과 정부는 법률안을 제출할 수 있다.

②예산안은 먼저 민의원에 제출하여야 한다. [개정 1954. 11. 29.]

③법률안은 민의원에서 부결된 때에는 참의원 또는 양원합동회의에 이송할 수 없다. [개정 1954. 11. 29.]

④양원중의 일원이 타원에서 이송된 의안을 받은 날로부터 국회 휴회중의 기간을 제외하고 60일이내에 의결하지 아니할 때에는 이송한 원은 그 의안이 이송을 받은 원에서 부결된 것으로 간주할 수 있다. [신설 1954. 11. 29.]

제40조 ①국회에서 의결된 법률안은 정부로 이송되어 15일이내에 대통령이 공포한다.

②이송된 법률안에 대하여 이의가 있는 때에는 대통령은 이의서를 부하여 국회에 환부하고 국회의 재의에 부한다. 국회에서 각원의 재적의원 3분지 2이상이 출석한 양원합동회의에서 출석의원 과반수의 찬성으로써 전과 같이 가결한 때에는 그 법률안은 법률로서 확정한다. [개정 1954. 11. 29.]

③대통령은 전2항에 의하여 확정된 법률을 지체없이 공포하여야 한다.

④법률은 특별한 규정이 없는 때에는 공포일로부터 20일후에 효력이 발생한다.

제41조 국회는 예산안을 심의결정한다.

제42조 국회는 국제조직에 관한 조약, 상호원조에 관한 조약, 강화조약, 통상조약, 국가 또는 국민에게 재정적 부담을 지우는 조약, 입법사항에 관한 조약의 비준과 선전포고에 대하여 동의권을 가진다.

제42조의2 참의원은 대법관, 검찰총장, 심계원장, 대사, 공사 기타 법률에 의하여 지정된 공무원의 임명에 대한 인준권을 가진다.

국회의 폐회 또는 휴회중에 전항의 공무원이 임명되었을 때에는 다음에 집회된 참의원에서 그 사후인준을 얻어야 한다.

[본조신설 1954. 11. 29.]

제43조 국회는 국정을 감사하기 위하여 필요한 서류를 제출케 하며 증인의 출석과 증언 또는 의견의 진술을 요구할 수 있다.

제44조 국무위원과 정부위원은 국회에 출석하여 의견을 진술하고 질문에 응답할 수 있으며 국회의 요구가 있을 때에는 출석답변하여야 한다.

[개정 1954. 11. 29.]

제45조 각원은 의원의 자격을 심사하고 의사에 관한 규칙을 제정하고 의원의 징벌을 결정할 수 있다.

의원을 제명함에는 각원의 재적의원 3분지 2이상의 찬성이 있어야 한다.

[전문개정 1952. 7. 7.]

제46조 ①대통령, 부통령, 국무위원, 심계원장, 법관 기타 법률이 정하는 공무원이 그 직무수행에 관하여 헌법 또는 법률에 위배한 때에는 국회는 탄핵의 소추를 결의할 수 있다. [개정 1954. 11. 29.]

②국회의 탄핵소추는 민의원의원 30인 이상의 발의가 있어야 하며 그 결의는 양원에서 각각 그 재적의원 과반수의 찬성이 있어야 한다. [개정 1954. 11. 29.]

제47조 탄핵사건을 심판하기 위하여 법률로써 탄핵재판소를 설치한다.

탄핵재판소는 부통령이 재판장의 직무를 행하고 대법관5인과 참의원의원 5인이 심판관이 된다. 단, 대통령과 부통령을 심판할 때에는 대법원장이 재판장의 직무를 행한다.

탄핵판결은 심판관 3분지 2이상의 찬성이 있어야 한다.

탄핵판결은 공직으로부터 파면함에 그친다. 단, 이에 의하여 민사상이나 형사상의 책임이 면제되는 것은 아니다.

[전문개정 1952. 7. 7.]

제48조 국회의원은 지방의회의 의원을 겸할 수 없다.

제49조 국회의원은 현행범을 제외한 외에는 회기중 그 원의 동의없이 체포 또는 구금되지 아니하며 회기전에 체포 또는 구금되었을 때에는 그 원의 요구가 있으면 회기중 석방된다.

[전문개정 1952. 7. 7.]

제50조 국회의원은 국회내에서 발표한 의견과 표결에 관하여 외부에 대하여 책임을 지지 아니한다.

제4장 정부

제1절 대통령

제51조 대통령은 행정권의 수반이며 외국에 대하여 국가를 대표한다.

제52조 대통령이 사고로 인하여 직무를 수행할 수 없을 때에는 부통령이 그 권한을 대행하고 대통령, 부통령 모다 사고로 인하여 그 직무를 수행할 수 없을 때에는 법률이 정하는 순위에 따라 국무위원이 그 권한을 대행한다. [개정 1954. 11. 29.]

제53조 ①대통령과 부통령은 국민의 보통, 평등, 직접, 비밀투표에 의하여 각각 선거한다.

②국회폐회중에 대통령과 부통령을 선거할 때에는 그 선거보고를 받기 위하여 양원의 의장은 국회의 집회를 공고하여야 한다.

③대통령과 부통령의 선거에 관한 개표보고는 특별시와 도의 선거위원회가 입후보자의 득표수를 명기하여 봉함한 후 참의원의장에게 송부하여야 한다.

④참의원의장은 즉시 각원의 재적의원 과반수가 출석한 공개된 양원합동회의에서 전항의 득표수를 계산하여 당선된 대통령과 부통령을 공표하여야 한다.

⑤대통령과 부통령의 당선은 최고득표수로써 결정한다.

⑥최고득표자가 2인이상인 때에는 전항의 양원합동회의에서 다수결로써 당선자를 결정한다.

⑦대통령과 부통령의 선거에 관한 사항은 법률로써 정한다.

⑧대통령과 부통령은 국회의원을 겸할 수 없다. [개정 1954. 11. 29.]

제54조 대통령은 취임에 제하여 양원합동회의에서 좌의 선서를 행한다.

「나는 국헌을 준수하며 국민의 복리를 증진하며 국가를 보위하여 대통령의 직무를 성실히 수행할 것을 국민에게 엄숙히 선서한다」

[전문개정 1952. 7. 7.]

제55조 대통령과 부통령의 임기는 4년으로 한다. 단, 재선에 의하여 1차중임할 수 있다.

대통령이 궐위된 때에는 부통령이 대통령이 되고 잔임기간중 재임한다.

부통령이 궐위된 때에는 즉시 그 후임자를 선거하되 잔임기간중 재임한다.

대통령, 부통령이 모두 궐위된 때에는 제52조에 의한 법률이 규정한 순위에 따라 국무위원이 대통령의 권한을 대행하되 궐위된 날로부터 3개월 이내에 대통령과 부통령을 선거하여야 한다.

[전문개정 1954. 11. 29.]

제56조 ①대통령, 부통령의 임기가 만료되는 때에는 늦어도 그 임기가 만료되기 30일전에 그 후임자를 선거한다.

②삭제 [1954. 11. 29.]

제57조 내우, 외환, 천재, 지변 또는 중대한 재정, 경제상의 위기에 제하여 공공의 안녕질서를 유지하기 위하여 긴급한 조치를 할 필요가 있는 때에는 대통령은 국회의 집회를 기다릴 여유가 없는 경우에 한하여 법률의 효력을 가진 명령을 발하거나 또는 재정상 필요한 처분을 할 수 있다.

전항의 명령 또는 처분은 지체없이 국회에 보고하여 승인을 얻어야 한다.

만일 국회의 승인을 얻지 못한 때에는 그때부터 효력을 상실하며 대통령은 지체없이 차를 공포하여야 한다.

제58조 대통령은 법률에서 일정한 범위를 정하여 위임을 받은 사항과 법률을 실시하기 위하여 필요한 사항에 관하여 명령을 발할 수 있다.

제59조 대통령은 조약을 체결하고 비준하며 선전포고와 강화를 행하고 외교사절을 신임접수한다.

제60조 대통령은 중요한 국무에 관하여 국회에 출석하여 발언하거나 또는 서한으로 의견을 표시한다.

제61조 대통령은 국군을 통수한다.

국군의 조직과 편성은 법률로써 정한다.

제62조 대통령은 헌법과 법률의 정하는 바에 의하여 공무원을 임면한다.

제63조 대통령은 법률의 정하는 바에 의하여 사면, 감형과 복권을 명한다.

일반사면을 명함에는 국회의 동의를 얻어야 한다.

제64조 대통령은 법률의 정하는 바에 의하여 계엄을 선포한다.

제65조 대통령은 훈장 기타 영예를 수여한다.

제66조 대통령의 국무에 관한 행위는 문서로 하여야 하며 모든 문서에는 관계 국무위원의 부서가 있어야 한다. 군사에 관한 것도 또한 같다. [개정 1954. 11. 29.]

제67조 대통령은 내란 또는 외환의 죄를 범한 때 이외에는 재직중 형사상의 소추를 받지 아니한다.

제2절 국무원

제68조 국무원은 대통령과 국무위원으로 조직되는 합의체로서 대통령의 권한에 속한 중요 국책을 의결한다. [개정 1954. 11. 29.]

제69조 국무위원은 대통령이 임명한다.

국무위원총수는 8인이상 15인이내로 한다.

군인은 현역을 면한 후가 아니면 국무위원에 임명될 수 없다.

[전문개정 1954. 11. 29.]

제70조 대통령은 국무회의를 소집하고 그 의장이 된다.

대통령은 필요하다고 인정할 때에는 제52조에 의한 법률이 규정한 순위에 따라 국무위원으로 하여금 국무회의의 의장의 직무를 대행하게 할 수 있다.

[전문개정 1954. 11. 29.]

제70조의2 민의원에서 국무위원에 대하여 불신임결의를 하였을 때에는 당해 국무위원은 즉시 사직하여야 한다.

전항의 불신임결의는 그 발의로부터 24시간 이상이 경과된 후에 재적의원 과반수의 찬성으로 한다.

[전문개정 1954. 11. 29.]

제71조 국무회의의 의결은 과반수로써 행한다.

의장은 의결에 있어서 표결권을 가지며 가부동수인 경우에는 결정권을 가진다.

제72조 좌의 사항은 국무회의의 의결을 경하여야한다. [개정 1954. 11. 29.]

1. 국정의 기본적 계획과 정책
2. 조약안, 선전, 강화 기타 중요한 대외정책에 관한 사항
3. 헌법개정안, 법률안, 대통령령안
4. 예산안, 결산안, 재정상의 긴급처분안, 예비비지출에 관한 사항
5. 임시국회의 집회요구에 관한 사항
6. 계엄안, 해엄안
7. 군사에 관한 중요사항
8. 영예수여, 사면, 감형, 복권에 관한 사항
9. 행정각부간의 연락사항과 권한의 획정
10. 정부에 제출 또는 회부된 청원의 심사
11. 대법관, 검찰총장, 심계원장, 국립대학총장, 대사, 공사, 각군참모총장, 기타 법률에 의하여 지정된 공무원과 중요 국영기업의 관리자의 임면에 관한 사항
12. 행정각부의 중요한 정책의 수립과 운영에 관한 사항
13. 기타 국무위원이 제출하는 사항

제3절 행정각부

제73조 ①행정각부의 장은 국무위원이어야 하며 대통령이 임면한다. [개정 1954. 11. 29.]

②삭제 [1954. 11. 29.]

제74조 행정각부장관은 그 담임한 직무에 관하여 직권 또는 특별한 위임에 의하여 부령을 발할 수 있다. [개정 1954. 11. 29.]

제75조 행정각부의 조직과 직무범위는 법률로써 정한다.

제5장 법원

제76조 사법권은 법관으로써 조직된 법원이 행한다.

최고법원인 대법원과 하급법원의 조직은 법률로써 정한다.

법관의 자격은 법률로써 정한다.

제77조 법관은 헌법과 법률에 의하여 독립하여 심판한다.

제78조 대법원장인 법관은 대통령이 임명하고 국회의 승인을 얻어야 한다.

제79조 법관의 임기는 10년으로 하되 법률의 정하는 바에 의하여 연임할 수 있다.

제80조 법관은 탄핵, 형벌 또는 징계처분에 의하지 아니하고는 파면, 정직 또는 감봉되지 아니한다.

제81조 대법원은 법률의 정하는 바에 의하여 명령규칙과 처분이 헌법과 법률에 위반되는 여부를 최종적으로 심사할 권한이 있다.

법률이 헌법에 위반되는 여부가 재판의 전제가 되는 때에는 법원은 헌법위원회에 제청하여 그 결정에 의하여 재판한다.

헌법위원회는 부통령을 위원장으로 하고 대법관 5인 민의원의원 3인과 참의원의원 2인의 위원으로 구성한다.

헌법위원회에서 위헌결정을 할 때에는 위원 3분지 2이상의 찬성이 있어야 한다.

헌법위원회의 조직과 절차는 법률로써 정한다.

[전문개정 1952. 7. 7.]

제82조 대법원은 법원의 내부규율과 사무처리에 관한 규칙을 제정할 수 있다.

제83조 재판의 대심과 판결은 공개한다. 단, 안녕질서를 방해하거나 풍속을 해할 염려가 있는 때에는 법원의 결정으로써 공개를 아니할 수 있다.

제83조의2 군사재판을 관할하기 위하여 군법회의를 둘 수 있다. 단, 법률이 정하는 재판사항의 상고심은 대법원에서 관할한다.

군법회의의 조직, 권한과 심판관의 자격은 법률로써 정한다.

[본조신설 1954. 11. 29.]

제6장 경제

제84조 대한민국의 경제질서는 모든 국민에게 생활의 기본적 수요를 충족할 수 있게 하는 사회정의의 실현과 균형있는 국민경제의 발전을 기함을 기본으로 삼는다. 각인의 경제상 자유는 이 한계내에서 보장된다.

제85조 광물 기타 중요한 지하자원, 수산자원, 수력과 경제상 이용할 수 있는 자연력은 법률이 정하는 바에 의하여 일정한 기간 그 채취, 개발 또는 이용을

특허할 수 있다.
[전문개정 1954. 11. 29.]

제86조 농지는 농민에게 분배하며 그 분배의 방법, 소유의 한도, 소유권의 내용과 한계는 법률로써 정한다.

제87조 대외무역은 법률의 정하는 바에 의하여 국가의 통제하에 둔다.
[전문개정 1954. 11. 29.]

제88조 국방상 또는 국민생활상 긴절한 필요로 인하여 법률로써 특히 규정한 경우를 제외하고는 사영기업을 국유 또는 공유로 이전하거나 그 경영을 통제 또는 관리할 수 없다.
[전문개정 1954. 11. 29.]

제89조 제86조의 규정에 의하여 농지를 수용하거나 전조의 규정에 의하여 사영기업을 국유 또는 공유로 이전할 때에는 제15조제3항의 규정을 준용한다.
[전문개정 1954. 11. 29.]

제7장 재정

제90조 조세의 종목과 세율은 법률로써 정한다.

제91조 정부는 국가의 총수입과 총지출을 회계연도마다 예산으로 편성하여 매년 국회의 정기회개회초에 국회에 제출하여 그 의결을 얻어야 한다.
특별히 계속지출의 필요가 있을 때에는 연한을 정하여 계속비로서 국회의 의결을 얻어야 한다.
국회는 정부의 동의없이는 정부가 제출한 지출예산 각항의 금액을 증가하거나 또는 신비목을 설치할 수 없다.

제92조 국채를 모집하거나 예산외에 국가의 부담이 될 계약을 함에는 국회의 의결을 얻어야 한다.

제93조 예측할 수 없는 예산외의 지출 또는 예산초과지출에 충당하기 위한 예비비는 미리 국회의 의결을 얻어야 한다.
예비비의 지출은 차기국회의 승인을 얻어야 한다.

제94조 국회는 회계연도가 개시되기까지에 예산을 의결하여야 한다. 부득이한 사유로 인하여 예산이 의결되지 못한 때에는 국회는 1개월 이내의 가예산을

의결하고 그 기간내에 예산을 의결하여야 한다.

제95조 국가의 수입지출의 결산은 매년 심계원에서 검사한다.

정부는 심계원의 검사보고와 함께 결산을 차년도의 국회에 제출하여야 한다.

심계원의 조직과 권한은 법률로써 정한다.

제8장 지방자치

제96조 지방자치단체는 법령의 범위내에서 그 자치에 관한 행정사무와 국가가 위임한 행정사무를 처리하며 재산을 관리한다.

지방자치단체는 법령의 범위내에서 자치에 관한 규정을 제정할 수 있다.

제97조 지방자치단체의 조직과 운영에 관한 사항은 법률로써 정한다.

지방자치단체에는 각각 의회를 둔다.

지방의회의 조직, 권한과 의원의 선거는 법률로써 정한다.

제9장 헌법개정

제98조 ①헌법개정의 제안은 대통령, 민의원 또는 참의원의 재적의원 3분지 1 이상 또는 민의원의원선거권자 50만인이상의 찬성으로써 한다. [개정 1954. 11. 29.]

②헌법개정의 제의는 대통령이 이를 공고하여야 한다.

③전항의 공고기간은 30일 이상으로 한다.

④헌법개정의 의결은 양원에서 각각 그 재적의원 3분지 2이상의 찬성으로써 한다.

⑤헌법개정이 의결된 때에는 대통령은 즉시 공포한다. 단, 제7조의 2의 경우에 국민투표로써 헌법개정이 부결되었을 때에는 그 결과가 판명된 즉시 소급하여 효력을 상실한 뜻을 공포한다. [개정 1954. 11. 29.]

⑥제1조, 제2조와 제7조의 2의 규정은 개폐할 수 없다. [신설 1954. 11. 29.]

제10장 부칙

제99조 이 헌법은 이 헌법을 제정한 국회의 의장이 공포한 날로부터 시행한다. 단, 법률의 제정이 없이는 실현될 수 없는 규정은 그 법률이 시행되는 때부터 시행된다.

제100조 현행법령은 이 헌법에 저촉되지 아니하는 한 효력을 가진다.

제101조 이 헌법을 제정한 국회는 단기 4278년 8월 15일 이전의 악질적인 반민족행위를 처벌하는 특별법을 제정할 수 있다.

제102조 이 헌법을 제정한 국회는 이 헌법에 의한 국회로서의 권한을 행하며 그 의원의 임기는 국회개회일로부터 2년으로 한다.

제103조 이 헌법시행시에 재직하고 있는 공무원은 이 헌법에 의하여 선거 또는 임명된 자가 그 직무를 계승할 때까지 계속하여 직무를 행한다.

부칙 [제3호, 1954. 11. 29.]

부칙 [단기 4287년 11월 27일 헌법개정] [제3호,1954. 11. 29.]

이 헌법은 공포한 날부터 시행한다.

이 헌법이 시행된 후 처음으로 선거된 참의원의원은 각선거구마다 그 득표수의 순차에 따라 제1부, 제2부로 균분하고 제1부의 의원의 임기는 6년, 제2부의 의원의 임기는 3년으로 한다.

득표수가 같은 때에는 연령순에 의한다.

이 헌법공포당시의 대통령에 대하여는 제55조제1항 단서의 제한을 적용하지 아니한다.

헌법개정사

제4장

제2공화국의 장면 내각

제4장 제2공화국의 장면 내각

1. 정치 상황

제4대 대통령을 1960년 2월 3일(수) 공고하여 1960년 3월 15일(화) 국민이 직접 선거로 선출하였다. 하지만 1960년 3월 15일 부정선거로 동년 4월 19일 혁명이 일어나면서 이승만 정권은 붕괴되었다. 제3차 헌법개정이 이루어지면서 장면 내각이 구성되고, 제4대 보궐 대통령을 1960년 8월 10일(수) 공고하여 1960년 8월 12일(금) 국회 간접선거로 윤보선 대통령을 선출하였다.

1960년 4월 혁명으로 제2공화국이 탄생하는데, 1960년 4·19혁명으로 제1공화국이 붕괴된 후 1961년 5·16군사정변 때까지 존속된 두 번째 공화헌정 체제이다. 1960년 6월 15일 개정헌법이 통과되고 6월 23일 새 선거법이 제정되어 8월 12일 민의원·참의원 합동회의에서 대통령에 윤보선, 국무총리에 장면이 선출됨으로써 1차 내각이 이루어진 때로부터 1961년 5·16군사정변이 일어나기까지 존속된 한국의 두 번째 공화헌정체제이다.

4·19혁명 후 과도국회에서 헌법을 개정하기 이전부터 그 주도세력인 민주당은 의원내각제로의 개헌을 주장해 왔다. 그래서 영국식 의원내각제를 모방한 헌법개정안이 6월 15일 압도적 다수로 가결되어 그 날로 공포되었다. 제2공화국은 4·19혁명의 산물이라는 점에서 4·19혁명의 이념과 기본정신을 충실하게 반영하는 헌정체제를 지향하게 되었다. 4·19혁명의 이념과 기본정신이란 가장 풍요로운 자유와 민의(民意)와 민권이 존중되는 민주정치의 구현 및 그것을 통한 부정·부패가 없는 정의사회의 실현이 보장되는 참다운 민주주의의 정착을 의미하는 것이었다.

대통령중심제를 채택하였던 제1공화국의 1인 독재의 경험 때문에 4·19혁명의 이념을 실현하기 위해서는 의원내각제를 채택해야 한다는 것이 당시의 시대적 사조로서 당연시되었다. 이러한 측면에서 제2공화국의 특성을 살펴보면 다음과 같다. 국민의 기본권 보장을 강화하여 최대한으로 자유를 신장할 수 있게 하였다. 즉 종래는 거주·이전의 자유, 통신의 비밀, 언론·출판·집회·결사의 자유 등을 제한하는 법률을 제정할 수 있는 헌법조항을 두었으나, 제2공화국에서는 그러한 법률제정의 여지를 배제하였다. 대통령은 의례적인 국가원수로 하고, 정치적 실권은 국무총리에게 집중시켰다. 국무원(內閣) 책임제로 하여 행정권은 국무원에 귀속시키고, 국무원은 민의원에 대하여 연대책임을 지도록 하였다. 국무원의 민의원 해산권과 민의원의 국무원 불신임권을 제도화하여 책임정치를 지향하였다. 국회는 민의원(民議院)과 참의원(參議院)으로 구성되는 양원제(兩院制)를 채택하고, 민의원에 더 많은 권한을 부여하였다. 지방자치단체(시·읍·면)의 장(長)을 주민의 직접선거로 선출하게 하였다. 경찰의 중립화를 제도화하도록 하였다.

2. 제3차 개정 헌법(1960년 6월 15일)

1960년 4월 혁명 직후 여·야합의 개헌 제2공화국 헌법은 의원내각제를 채택하였다. 제3차 개헌은 대통령제를 폐지, 의원내각제를 채택, 중앙선거관리위원회를 신설, 헌법재판소를 신설, 국민의 기본권의 보장을 강화, 경찰의 중립 보장, 사법권의 독립과 민주화를 강화하였다.

(1) 개정 이유

대한민국헌법

[시행 1960. 6. 15.] [헌법 제4호, 1960. 6. 15., 일부개정]

개정이유 [일부개정]

국민의 기본권의 보장을 위한 권력구조를 종래의 대통령제에서 내각책임제로 하고, 사법권의 독립과 그 민주화를 위하여 대법원장과 대법관을 선거제로 하는 한편 위헌입법의 심사와 기타 헌법사항을 관할하도록 헌법재판소를 설치하며, 선거의 공정을 기하기 위하여 중앙선거위원회를 헌법기관으로 하고, 경찰의 중립화를 위하여 필요한 기구의 설치와 지방자치단체의 장의 직선제를 헌법상 보장하기 위하여 개헌을 하려는 것임.

① 국민의 기본적 권리의 보장을 강화한 것으로, 자유권에 대한 유보조항을 삭제하여 이를 제28조에 통일적으로 규정하는 동시에, 국민의 자유와 권리를 제한하는 법률도 자유와 권리의 본질적인 내용을 훼손하지 않도록 하고, 언론·출판·집회·결사의 사전허가 또는 검열제를 금지함.
② 정당의 해산을 헌법재판소의 판결에 의하도록 함.
③ 선거연령을 20세로 인하하고, 공무원의 정치적 중립을 보장함.
④ 완전한 의원내각제를 채택하여 대통령의 지위를 원칙적으로 의례적·형식적 지위에 한정함.
⑤ 헌법재판소를 신설하고, 종래의 헌법위원회 및 탄핵재판소를 폐기함.
⑥ 사법의 독립과 민주화를 위하여 대법원장과 대법관은 법관의 자격을 가진 선거인단이 선출케 하고, 그 외의 법관은 대법원장이 임명하도록 함.
⑦ 선거의 공정을 기하기 위하여 헌법기관으로서 중앙선거위원회를 신설하고, 경찰의 중립을 위하여 필요한 기구의 설치를 헌법에 규정함.
⑧ 지방자치단체의 장을 원칙적으로 직선케 함.

개정문

국회의 의결로 확정된 헌법개정의 건을 이에 공포한다.
대통령권한대행 국무위원 허정 (인)
단기 4283년 6월 15일

국무위원 외무부 장관	허 정
국무위원 내무부 장관	이 호
국무위원 재무부 장관	윤호병
국무위원 법무부 장관	권승렬
국무위원 국방부 장관	이종찬
국무위원 문교부 장관	이병도
국무위원 부흥부 장관	전예용
국무위원 농림부 장관	이해익
국무위원 상공부 장관	오정수

국무위원 보건사회부 장관 김성진
국무위원 교통부 장관 석상옥
국무위원 체신부 장관 최용덕

(2) 제3차 개정 헌법(1960년 6월 15일)

대한민국헌법

[시행 1960. 6. 15.] [헌법 제4호, 1960. 6. 15., 일부개정]

전문

유구한 역사와 전통에 빛나는 우리들 대한국민은 기미 삼일운동으로 대한민국을 건립하여 세계에 선포한 위대한 독립정신을 계승하여 이제 민주독립국가를 재건함에 있어서 정의인도와 동포애로써 민족의 단결을 공고히 하며 모든 사회적 폐습을 타파하고 민주주의제제도를 수립하여 정치, 경제, 사회, 문화의 모든 영역에 있어서 각인의 기회를 균등히 하고 능력을 최고도로 발휘케 하며 각인의 책임과 의무를 완수케하여 안으로는 국민생활의 균등한 향상을 기하고 밖으로는 항구적인 국제평화의 유지에 노력하여 우리들과 우리들의 자손의 안전과 자유와 행복을 영원히 확보할 것을 결의하고 우리들의 정당 또 자유로히 선거된 대표로써 구성된 국회에서 단기 4281년 7월 12일 이 헌법을 제정한다.

단기 4281년 7월 12일
대한민국국회의장 이 승 만

제1장 총강

제1조 대한민국은 민주공화국이다.

제2조 대한민국의 주권은 국민에게 있고 모든 권력은 국민으로부터 나온다.

제3조 대한민국의 국민되는 요건은 법률로써 정한다.

제4조 대한민국의 영토는 한반도와 그 부속도서로 한다.

제5조 대한민국은 정치, 경제, 사회, 문화의 모든 영역에 있어서 각인의 자유, 평등과 창의를 존중하고 보장하며 공공복리의 향상을 위하여 이를 보호하고 조정하는 의무를 진다.

제6조 대한민국은 모든 침략적인 전쟁을 부인한다.

국군은 국토방위의 신성한 의무를 수행함을 사명으로 한다.

제7조 비준공포된 국제조약과 일반적으로 승인된 국제법규는 국내법과 동일한 효력을 가진다.

외국인의 법적지위는 국제법과 국제조약의 범위내에서 보장된다.

제7조의2 대한민국의 주권의 제약 또는 영토의 변경을 가져올 국가안위에 관한 중대사항은 국회의 가결을 거친 후에 국민투표에 부하여 민의원의원선거권자 3분지 2이상의 투표와 유효투표 3분지 2이상의 찬성을 얻어야 한다.

전항의 국민투표의 발의는 국회의 가결이 있은 후 1개월이내에 민의원의원선거권자 50만인이상의 찬성으로써 한다.

국민투표에서 찬성을 얻지 못한 때에는 제1항의 국회의 가결사항은 소급하여 효력을 상실한다.

국민투표의 절차에 관한 사항은 법률로써 정한다.

[본조신설 1954. 11. 29.]

제2장 국민의 권리의무

제8조 모든 국민은 법률앞에 평등이며 성별, 신앙 또는 사회적 신분에 의하여 정치적, 경제적, 사회적 생활의 모든 영역에 있어서 차별을 받지 아니한다.

사회적 특수계급의 제도는 일체 인정되지 아니하며 여하한 형태로도 이를 창설하지 못한다.

훈장과 기타 영전의 수여는 오로지 그 받은 자의 영예에 한한 것이며 여하한 특권도 창설되지 아니한다.

제9조 모든 국민은 신체의 자유를 가진다. 법률에 의하지 아니하고는 체포, 구금, 수색, 심문, 처벌과 강제노역을 받지 아니한다.

체포, 구금, 수색에는 법관의 영장이 있어야 한다. 단, 범죄의 현행 범인의 도피 또는 증거인멸의 염려가 있을 때에는 수사기관은 법률의 정하는 바에 의하여 사후에 영장의 교부를 청구할 수 있다.

누구든지 체포, 구금을 받은 때에는 즉시 변호인의 조력을 받을 권리와 그 당부의 심사를 법원에 청구할 권리가 보장된다.

제10조 모든 국민은 거주와 이전의 자유를 제한받지 아니하며 주거의 침입 또

는 수색을 받지 아니한다. [개정 1960. 6. 15.]

제11조 모든 국민은 통신의 비밀을 침해받지 아니한다. [개정 1960. 6. 15.]

제12조 모든 국민은 신앙과 양심의 자유를 가진다.

국교는 존재하지 아니하며 종교는 정치로부터 분리된다.

제13조 모든 국민은 언론, 출판의 자유와 집회, 결사의 자유를 제한받지 아니한다.

정당은 법률의 정하는 바에 의하여 국가의 보호를 받는다. 단, 정당의 목적이나 활동이 헌법의 민주적 기본질서에 위배될 때에는 정부가 대통령의 승인을 얻어 소추하고 헌법재판소가 판결로써 그 정당의 해산을 명한다.

[전문개정 1960. 6. 15.]

제14조 모든 국민은 학문과 예술의 자유를 가진다.

저작자, 발명가와 예술가의 권리는 법률로써 보호한다.

제15조 재산권은 보장된다. 그 내용과 한계는 법률로써 정한다.

재산권의 행사는 공공복리에 적합하도록 하여야 한다.

공공필요에 의하여 국민의 재산권을 수용, 사용 또는 제한함은 법률의 정하는 바에 의하여 상당한 보상을 지급함으로써 행한다.

제16조 모든 국민은 균등하게 교육을 받을 권리가 있다. 적어도 초등교육은 의무적이며 무상으로 한다.

모든 교육기관은 국가의 감독을 받으며 교육제도는 법률로써 정한다.

제17조 모든 국민은 근로의 권리와 의무를 가진다.

근로조건의 기준은 법률로써 정한다.

여자와 소년의 근로는 특별한 보호를 받는다.

제18조 근로자의 단결, 단체교섭과 단체행동의 자유는 법률의 범위내에서 보장된다.

영리를 목적으로 하는 사기업에 있어서는 근로자는 법률의 정하는 바에 의하여 이익의 분배에 균점할 권리가 있다.

제19조 노령, 질병 기타 근로능력의 상실로 인하여 생활유지의 능력이 없는 자는 법률의 정하는 바에 의하여 국가의 보호를 받는다.

제20조 혼인은 남녀동권을 기본으로 하며 혼인의 순결과 가족의 건강은 국가의 특별한 보호를 받는다.

제21조 모든 국민은 국가 각기관에 대하여 문서로써 청원을 할 권리가 있다.
청원에 대하여 국가는 심사할 의무를 진다.

제22조 모든 국민은 법률의 정한 법관에 의하여 법률에 의한 재판을 받을 권리가 있다.

제23조 모든 국민은 행위시의 법률에 의하여 범죄를 구성하지 아니하는 행위에 대하여 소추를 받지 아니하며 또 동일한 범죄에 대하여 두 번 처벌되지 아니한다.

제24조 형사피고인은 상당한 이유가 없는 한 지체없이 공개재판을 받을 권리가 있다.
형사피고인으로서 구금되었던 자가 무죄판결을 받은 때에는 법률의 정하는 바에 의하여 국가에 대하여 보상을 청구할 수 있다.

제25조 모든 국민은 20세에 달하면 법률의 정하는 바에 의하여 공무원을 선거할 권리가 있다. [개정 1960. 6. 15.]

제26조 모든 국민은 법률의 정하는 바에 의하여 공무를 담임할 권리가 있다.

제27조 ①공무원은 주권을 가진 국민의 수임자이며 언제든지 국민에 대하여 책임을 진다. 국민은 불법행위를 한 공무원의 파면을 청원할 권리가 있다.
②공무원의 정치적 중립성과 신분은 법률의 정하는 바에 의하여 보장된다. [신설 1960. 6. 15.]
③공무원의 직무상 불법행위로 인하여 손해를 받은 자는 국가 또는 공공단체에 대하여 배상을 청구할 수 있다. 단, 공무원 자신의 민사상이나 형사상의 책임이 면제되는 것은 아니다.

제28조 ①국민의 모든 자유와 권리는 헌법에 열거되지 아니한 이유로써 경시되지는 아니한다.
②국민의 모든 자유와 권리는 질서유지와 공공복리를 위하여 필요한 경우에 한하여 법률로써 제한할 수 있다. 단, 그 제한은 자유와 권리의 본질적인 내용을 훼손하여서는 아니되며 언론, 출판에 대한 허가나 검열과 집회, 결사에 대한 허가를 규정할 수 없다. [개정 1960. 6. 15.]

제29조 모든 국민은 법률의 정하는 바에 의하여 납세의 의무를 진다.

제30조 모든 국민은 법률의 정하는 바에 의하여 국토방위의 의무를 진다.

제3장 국회

제31조 입법권은 국회가 행한다.

국회는 민의원과 참의원으로써 구성한다.

[전문개정 1952. 7. 7.]

제32조 ①양원은 국민의 보통, 평등, 직접, 비밀투표에 의하여 선거된 의원으로써 조직한다.

②누구든지 양원의 의원을 겸할 수 없다.

③민의원의원의 정수와 선거에 관한 사항은 법률로써 정한다. [개정 1960. 6. 15.]

④참의원의원은 특별시와 도를 선거구로 하여 법률의 정하는 바에 의하여 선거하며 그 정수는 민의원의원정수의 4분지 1을 초과하지 못한다. [신설 1960. 6. 15.]

제33조 ①민의원의원의 임기는 4년으로 한다. 단, 민의원이 해산된 때에는 그 임기는 해산과 동시에 종료한다. [개정 1960. 6. 15.]

②참의원의원의 임기는 6년으로 하고 3년마다 의원의 2분지 1을 개선한다. [개정 1954. 11. 29.]

제34조 국회의 정기회는 매년 1회 법률의 정하는 바에 의하여 집회한다.

[전문개정 1954. 11. 29.]

제35조 임시긴급의 필요가 있을 때에는 대통령, 민의원의 재적의원 4분지 1이상 또는 참의원의 재적의원 2분지 1이상의 요구에 의하여 양원의 의장은 국회의 임시회의 집회를 공고한다.

[전문개정 1952. 7. 7.]

제35조의2 민의원이 해산된 때에는 해산된 날로부터 20일이후 30일이내에 민의원의원의 총선거를 실시하여야 한다.

민의원이 해산된 때에는 참의원은 동시에 폐회된다. 단, 국무총리는 긴급한 필요가 있을 때에는 참의원의 집회를 요구할 수 있다.

[본조신설 1960. 6. 15.]

제36조 ①민의원은 의장 1인, 부의장 2인을 선거한다.

②참의원은 의장 1인, 부의장 1인을 선거한다. [개정 1960. 6. 15.]

③참의원의장은 양원합동회의의 의장이 된다.

제37조 ①각원은 헌법 또는 국회법에 특별한 규정이 없는 한 그 재적의원의 과반수의 출석과 출석의원의 과반수로써 의결을 행한다.

②국회의 의결을 요하는 의안에 관하여 양원의 의결이 일치하지 아니할 때에는 의안을 민의원의 재의에 부하고 각원에서 의결된 것 중 민의원에서 재적의원 과반수의 출석과 출석의원 3분지 2이상의 찬성으로 다시 의결된 것을 국회의 의결로 한다. [개정 1960. 6. 15.]

③예산안에 관하여 참의원이 민의원과 다른 의결을 하였을 때에는 민의원의 재의에 부하고 그 새로운 의결을 국회의 의결로 한다. [개정 1960. 6. 15.]

④각원의 의장은 의결에 있어서 표결권을 가지며 가부동수인 경우에 결정권을 가진다. [개정 1960. 6. 15.]

제38조 국회의 회의는 공개한다. 단, 각원의 결의에 의하여 비밀회로 할 수 있다. [개정 1960. 6. 15.]

[전문개정 1952. 7. 7.]

제39조 국회의원과 정부는 법률안을 제출할 수 있다.

법률안과 예산안은 먼저 민의원에 제출하여야 한다.

참의원이 국회의 의결을 요하는 의안을 받은 날로부터 60일이내에 의결하지 아니할 때에는 이를 부결한 것으로 간주한다. 단, 예산안에 있어서는 이 기간을 20일로 한다.

[전문개정 1960. 6. 15.]

제40조 국회에서 의결된 법률은 정부로 이송되어 10일이내에 대통령이 공포하여야 한다.

법률은 특별한 규정이 없을 때에는 공포일로부터 20일후에 효력을 발생한다.

[전문개정 1960. 6. 15.]

제41조 국회는 예산안을 심의결정한다.

제42조 국회는 국제조직에 관한 조약, 상호원조에 관한 조약, 강화조약, 통상조약, 국가 또는 국민에게 재정적 부담을 지우는 조약, 입법사항에 관한 조약의 비준과 선전포고에 대하여 동의권을 가진다.

제42조의2 삭제 [1960. 6. 15.]

제43조 국회는 국정을 감사하기 위하여 필요한 서류를 제출케하며 증인의 출석과 증언 또는 의견의 진술을 요구할 수 있다.

제44조 국무총리, 국무위원과 정부위원은 국회에 출석하여 의견을 진술하고 질문에 응답할 수 있으며 국회의 요구가 있을 때에는 출석답변하여야 한다. [개정 1954. 11. 29., 1960. 6. 15.]

제45조 각원은 의원의 자격을 심사하고 의사에 관한 규칙을 제정하고 의원의 징벌을 결정할 수 있다.

의원을 제명함에는 각원의 재적의원 3분지 2이상의 찬성이 있어야 한다.

[전문개정 1952. 7. 7.]

제46조 ①대통령, 헌법재판소심판관, 법관, 중앙선거위원회위원, 심계원장 기타 법률이 정하는 공무원이 그 직무수행에 관하여 헌법 또는 법률에 위배한 때에는 국회는 탄핵의 소추를 결의할 수 있다. [개정 1954. 11. 29., 1960. 6. 15.]

②국회의 탄핵소추는 민의원의원 30인이상의 발의가 있어야 하며 그 결의는 양원에서 각각 그 재적의원 과반수의 찬성이 있어야 한다. [개정 1954. 11. 29.]

제47조 탄핵소추의 결의를 받은 자는 탄핵판결이 있을 때까지 그 권한행사가 정지된다.

탄핵판결은 공직으로부터 파면함에 그친다. 단, 이에 의하여 민사상이나 형사상의 책임이 면제되는 것은 아니다.

[전문개정 1960. 6. 15.]

제48조 국회의원은 지방의회의 의원을 겸할 수 없다.

제49조 국회의원은 현행범을 제외한 외에는 회기중 그 원의 동의없이 체포 또는 구금되지 아니하며 회기전에 체포 또는 구금되었을 때에는 그 원의 요구가 있으면 회기중 석방된다.

[전문개정 1952. 7. 7.]

제50조 국회의원은 국회내에서 발표한 의견과 표결에 관하여 외부에 대하여 책임을 지지 아니한다.

제4장 대통령 [개정 1960. 6. 15.]

제1절 삭제 [1960. 6. 15.]

제51조 대통령은 국가의 원수이며 국가를 대표한다.

[전문개정 1960. 6. 15.]

第52조 대통령이 궐위되거나 사고로 인하여 직무를 수행할 수 없을 때에는 참의원의장, 민의원의장, 국무총리의 순위로 그 권한을 대행한다.

[전문개정 1960. 6. 15.]

第53조 대통령은 양원합동회의에서 선거하고 재적국회의원 3분지 2이상의 투표를 얻어 당선된다.

1차투표에서 당선자가 없을 때에는 2차투표를 행하고 2차투표에서도 당선자가 없을 때에는 재적의원 3분지 2이상의 출석과 출석의원 과반수의 투표를 얻은 자를 당선자로 한다.

대통령은 정당에 가입할 수 없으며 대통령직외에 공직 또는 사직에 취임하거나 영업에 종사할 수 없다.

[전문개정 1960. 6. 15.]

第54조 대통령은 취임에 제하여 양원합동회의에서 좌의 선서를 행한다.

「나는 국헌을 준수하며 국민의 복리를 증진하며 국가를 보위하여 대통령의 직무를 성실히 수행할 것을 국민에게 엄숙히 선서한다」

[전문개정 1952. 7. 7.]

第55조 대통령의 임기는 5년으로 하고 재선에 의하여 1차에 한하여 중임할 수 있다.

[전문개정 1960. 6. 15.]

第56조 대통령이 궐위된 때에는 즉시 그 후임자를 선거한다.

대통령의 임기가 만료되는 때에는 그 임기가 만료되기 전 30일까지에 그 후임자를 선거한다.

[전문개정 1960. 6. 15.]

第57조 내우, 외환, 천재, 지변 또는 중대한 재정, 경제상의 위기에 제하여 공공의 안녕질서를 유지하기 위하여 긴급한 조치를 할 필요가 있을 때에는 대통령은 국회의 집회를 기다릴 여유가 없는 때에 한하여 국무회의의 의결에 의하여 재정상 필요한 처분을 할 수 있다.

전항의 처분을 집행하기 위하여 필요한 때에는 국무총리는 법률의 효력을 가진 명령을 발할 수 있다.

[전문개정 1960. 6. 15.]

제58조 제57조의 처분이나 명령은 지체없이 국회에 보고하여 그 승인을 얻어야 하며 민의원이 해산된 때에는 참의원의 승인을 얻어야 한다.

전항의 승인을 얻지 못한 때에는 처분이나 명령은 그때로부터 효력을 상실한다.

[전문개정 1960. 6. 15.]

제59조 대통령은 국무회의의 의결에 의하여 조약을 비준하며 선전포고와 강화를 행하고 외교사절을 신임접수한다.

[전문개정 1960. 6. 15.]

제60조 대통령은 국회에 출석하여 발언하거나 또는 서한으로 의견을 표시한다.

[개정 1960. 6. 15.]

제61조 ①대통령은 헌법과 법률의 정하는 바에 의하여 국군을 통수한다. [개정 1960. 6. 15.]

②국군의 조직과 편성은 법률로써 정한다.

제62조 대통령은 헌법과 법률의 정하는 바에 의하여 공무원의 임면을 확인한다.

[전문개정 1960. 6. 15.]

제63조 대통령은 국무회의의 의결에 의하여 사면, 감형과 복권을 명한다.

일반사면을 명함에는 국회의 동의를 얻어야 한다.

사면, 감형과 복권에 관하여 필요한 사항은 법률로써 정한다.

[전문개정 1960. 6. 15.]

제64조 대통령은 국무회의의 의결에 의하여 계엄을 선포한다.

계엄의 선포가 부당하다고 인정될 때에는 대통령은 국무회의의 의결에 불구하고 그 선포를 거부할 수 있다.

계엄이 선포되었을 때에는 법률의 정하는 바에 의하여 국민의 권리와 행정기관이나 법원의 권한에 관하여 특별한 조치를 할 수 있다.

[전문개정 1960. 6. 15.]

제65조 대통령은 국무회의의 의결에 의하여 훈장 기타 영예를 수여한다.

[전문개정 1960. 6. 15.]

제66조 대통령의 국무에 관한 행위는 문서로 하여야 하며 모든 문서에는 국무총리와 관계국무위원의 부서가 있어야 한다. 군사에 관한 것도 또한 같다.

[개정 1954. 11. 29., 1960. 6. 15.]

第67조 대통령은 내란 또는 외환의 죄를 범한때 이외에는 재직중 형사상의 소추를 받지 아니한다.

제5장 정부 [개정 1960. 6. 15.]

제1절 국무원 [개정 1960. 6. 15.]

第68조 행정권은 국무원에 속한다.

국무원은 국무총리와 국무위원으로 조직한다.

국무원은 민의원에 대하여 연대책임을 진다.

[전문개정 1960. 6. 15.]

第69조 국무총리는 대통령이 지명하여 민의원의 동의를 얻어야 한다. 단, 대통령이 민의원에서 동의를 얻지 못한 날로부터 5일 이내에 다시 지명하지 아니하거나 2차에 걸쳐 민의원이 대통령의 지명에 동의를 하지 아니한 때에는 국무총리는 민의원에서 이를 선거한다.

전항의 동의나 선거에는 민의원의원재적 과반수의 투표를 얻어야 한다.

대통령이 국무총리를 지명한 때에는 민의원은 그 지명을 받은 때로부터 24시간이후 48시간이내에 동의에 대한 표결을 하여야 하며 제1항단서에 의하여 국무총리를 선거할 때에는 그 사유가 발생한 날로부터 5일이내에 선거를 하여야 한다.

대통령은 민의원의원총선거후 처음으로 민의원이 집회한 날로부터 5일이내에 국무총리를 지명하여야 한다.

국무위원은 국무총리가 임면하여 대통령이 이를 확인한다.

국무총리와 국무위원의 과반수는 국회의원이어야 한다. 단, 민의원이 해산된 때에는 예외로 한다.

국무위원의수는 8인이상 15인이내로 한다.

군인은 현역을 면한 후가 아니면 국무위원에 임명될 수 없다.

[전문개정 1960. 6. 15.]

第70조 국무총리는 국무회의를 소집하고 의장이 된다.

국무총리는 법률에서 일정한 범위를 정하여 위임을 받은 사항과 법률을 실시하기 위하여 필요한 사항에 관하여 국무회의의 의결을 거쳐 국무원령을 발할 수 있다.

국무총리는 국무원을 대표하여 의안을 국회에 제출하고 행정각부를 지휘감독 한다.

국무총리가 사고로 인하여 직무를 수행할 수 없을 때에는 법률의 정하는 순위에 따라 국무위원이 그 권한을 대행한다.

[전문개정 1960. 6. 15.]

제70조의2 삭제 [1960. 6. 15.]

제71조 국무원은 민의원에서 국무원에 대한 불신임결의안을 가결한 때에는 10일이내에 민의원해산을 결의하지 않는 한 총사직하여야 한다.

국무원은 민의원이 조약비준에 대한 동의를 부결하거나 신년도 총예산안을 그 법정기일내에 의결하지 아니한 때에는 이를 국무원에 대한 불신임결의로 간주할 수 있다.

민의원의 국무원에 대한 불신임결의는 재적의원 과반수의 찬성을 얻어야 한다.

국무원에 대한 불신임결의안은 발의된 때로부터 24시간이후 72시간이내에 표결하여야 한다. 이 시간내에 표결되지 아니한 때에는 불신임결의안은 제출되지 아니한 것으로 간주한다.

국무원은 국무총리가 궐위되거나 민의원의원총선거후 처음으로 민의원이 집회한 때에는 총사직하여야 한다.

제1항과 전항의 경우에 국무원은 후임국무총리가 선임될 때까지 계속하여 그 직무를 집행한다.

[전문개정 1960. 6. 15.]

제72조 좌의 사항은 국무회의의 의결을 경하여야한다. [개정 1954. 11. 29., 1960. 6. 15.]

1. 국정의 기본적 계획과 정책
2. 조약안, 선전, 강화 기타 중요한 대외정책에 관한 사항
3. 헌법개정안, 법률안, 국무원령안
4. 예산안, 결산안, 재정상의 긴급처분안, 예비비지출에 관한 사항
5. 임시국회의 집회요구에 관한 사항

6. 계엄안, 해엄안
7. 군사에 관한 중요사항
8. 영예수여, 사면, 감형, 복권에 관한 사항
9. 행정각부간의 연락사항과 권한의 획정
10. 정부에 제출 또는 회부된 청원의 심사
11. 검찰총장, 심계원장, 국립대학총장, 대사, 공사, 각군참모총장, 기타 법률에 의하여 지정된 공무원과 중요 국영기업의 관리자의 임면에 관한 사항
12. 행정각부의 중요한 정책의 수립과 운영에 관한 사항
13. 민의원해산과 국무원총사직에 관한 사항
14. 정당해산에 관한 소추
15. 기타 국무총리 또는 국무위원이 제출하는 사항

제2절 행정각부 [개정 1960. 6. 15.]

第73조 ①행정각부의 장은 국무위원이어야 하며 국무총리가 임면한다. [개정 1954. 11. 29., 1960. 6. 15.]

②삭제 [1954. 11. 29.]

第74조 행정각부장관은 그 담임한 직무에 관하여 직권 또는 특별한 위임에 의하여 부령을 발할 수 있다. [개정 1954. 11. 29.]

第75조 ①행정각부의 조직과 직무범위는 법률로써 정한다.

②전항의 법률에는 경찰의 중립을 보장하기에 필요한 기구에 관하여 규정을 두어야 한다. [신설 1960. 6. 15.]

제6장 중앙선거위원회 [신설 1960. 6. 15.]

第75조의2 선거의 관리를 공정하게 하기 위하여 중앙선거위원회를 둔다.

중앙선거위원회는 대법관중에서 호선한 3인과 정당에서 추천한 6인의 위원으로 조직하고 위원장은 대법관인 위원중에서 호선한다.

중앙선거위원회의 조직, 권한 기타 필요한 사항은 법률로써 정한다.

[본조신설 1960. 6. 15.]

제7장 법원 [개정 1960. 6. 15.]

第76조 사법권은 법관으로써 조직된 법원이 행한다.

최고법원인 대법원과 하급법원의 조직은 법률로써 정한다.
법관의 자격은 법률로써 정한다.

제77조 법관은 헌법과 법률에 의하여 독립하여 심판한다.

제78조 대법원장과 대법관은 법관의 자격이 있는 자로써 조직되는 선거인단이 이를 선거하고 대통령이 확인한다.
전항의 선거인단의 정수, 조직과 선거에 관하여 필요한 사항은 법률로써 정한다.
제1항이외의 법관은 대법관회의의 결의에 따라 대법원장이 임명한다.
[전문개정 1960. 6. 15.]

제79조 법관의 임기는 10년으로 하되 법률의 정하는 바에 의하여 연임할 수 있다.

제80조 법관은 탄핵, 형벌 또는 징계처분에 의하지 아니하고는 파면, 정직 또는 감봉되지 아니한다.

제81조 ①대법원은 법률의 정하는 바에 의하여 명령규칙과 처분이 헌법과 법률에 위반되는 여부를 최종적으로 심사할 권한이 있다.
②삭제 [1960. 6. 15.]
③삭제 [1960. 6. 15.]
④삭제 [1960. 6. 15.]
⑤삭제 [1960. 6. 15.]

제82조 대법원은 법원의 내부규율과 사무처리에 관한 규칙을 제정할 수 있다.

제83조 재판의 대심과 판결은 공개한다. 단, 안녕질서를 방해하거나 풍속을 해할 염려가 있는 때에는 법원의 결정으로써 공개를 아니할 수 있다.

제83조의2 군사재판을 관할하기 위하여 군법회의를 둘 수 있다. 단, 법률이 정하는 재판사항의 상고심은 대법원에서 관할한다.
군법회의의 조직, 권한과 심판관의 자격은 법률로써 정한다.
[본조신설 1954. 11. 29.]

제8장 헌법재판소 [신설 1960. 6. 15.]

제83조의3 헌법재판소는 다음 각호의 사항을 관장한다.
1. 법률의 위헌여부 심사

2. 헌법에 관한 최종적 해석
3. 국가기관간의 권한쟁의
4. 정당의 해산
5. 탄핵재판
6. 대통령, 대법원장과 대법관의 선거에 관한 소송

[본조신설 1960. 6. 15.]

第83조의4 헌법재판소의 심판관은 9인으로 한다.

심판관은 대통령, 대법원, 참의원이 각 3인식 선임한다.

심판관의 임기는 6년으로 하고 2년마다 3인식 개임한다.

심판관은 정당에 가입하거나 정치에 관여할 수 없다.

법률의 위헌판결과 탄핵판결은 심판관 6인이상의 찬성이 있어야 한다.

헌법재판소의 조직, 심판관의 자격, 임명방법과 심판의 절차에 관하여 필요한 사항은 법률로써 정한다.

[본조신설 1960. 6. 15.]

제9장 경제 [개정 1960. 6. 15.]

第84조 대한민국의 경제질서는 모든 국민에게 생활의 기본적 수요를 충족할 수 있게 하는 사회정의의 실현과 균형있는 국민경제의 발전을 기함을 기본으로 삼는다. 각인의 경제상 자유는 이 한계내에서 보장된다.

第85조 광물 기타 중요한 지하자원, 수산자원, 수력과 경제상 이용할 수 있는 자연력은 법률이 정하는 바에 의하여 일정한 기간 그 채취, 개발 또는 이용을 특허할 수 있다.

[전문개정 1954. 11. 29.]

第86조 농지는 농민에게 분배하며 그 분배의 방법, 소유의 한도, 소유권의 내용과 한계는 법률로써 정한다.

第87조 대외무역은 법률의 정하는 바에 의하여 국가의 통제하에 둔다.

[전문개정 1954. 11. 29.]

第88조 국방상 또는 국민생활상 긴절한 필요로 인하여 법률로써 특히 규정한 경우를 제외하고는 사영기업을 국유 또는 공유로 이전하거나 그 경영을 통제 또는 관리할 수 없다.
[전문개정 1954. 11. 29.]

제89조 제86조의 규정에 의하여 농지를 수용하거나 전조의 규정에 의하여 사영기업을 국유 또는 공유로 이전할 때에는 제15조제3항의 규정을 준용한다.
[전문개정 1954. 11. 29.]

제10장 재정 [개정 1960. 6. 15.]

제90조 조세의 종목과 세율은 법률로써 정한다.

제91조 정부는 국가의 총수입과 총지출을 회계연도마다 예산으로 편성하여 매년 국회의 정기회개회초에 국회에 제출하여 그 의결을 얻어야 한다.
특별히 계속지출의 필요가 있을 때에는 연한을 정하여 계속비로서 국회의 의결을 얻어야 한다.
국회는 정부의 동의없이는 정부가 제출한 지출예산 각항의 금액을 증가하거나 또는 신비목을 설치할 수 없다.

제92조 국채를 모집하거나 예산외에 국가의 부담이 될 계약을 함에는 국회의 의결을 얻어야 한다.

제93조 예측할 수 없는 예산외의 지출 또는 예산초과지출에 충당하기 위한 예비비는 미리 국회의 의결을 얻어야 한다.
예비비의 지출은 차기국회의 승인을 얻어야 한다.

제94조 국회는 회계연도가 개시되기까지에 예산을 의결하여야 한다.
국회가 전항의 기간내에 예산을 의결하지 아니한 때에는 정부는 국회에서 예산이 의결될 때까지 다음 각호의 경비를 전년도 예산에 준하여 세입의 범위내에서 지출할 수 있다.
1. 공무원의 봉급과 사무처리에 필요한 기본적 경비
2. 법률에 의하여 설치된 기관과 시설의 유지비와 법률상 지출의 의무있는 경비
3. 전년도 예산에서 승인된 계속사업비
전항의 경우에 민의원의원총선거가 실시된 때에는 정부는 다시 예산안을 제출하여야 하며 국회는 민의원이 최초로 집회한 날로부터 2월이내에 예산을 심의결정하여야 한다. 이 경우에 제39조제2항단서의 기간은 10일로 한다.

[전문개정 1960. 6. 15.]

제95조 국가의 수입지출의 결산은 매년 심계원에서 검사한다.

정부는 심계원의 검사보고와 함께 결산을 차년도의 국회에 제출하여야 한다.

심계원의 조직과 권한은 법률로써 정한다.

제11장 지방자치 [개정 1960. 6. 15.]

제96조 지방자치단체는 법령의 범위내에서 그 자치에 관한 행정사무와 국가가 위임한 행정사무를 처리하며 재산을 관리한다.

지방자치단체는 법령의 범위내에서 자치에 관한 규정을 제정할 수 있다.

제97조 ①지방자치단체의 조직과 운영에 관한 사항은 법률로써 정한다.

②지방자치단체의 장의 선임방법은 법률로써 정하되 적어도 시, 읍, 면의 장은 그 주민이 직접 이를 선거한다. [신설 1960. 6. 15.]

③지방자치단체에는 각각 의회를 둔다.

④지방의회의 조직, 권한과 의원의 선거는 법률로써 정한다.

제12장 헌법개정 [개정 1960. 6. 15.]

제98조 ①헌법개정의 제안은 대통령, 민의원 또는 참의원의 재적의원 3분지 1 이상 또는 민의원의원선거권자 50만인이상의 찬성으로써 한다. [개정 1954. 11. 29.]

②헌법개정의 제의는 대통령이 이를 공고하여야 한다.

③전항의 공고기간은 30일이상으로 한다.

④헌법개정의 의결은 양원에서 각각 그 재적의원 3분지 2이상의 찬성으로써 한다.

⑤헌법개정이 의결된 때에는 대통령은 즉시 공포한다. 단, 제7조의 2의 경우에 국민투표로써 헌법개정이 부결되었을 때에는 그 결과가 판명된 즉시 소급하여 효력을 상실한 뜻을 공포한다. [개정 1954. 11. 29.]

⑥제1조, 제2조와 제7조의 2의 규정은 개폐할 수 없다. [신설 1954. 11. 29.]

부칙 [제4호, 1960. 6. 15.]

부칙[단기 4293년 6월 15일 헌법개정] [제4호,1960. 6. 15.]

이 헌법은 공포한 날로부터 시행한다.

이 헌법중 참의원에 관한 규정은 참의원이 구성된 날로부터 시행한다.

이 헌법 시행후 참의원이 구성될 때까지는 민의원의 의결로써 국회의 의결로 하며 참의원의 권한에 속하는 사항은 민의원에서 이를 대행한다.

이 헌법 시행당시의 민의원의원의 임기는 이 헌법시행후 처음으로 실시되는 민의원의원총선거를 실시하는 전일까지로 한다.

이 헌법 시행후 최초의 민의원의원총선거는 이 헌법시행일로부터 45일이내에 실시한다.

이 헌법 시행후 최초의 참의원의원선거는 이 헌법시행일로부터 6월이내에 실시한다.

전항의 규정에 의하여 선거된 참의원의원은 각선거구마다 그 득표수의 순차에 따라 제1부와 제2부로 균분하고 제1부의 의원의 임기는 6년, 제2부의 의원의 임기는 3년으로 한다. 득표수가 같은때에는 연령순에 의한다.

이 헌법 시행후 최초의 대통령은 이 헌법시행후 처음으로 집회한 민의원에서 집회한 날로부터 5일이내에 선거하고 선거에 관하여는 제53조의 규정을 준용한다.

전항의 규정에 의하여 선거된 대통령은 선거된 날로부터 5일이내에 국무총리를 지명하여야 한다.

이 헌법 시행당시의 수석국무위원과 국무위원은 이 헌법에 의한 국무총리와 국무위원으로 간주하며 전항의 국무총리가 선임될 때까지 이 헌법에 의한 직무를 집행한다.

이 헌법 시행당시의 공무원과 국영기업체의 관리자는 이 헌법에 의하여 임명된 것으로 간주한다.

이 헌법 시행당시의 대법원장과 대법관의 임기는 이 헌법에 의하여 대법원장과 대법관이 선임되는 전일까지로 한다.

이 헌법 시행당시의 대통령령은 이 헌법에 의한 국무원령으로 간주한다.

이 헌법에 의하여 헌법재판소와 중앙선거위원회가 구성될 때까지는 종전의 규정에 의한 헌법위원회, 탄핵재판소와 중앙선거위원회가 그 직무를 행한다.

이 헌법 시행후 처음으로 선임되는 헌법재판소심판관은 선임자의 정하는 바에 따라 제1부, 제2부와 제3부로 구분하고 제1부심판관의 임기는 6년, 제2부심판관의 임기는 4년, 제3부심판관의 임기는 2년으로 한다.

3. 제4차 개정 헌법(1960년 11월 29일)

(1) 개정 이유

제4차 개헌은 선거 원흉들에 대한 처벌을 위한 형벌불소급의 원칙의 예외규정을 두어, 3·15부정선거 원흉을 처벌하였다.

대한민국헌법

[시행 1960. 11. 29.] [헌법 제5호, 1960. 11. 29., 일부개정]

개정이유[일부개정]

이 정권하의 구부패세력을 발본색원하여 앞으로 생성 발전할 한국의 민주주의 제제도를 수호하기 위하여 형사법의 일반적 기본원칙인 형벌불소급의 원칙과 헌법상 보장된 국민의 기본권에 일부 예외규정을 두어 4월 혁명의 과업수행에 기여하고자 개헌하려는 것임.

① 1960년의 3·15선거에 관련하여 부정행위를 한 자와 그 부정행위에 항의하는 국민에 대하여 살상 기타의 불법행위를 한 자를 처벌하기 위하여 특별법을 제정할 수 있도록 함.

② 1960년 4월 26일 이전에 특정지위에 있음을 이용하여 현저한 반민주행위를 한 자의 공민권을 제한하기 위한 특별법을 제정할 수 있도록 함.

③ 1960년 4월 26일 이전에 지위 또는 권력을 이용하여 부정한 방법으로 재산을 축적한 자에 대한 행정상 또는 형사상의 처리를 하기 위하여 특별법을 제정할 수 있게 함.

④ 위의 형사사건을 처리하기 위하여 특별재판소와 특별검찰부를 둘 수 있도록 함.

개정문

국회의 의결로 확정된 헌법개정의 건을 이에 공포한다.

대통령　윤보선(印)

단기 4293년 11월 29일

국무총리	장 면
국무위원 외무부 장관	정일형
국무위원 내무부 장관	신현돈
국무위원 재무부 장관	금영선
국무위원 법무부 장관	조재천
국무위원 국방부 장관	권중돈
국무위원 문교부 장관	오천석
국무위원 복흥부 장관 서리	주요한
국무위원 농림부 장관	박제환
국무위원 상공부 장관	주요한
국무위원 보건사회부 장관	나용균
국무위원 교통부 장관	
국무위원 체신부 장관	조한백
국무위원 국무원사무처장	정헌주
국무위원	금선태

(2) 제4차 개정 헌법(1960년 11월 29일)

대한민국헌법

[시행 1960. 11. 29.] [헌법 제5호, 1960. 11. 29., 일부개정]

전문

유구한 역사와 전통에 빛나는 우리들 대한국민은 기미 삼일운동으로 대한민국을 건립하여 세계에 선포한 위대한 독립정신을 계승하여 이제 민주독립국가를 재건함에 있어서 정의인도와 동포애로써 민족의 단결을 공고히 하며 모든 사회적 폐습을 타파하고 민주주의제제도를 수립하여 정치, 경제, 사회, 문화의 모든 영역에 있어서 각인의 기회를 균등히 하고 능력을 최고도로 발휘케 하며 각인의 책임과 의무를 완수케하여 안으로는 국민생활의 균등한 향상을 기하고 밖으로는 항구적인 국제평화의 유지에 노력하여 우리들과 우리들의 자손의 안전과 자유와 행복을 영원히 확보할 것을 결의하고 우리들의 정당 또 자유로히 선거된 대표로써 구성된 국회에서 단기 4281년 7월 12일 이 헌법을 제정한다.

단기 4281년 7월 12일

대한민국국회의장 이 승 만

제1장 총강

제1조 대한민국은 민주공화국이다.

제2조 대한민국의 주권은 국민에게 있고 모든 권력은 국민으로부터 나온다.

제3조 대한민국의 국민되는 요건은 법률로써 정한다.

제4조 대한민국의 영토는 한반도와 그 부속도서로 한다.

제5조 대한민국은 정치, 경제, 사회, 문화의 모든 영역에 있어서 각인의 자유, 평등과 창의를 존중하고 보장하며 공공복리의 향상을 위하여 이를 보호하고 조정하는 의무를 진다.

제6조 대한민국은 모든 침략적인 전쟁을 부인한다.

국군은 국토방위의 신성한 의무를 수행함을 사명으로 한다.

제7조 비준공포된 국제조약과 일반적으로 승인된 국제법규는 국내법과 동일한 효력을 가진다.

외국인의 법적지위는 국제법과 국제조약의 범위내에서 보장된다.

제7조의2 대한민국의 주권의 제약 또는 영토의 변경을 가져올 국가안위에 관한 중대사항은 국회의 가결을 거친 후에 국민투표에 부하여 민의원의원선거권자 3분지 2이상의 투표와 유효투표 3분지 2이상의 찬성을 얻어야 한다.

전항의 국민투표의 발의는 국회의 가결이 있은 후 1개월이내에 민의원의원선거권자 50만인이상의 찬성으로써 한다.

국민투표에서 찬성을 얻지 못한 때에는 제1항의 국회의 가결사항은 소급하여 효력을 상실한다.

국민투표의 절차에 관한 사항은 법률로써 정한다.

[본조신설 1954. 11. 29.]

제2장 국민의 권리의무

제8조 모든 국민은 법률앞에 평등이며 성별, 신앙 또는 사회적 신분에 의하여

정치적, 경제적, 사회적 생활의 모든 영역에 있어서 차별을 받지 아니한다.
사회적 특수계급의 제도는 일체 인정되지 아니하며 여하한 형태로도 이를 창설하지 못한다.
훈장과 기타 영전의 수여는 오로지 그 받은 자의 영예에 한한 것이며 여하한 특권도 창설되지 아니한다.

제9조 모든 국민은 신체의 자유를 가진다. 법률에 의하지 아니하고는 체포, 구금, 수색, 심문, 처벌과 강제노역을 받지 아니한다.
체포, 구금, 수색에는 법관의 영장이 있어야 한다. 단, 범죄의 현행 범인의 도피 또는 증거인멸의 염려가 있을 때에는 수사기관은 법률의 정하는 바에 의하여 사후에 영장의 교부를 청구할 수 있다.
누구든지 체포, 구금을 받은 때에는 즉시 변호인의 조력을 받을 권리와 그 당부의 심사를 법원에 청구할 권리가 보장된다.

제10조 모든 국민은 거주와 이전의 자유를 제한받지 아니하며 주거의 침입 또는 수색을 받지 아니한다. [개정 1960. 6. 15.]

제11조 모든 국민은 통신의 비밀을 침해받지 아니한다. [개정 1960. 6. 15.]

제12조 모든 국민은 신앙과 양심의 자유를 가진다.
국교는 존재하지 아니하며 종교는 정치로부터 분리된다.

제13조 모든 국민은 언론, 출판의 자유와 집회, 결사의 자유를 제한받지 아니한다.
정당은 법률의 정하는 바에 의하여 국가의 보호를 받는다. 단, 정당의 목적이나 활동이 헌법의 민주적 기본질서에 위배될 때에는 정부가 대통령의 승인을 얻어 소추하고 헌법재판소가 판결로써 그 정당의 해산을 명한다.
[전문개정 1960. 6. 15.]

제14조 모든 국민은 학문과 예술의 자유를 가진다.
저작자, 발명가와 예술가의 권리는 법률로써 보호한다.

제15조 재산권은 보장된다. 그 내용과 한계는 법률로써 정한다.
재산권의 행사는 공공복리에 적합하도록 하여야 한다.
공공필요에 의하여 국민의 재산권을 수용, 사용 또는 제한함은 법률의 정하는 바에 의하여 상당한 보상을 지급함으로써 행한다.

제16조 모든 국민은 균등하게 교육을 받을 권리가 있다. 적어도 초등교육은 의

무적이며 무상으로 한다.

모든 교육기관은 국가의 감독을 받으며 교육제도는 법률로써 정한다.

제17조 모든 국민은 근로의 권리와 의무를 가진다.

근로조건의 기준은 법률로써 정한다.

여자와 소년의 근로는 특별한 보호를 받는다.

제18조 근로자의 단결, 단체교섭과 단체행동의 자유는 법률의 범위내에서 보장된다.

영리를 목적으로 하는 사기업에 있어서는 근로자는 법률의 정하는 바에 의하여 이익의 분배에 균점할 권리가 있다.

제19조 노령, 질병 기타 근로능력의 상실로 인하여 생활유지의 능력이 없는 자는 법률의 정하는 바에 의하여 국가의 보호를 받는다.

제20조 혼인은 남녀동권을 기본으로 하며 혼인의 순결과 가족의 건강은 국가의 특별한 보호를 받는다.

제21조 모든 국민은 국가 각기관에 대하여 문서로써 청원을 할 권리가 있다.

청원에 대하여 국가는 심사할 의무를 진다.

제22조 모든 국민은 법률의 정한 법관에 의하여 법률에 의한 재판을 받을 권리가 있다.

제23조 모든 국민은 행위시의 법률에 의하여 범죄를 구성하지 아니하는 행위에 대하여 소추를 받지 아니하며 또 동일한 범죄에 대하여 두 번 처벌되지 아니한다.

제24조 형사피고인은 상당한 이유가 없는 한 지체없이 공개재판을 받을 권리가 있다.

형사피고인으로서 구금되었던 자가 무죄판결을 받은 때에는 법률의 정하는 바에 의하여 국가에 대하여 보상을 청구할 수 있다.

제25조 모든 국민은 20세에 달하면 법률의 정하는 바에 의하여 공무원을 선거할 권리가 있다. [개정 1960. 6. 15.]

제26조 모든 국민은 법률의 정하는 바에 의하여 공무를 담임할 권리가 있다.

제27조 ①공무원은 주권을 가진 국민의 수임자이며 언제든지 국민에 대하여 책임을 진다. 국민은 불법행위를 한 공무원의 파면을 청원할 권리가 있다.

②공무원의 정치적 중립성과 신분은 법률의 정하는 바에 의하여 보장된다. [신설 1960. 6. 15.]

③공무원의 직무상 불법행위로 인하여 손해를 받은 자는 국가 또는 공공단체에 대하여 배상을 청구할 수 있다. 단, 공무원 자신의 민사상이나 형사상의 책임이 면제되는 것은 아니다.

제28조 ①국민의 모든 자유와 권리는 헌법에 열거되지 아니한 이유로써 경시되지는 아니한다.

②국민의 모든 자유와 권리는 질서유지와 공공복리를 위하여 필요한 경우에 한하여 법률로써 제한할 수 있다. 단, 그 제한은 자유와 권리의 본질적인 내용을 훼손하여서는 아니되며 언론, 출판에 대한 허가나 검열과 집회, 결사에 대한 허가를 규정할 수 없다. [개정 1960. 6. 15.]

제29조 모든 국민은 법률의 정하는 바에 의하여 납세의 의무를 진다.

제30조 모든 국민은 법률의 정하는 바에 의하여 국토방위의 의무를 진다.

제3장 국회

제31조 입법권은 국회가 행한다.

국회는 민의원과 참의원으로써 구성한다.

[전문개정 1952. 7. 7.]

제32조 ①양원은 국민의 보통, 평등, 직접, 비밀투표에 의하여 선거된 의원으로써 조직한다.

②누구든지 양원의 의원을 겸할 수 없다.

③민의원의원의 정수와 선거에 관한 사항은 법률로써 정한다. [개정 1960. 6. 15.]

④참의원의원은 특별시와 도를 선거구로 하여 법률의 정하는 바에 의하여 선거하며 그 정수는 민의원의원정수의 4분지 1을 초과하지 못한다. [신설 1960. 6. 15.]

제33조 ①민의원의원의 임기는 4년으로 한다. 단, 민의원이 해산된 때에는 그 임기는 해산과 동시에 종료한다. [개정 1960. 6. 15.]

②참의원의원의 임기는 6년으로 하고 3년마다 의원의 2분지 1을 개선한다.

[개정 1954.11.29]

제34조 국회의 정기회는 매년 1회 법률의 정하는 바에 의하여 집회한다.

[전문개정 1954. 11. 29.]

제35조 임시긴급의 필요가 있을 때에는 대통령, 민의원의 재적의원 4분지 1이상 또는 참의원의 재적의원 2분지 1이상의 요구에 의하여 양원의 의장은 국회의 임시회의 집회를 공고한다.

[전문개정 1952. 7. 7.]

제35조의2 민의원이 해산된 때에는 해산된 날로부터 20일 이후 30일 이내에 민의원의원의 총선거를 실시하여야 한다.

민의원이 해산된 때에는 참의원은 동시에 폐회된다. 단, 국무총리는 긴급한 필요가 있을 때에는 참의원의 집회를 요구할 수 있다.

[본조신설 1960. 6. 15.]

제36조 ①민의원은 의장 1인, 부의장 2인을 선거한다.

②참의원은 의장 1인, 부의장 1인을 선거한다. [개정 1960. 6. 15.]

③참의원의장은 양원합동회의의 의장이 된다.

제37조 ①각원은 헌법 또는 국회법에 특별한 규정이 없는 한 그 재적의원의 과반수의 출석과 출석의원의 과반수로써 의결을 행한다.

②국회의 의결을 요하는 의안에 관하여 양원의 의결이 일치하지 아니할 때에는 의안을 민의원의 재의에 부하고 각원에서 의결된 것 중 민의원에서 재적의원 과반수의 출석과 출석의원 3분지 2이상의 찬성으로 다시 의결된 것을 국회의 의결로 한다. [개정 1960. 6. 15.]

③예산안에 관하여 참의원이 민의원과 다른 의결을 하였을 때에는 민의원의 재의에 부하고 그 새로운 의결을 국회의 의결로 한다. [개정 1960. 6. 15.]

④각원의 의장은 의결에 있어서 표결권을 가지며 가부동수인 경우에 결정권을 가진다. [개정 1960. 6. 15.]

제38조 국회의 회의는 공개한다. 단, 각원의 결의에 의하여 비밀회로 할 수 있다. [개정 1960. 6. 15.]

[전문개정 1952. 7. 7.]

제39조 국회의원과 정부는 법률안을 제출할 수 있다.

법률안과 예산안은 먼저 민의원에 제출하여야 한다.

참의원이 국회의 의결을 요하는 의안을 받은 날로부터 60일이내에 의결하지 아니할 때에는 이를 부결한 것으로 간주한다. 단, 예산안에 있어서는 이 기간을 20일로 한다.

[전문개정 1960. 6. 15.]

제40조 국회에서 의결된 법률은 정부로 이송되어 10일이내에 대통령이 공포하여야 한다.

법률은 특별한 규정이 없을 때에는 공포일로부터 20일후에 효력을 발생한다.

[전문개정 1960. 6. 15.]

제41조 국회는 예산안을 심의결정한다.

제42조 국회는 국제조직에 관한 조약, 상호원조에 관한 조약, 강화조약, 통상조약, 국가 또는 국민에게 재정적 부담을 지우는 조약, 입법사항에 관한 조약의 비준과 선전포고에 대하여 동의권을 가진다.

제42조의2 삭제 [1960. 6. 15.]

제43조 국회는 국정을 감사하기 위하여 필요한 서류를 제출케하며 증인의 출석과 증언 또는 의견의 진술을 요구할 수 있다.

제44조 국무총리, 국무위원과 정부위원은 국회에 출석하여 의견을 진술하고 질문에 응답할 수 있으며 국회의 요구가 있을 때에는 출석답변하여야 한다. [개정 1954. 11. 29., 1960. 6. 15.]

제45조 각원은 의원의 자격을 심사하고 의사에 관한 규칙을 제정하고 의원의 징벌을 결정할 수 있다.

의원을 제명함에는 각원의 재적의원 3분지 2이상의 찬성이 있어야 한다.

[전문개정 1952. 7. 7.]

제46조 ①대통령, 헌법재판소심판관, 법관, 중앙선거위원회위원, 심계원장 기타 법률이 정하는 공무원이 그 직무수행에 관하여 헌법 또는 법률에 위배한 때에는 국회는 탄핵의 소추를 결의할 수 있다. [개정 1954. 11. 29., 1960. 6. 15.]

②국회의 탄핵소추는 민의원의원 30인이상의 발의가 있어야 하며 그 결의는 양원에서 각각 그 재적의원 과반수의 찬성이 있어야 한다. [개정 1954. 11. 29.]

제47조 탄핵소추의 결의를 받은 자는 탄핵판결이 있을 때까지 그 권한행사가

정지된다.

탄핵판결은 공직으로부터 파면함에 그친다. 단, 이에 의하여 민사상이나 형사상의 책임이 면제되는 것은 아니다.

[전문개정 1960. 6. 15.]

第48조 국회의원은 지방의회의 의원을 겸할 수 없다.

第49조 국회의원은 현행범을 제외한 외에는 회기중 그 원의 동의없이 체포 또는 구금되지 아니하며 회기전에 체포 또는 구금되었을 때에는 그 원의 요구가 있으면 회기중 석방된다.

[전문개정 1952. 7. 7.]

第50조 국회의원은 국회내에서 발표한 의견과 표결에 관하여 외부에 대하여 책임을 지지 아니한다.

제4장 대통령 [개정 1960. 6. 15.]

제1절 삭제 [1960. 6. 15.]

第51조 대통령은 국가의 원수이며 국가를 대표한다.

[전문개정 1960. 6. 15.]

第52조 대통령이 궐위되거나 사고로 인하여 직무를 수행할 수 없을 때에는 참의원의장, 민의원의장, 국무총리의 순위로 그 권한을 대행한다.

[전문개정 1960. 6. 15.]

第53조 대통령은 양원합동회의에서 선거하고 재적국회의원 3분지 2이상의 투표를 얻어 당선된다.

1차투표에서 당선자가 없을 때에는 2차투표를 행하고 2차투표에서도 당선자가 없을 때에는 재적의원 3분지 2이상의 출석과 출석의원 과반수의 투표를 얻은 자를 당선자로 한다.

대통령은 정당에 가입할 수 없으며 대통령직외에 공직 또는 사직에 취임하거나 영업에 종사할 수 없다.

[전문개정 1960. 6. 15.]

第54조 대통령은 취임에 제하여 양원합동회의에서 좌의 선서를 행한다.

「나는 국헌을 준수하며 국민의 복리를 증진하며 국가를 보위하여 대통령의 직무를 성실히 수행할 것을 국민에게 엄숙히 선서한다」
[전문개정 1952. 7. 7.]

第55조 대통령의 임기는 5년으로 하고 재선에 의하여 1차에 한하여 중임할 수 있다.
[전문개정 1960. 6. 15.]

第56조 대통령이 궐위된 때에는 즉시 그 후임자를 선거한다.
대통령의 임기가 만료되는 때에는 그 임기가 만료되기 전 30일까지에 그 후임자를 선거한다.
[전문개정 1960. 6. 15.]

第57조 내우, 외환, 천재, 지변 또는 중대한 재정, 경제상의 위기에 제하여 공공의 안녕질서를 유지하기 위하여 긴급한 조치를 할 필요가 있을 때에는 대통령은 국회의 집회를 기다릴 여유가 없는 때에 한하여 국무회의의 의결에 의하여 재정상 필요한 처분을 할 수 있다.
전항의 처분을 집행하기 위하여 필요한 때에는 국무총리는 법률의 효력을 가진 명령을 발할 수 있다.
[전문개정 1960. 6. 15.]

第58조 第57조의 처분이나 명령은 지체없이 국회에 보고하여 그 승인을 얻어야 하며 민의원이 해산된 때에는 참의원의 승인을 얻어야 한다.
전항의 승인을 얻지 못한 때에는 처분이나 명령은 그때로부터 효력을 상실한다.
[전문개정 1960. 6. 15.]

第59조 대통령은 국무회의의 의결에 의하여 조약을 비준하며 선전포고와 강화를 행하고 외교사절을 신임접수한다.
[전문개정 1960. 6. 15.]

第60조 대통령은 국회에 출석하여 발언하거나 또는 서한으로 의견을 표시한다.
[개정 1960. 6. 15.]

第61조 ①대통령은 헌법과 법률의 정하는 바에 의하여 국군을 통수한다. [개정 1960. 6. 15.]
②국군의 조직과 편성은 법률로써 정한다.

第62조 대통령은 헌법과 법률의 정하는 바에 의하여 공무원의 임면을 확인한다.

[전문개정 1960. 6. 15.]

제63조 대통령은 국무회의의 의결에 의하여 사면, 감형과 복권을 명한다.

일반사면을 명함에는 국회의 동의를 얻어야 한다.

사면, 감형과 복권에 관하여 필요한 사항은 법률로써 정한다.

[전문개정 1960. 6. 15.]

제64조 대통령은 국무회의의 의결에 의하여 계엄을 선포한다.

계엄의 선포가 부당하다고 인정될 때에는 대통령은 국무회의의 의결에 불구하고 그 선포를 거부할 수 있다.

계엄이 선포되었을 때에는 법률의 정하는 바에 의하여 국민의 권리와 행정기관이나 법원의 권한에 관하여 특별한 조치를 할 수 있다.

[전문개정 1960. 6. 15.]

제65조 대통령은 국무회의의 의결에 의하여 훈장 기타 영예를 수여한다.

[전문개정 1960. 6. 15.]

제66조 대통령의 국무에 관한 행위는 문서로 하여야 하며 모든 문서에는 국무총리와 관계국무위원의 부서가 있어야 한다. 군사에 관한 것도 또한 같다.

[개정 1954. 11. 29., 1960. 6. 15.]

제67조 대통령은 내란 또는 외환의 죄를 범한때 이외에는 재직중 형사상의 소추를 받지 아니한다.

제5장 정부 [개정 1960. 6. 15.]

제1절 국무원 [개정 1960. 6. 15.]

제68조 행정권은 국무원에 속한다.

국무원은 국무총리와 국무위원으로 조직한다.

국무원은 민의원에 대하여 연대책임을 진다.

[전문개정 1960. 6. 15.]

제69조 국무총리는 대통령이 지명하여 민의원의 동의를 얻어야 한다. 단, 대통령이 민의원에서 동의를 얻지 못한 날로부터 5일 이내에 다시 지명하지 아니하거나 2차에 걸쳐 민의원이 대통령의 지명에 동의를 하지 아니한 때에는 국무총리는 민의원에서 이를 선거한다.

전항의 동의나 선거에는 민의원의원재적 과반수의 투표를 얻어야 한다.

대통령이 국무총리를 지명한 때에는 민의원은 그 지명을 받은 때로부터 24시간이후 48시간이내에 동의에 대한 표결을 하여야 하며 제1항단서에 의하여 국무총리를 선거할 때에는 그 사유가 발생한 날로부터 5일이내에 선거를 하여야 한다.

대통령은 민의원의원총선거후 처음으로 민의원이 집회한 날로부터 5일이내에 국무총리를 지명하여야 한다.

국무위원은 국무총리가 임면하여 대통령이 이를 확인한다.

국무총리와 국무위원의 과반수는 국회의원이어야 한다. 단, 민의원이 해산된 때에는 예외로 한다.

국무위원의수는 8인이상 15인이내로 한다.

군인은 현역을 면한 후가 아니면 국무위원에 임명될 수 없다.

[전문개정 1960. 6. 15.]

제70조 국무총리는 국무회의를 소집하고 의장이 된다.

국무총리는 법률에서 일정한 범위를 정하여 위임을 받은 사항과 법률을 실시하기 위하여 필요한 사항에 관하여 국무회의의 의결을 거쳐 국무원령을 발할 수 있다.

국무총리는 국무원을 대표하여 의안을 국회에 제출하고 행정각부를 지휘감독한다.

국무총리가 사고로 인하여 직무를 수행할 수 없을 때에는 법률의 정하는 순위에 따라 국무위원이 그 권한을 대행한다.

[전문개정 1960. 6. 15.]

제70조의2 삭제 [1960. 6. 15.]

제71조 국무원은 민의원에서 국무원에 대한 불신임결의안을 가결한 때에는 10일이내에 민의원해산을 결의하지 않는 한 총사직하여야 한다.

국무원은 민의원이 조약비준에 대한 동의를 부결하거나 신년도 총예산안을 그 법정기일내에 의결하지 아니한 때에는 이를 국무원에 대한 불신임결의로 간주할 수 있다.

민의원의 국무원에 대한 불신임결의는 재적의원 과반수의 찬성을 얻어야 한다.

국무원에 대한 불신임결의안은 발의된 때로부터 24시간이후 72시간이내에 표결하여야 한다. 이 시간내에 표결되지 아니한 때에는 불신임결의안은 제출되지 아니한 것으로 간주한다.

국무원은 국무총리가 궐위되거나 민의원의원총선거후 처음으로 민의원이 집회한 때에는 총사직하여야 한다.

제1항과 전항의 경우에 국무원은 후임국무총리가 선임될 때까지 계속하여 그 직무를 집행한다.

[전문개정 1960. 6. 15.]

第72조 좌의 사항은 국무회의의 의결을 경하여야한다. [개정 1954. 11. 29., 1960. 6. 15.]

1. 국정의 기본적 계획과 정책
2. 조약안, 선전, 강화 기타 중요한 대외정책에 관한 사항
3. 헌법개정안, 법률안, 국무원령안
4. 예산안, 결산안, 재정상의 긴급처분안, 예비비지출에 관한 사항
5. 임시국회의 집회요구에 관한 사항
6. 계엄안, 해엄안
7. 군사에 관한 중요사항
8. 영예수여, 사면, 감형, 복권에 관한 사항
9. 행정각부간의 연락사항과 권한의 획정
10. 정부에 제출 또는 회부된 청원의 심사
11. 검찰총장, 심계원장, 국립대학총장, 대사, 공사, 각군참모총장, 기타 법률에 의하여 지정된 공무원과 중요 국영기업의 관리자의 임면에 관한 사항
12. 행정각부의 중요한 정책의 수립과 운영에 관한 사항
13. 민의원해산과 국무원총사직에 관한 사항
14. 정당해산에 관한 소추
15. 기타 국무총리 또는 국무위원이 제출하는 사항

제2절 행정각부 [개정 1960. 6. 15.]

第73조 ①행정각부의 장은 국무위원이어야 하며 국무총리가 임면한다. [개정

1954. 11. 29., 1960. 6. 15.]

②삭제 [1954. 11. 29.]

제74조 행정각부장관은 그 담임한 직무에 관하여 직권 또는 특별한 위임에 의하여 부령을 발할 수 있다. [개정 1954. 11. 29.]

제75조 ①행정각부의 조직과 직무범위는 법률로써 정한다.

②전항의 법률에는 경찰의 중립을 보장하기에 필요한 기구에 관하여 규정을 두어야 한다. [신설 1960. 6. 15.]

제6장 중앙선거위원회 [신설 1960. 6. 15.]

제75조의2 선거의 관리를 공정하게 하기 위하여 중앙선거위원회를 둔다.

중앙선거위원회는 대법관중에서 호선한 3인과 정당에서 추천한 6인의 위원으로 조직하고 위원장은 대법관인 위원중에서 호선한다.

중앙선거위원회의 조직, 권한 기타 필요한 사항은 법률로써 정한다.

[본조신설 1960. 6. 15.]

제7장 법원 [개정 1960. 6. 15.]

제76조 사법권은 법관으로써 조직된 법원이 행한다.

최고법원인 대법원과 하급법원의 조직은 법률로써 정한다.

법관의 자격은 법률로써 정한다.

제77조 법관은 헌법과 법률에 의하여 독립하여 심판한다.

제78조 대법원장과 대법관은 법관의 자격이 있는 자로써 조직되는 선거인단이 이를 선거하고 대통령이 확인한다.

전항의 선거인단의 정수, 조직과 선거에 관하여 필요한 사항은 법률로써 정한다.

제1항이외의 법관은 대법관회의의 결의에 따라 대법원장이 임명한다.

[전문개정 1960. 6. 15.]

제79조 법관의 임기는 10년으로 하되 법률의 정하는 바에 의하여 연임할 수 있다.

제80조 법관은 탄핵, 형벌 또는 징계처분에 의하지 아니하고는 파면, 정직 또는 감봉되지 아니한다.

제81조 ①대법원은 법률의 정하는 바에 의하여 명령규칙과 처분이 헌법과 법률

에 위반되는 여부를 최종적으로 심사할 권한이 있다.

②삭제 [1960. 6. 15.]

③삭제 [1960. 6. 15.]

④삭제 [1960. 6. 15.]

⑤삭제 [1960. 6. 15.]

第82조 대법원은 법원의 내부규율과 사무처리에 관한 규칙을 제정할 수 있다.

第83조 재판의 대심과 판결은 공개한다. 단, 안녕질서를 방해하거나 풍속을 해할 염려가 있는 때에는 법원의 결정으로써 공개를 아니할 수 있다.

第83조의2 군사재판을 관할하기 위하여 군법회의를 둘 수 있다. 단, 법률이 정하는 재판사항의 상고심은 대법원에서 관할한다.

군법회의의 조직, 권한과 심판관의 자격은 법률로써 정한다.

[본조신설 1954. 11. 29.]

제8장 헌법재판소 [신설 1960. 6. 15.]

第83조의3 헌법재판소는 다음 각호의 사항을 관장한다.

1. 법률의 위헌여부 심사
2. 헌법에 관한 최종적 해석
3. 국가기관간의 권한쟁의
4. 정당의 해산
5. 탄핵재판
6. 대통령, 대법원장과 대법관의 선거에 관한 소송

[본조신설 1960. 6. 15.]

第83조의4 헌법재판소의 심판관은 9인으로 한다.

심판관은 대통령, 대법원, 참의원이 각 3인식 선임한다.

심판관의 임기는 6년으로 하고 2년마다 3인식 개임한다.

심판관은 정당에 가입하거나 정치에 관여할 수 없다.

법률의 위헌판결과 탄핵판결은 심판관 6인 이상의 찬성이 있어야 한다.

헌법재판소의 조직, 심판관의 자격, 임명방법과 심판의 절차에 관하여 필요한 사항은 법률로써 정한다.

[본조신설 1960. 6. 15.]

제9장 경제 [개정 1960. 6. 15.]

제84조 대한민국의 경제질서는 모든 국민에게 생활의 기본적 수요를 충족할 수 있게 하는 사회정의의 실현과 균형있는 국민경제의 발전을 기함을 기본으로 삼는다. 각인의 경제상 자유는 이 한계내에서 보장된다.

제85조 광물 기타 중요한 지하자원, 수산자원, 수력과 경제상 이용할 수 있는 자연력은 법률이 정하는 바에 의하여 일정한 기간 그 채취, 개발 또는 이용을 특허할 수 있다.

[전문개정 1954. 11. 29.]

제86조 농지는 농민에게 분배하며 그 분배의 방법, 소유의 한도, 소유권의 내용과 한계는 법률로써 정한다.

제87조 대외무역은 법률의 정하는 바에 의하여 국가의 통제하에 둔다.

[전문개정 1954. 11. 29.]

제88조 국방상 또는 국민생활상 긴절한 필요로 인하여 법률로써 특히 규정한 경우를 제외하고는 사영기업을 국유 또는 공유로 이전하거나 그 경영을 통제 또는 관리할 수 없다.

[전문개정 1954. 11. 29.]

제89조 제86조의 규정에 의하여 농지를 수용하거나 전조의 규정에 의하여 사영기업을 국유 또는 공유로 이전할 때에는 제15조제3항의 규정을 준용한다.

[전문개정 1954. 11. 29.]

제10장 재정 [개정 1960. 6. 15.]

제90조 조세의 종목과 세율은 법률로써 정한다.

제91조 정부는 국가의 총수입과 총지출을 회계연도마다 예산으로 편성하여 매년 국회의 정기회개회초에 국회에 제출하여 그 의결을 얻어야 한다.

특별히 계속지출의 필요가 있을 때에는 연한을 정하여 계속비로서 국회의 의결을 얻어야 한다.

국회는 정부의 동의없이는 정부가 제출한 지출예산 각항의 금액을 증가하거나 또는 신비목을 설치할 수 없다.

제92조 국채를 모집하거나 예산외에 국가의 부담이 될 계약을 함에는 국회의 의결을 얻어야 한다.

제93조 예측할 수 없는 예산외의 지출 또는 예산초과지출에 충당하기 위한 예비비는 미리 국회의 의결을 얻어야 한다.

예비비의 지출은 차기국회의 승인을 얻어야 한다.

제94조 국회는 회계연도가 개시되기까지에 예산을 의결하여야 한다.

국회가 전항의 기간내에 예산을 의결하지 아니한 때에는 정부는 국회에서 예산이 의결될 때까지 다음 각호의 경비를 전년도 예산에 준하여 세입의 범위내에서 지출할 수 있다.

1. 공무원의 봉급과 사무처리에 필요한 기본적 경비
2. 법률에 의하여 설치된 기관과 시설의 유지비와 법률상 지출의 의무있는 경비
3. 전년도 예산에서 승인된 계속사업비

전항의 경우에 민의원의원총선거가 실시된 때에는 정부는 다시 예산안을 제출하여야 하며 국회는 민의원이 최초로 집회한 날로부터 2월이내에 예산을 심의결정하여야 한다. 이 경우에 제39조제2항단서의 기간은 10일로 한다.

[전문개정 1960. 6. 15.]

제95조 국가의 수입지출의 결산은 매년 심계원에서 검사한다.

정부는 심계원의 검사보고와 함께 결산을 차년도의 국회에 제출하여야 한다.

심계원의 조직과 권한은 법률로써 정한다.

제11장 지방자치 [개정 1960. 6. 15.]

제96조 지방자치단체는 법령의 범위내에서 그 자치에 관한 행정사무와 국가가 위임한 행정사무를 처리하며 재산을 관리한다.

지방자치단체는 법령의 범위내에서 자치에 관한 규정을 제정할 수 있다.

제97조 ①지방자치단체의 조직과 운영에 관한 사항은 법률로써 정한다.

②지방자치단체의 장의 선임방법은 법률로써 정하되 적어도 시, 읍, 면의 장은 그 주민이 직접 이를 선거한다. [신설 1960. 6. 15.]

③지방자치단체에는 각각 의회를 둔다.

④지방의회의 조직, 권한과 의원의 선거는 법률로써 정한다.

제12장 헌법개정 [개정 1960. 6. 15.]

제98조 ①헌법개정의 제안은 대통령, 민의원 또는 참의원의 재적의원 3분지 1 이상 또는 민의원의원선거권자 50만인이상의 찬성으로써 한다. [개정 1954. 11. 29.]

②헌법개정의 제의는 대통령이 이를 공고하여야 한다.

③전항의 공고기간은 30일이상으로 한다.

④헌법개정의 의결은 양원에서 각각 그 재적의원 3분지 2이상의 찬성으로써 한다.

⑤헌법개정이 의결된 때에는 대통령은 즉시 공포한다. 단, 제7조의 2의 경우에 국민투표로써 헌법개정이 부결되었을 때에는 그 결과가 판명된 즉시 소급하여 효력을 상실한 뜻을 공포한다. <개정 1954. 11. 29.]

⑥제1조, 제2조와 제7조의 2의 규정은 개폐할 수 없다. [신설 1954. 11. 29.]

부칙 [제5호, 1960. 11. 29.]

부칙[단기4293년11월29일 공포] [제5호,1960. 11. 29.]

이 헌법은 공포한 날로부터 시행한다.

제5장

제3공화국

제5장 제3공화국

1. 정치 상황

1961년 5·16군사쿠데타로 헌정이 중단되고 비상조치법에 따라 군정(1961. 5. 16.~1962. 12. 26.)이 실시되었고, 제3공화국은 1년 7개월간의 군정의 뒤를 이어 1962년 12월 17일 국민투표로 확정된 개정헌법에 의하여 1963년 10월 대통령 선거와 11월 제6대 국회의원선거를 거쳐 12월 17일 대통령 박정희가 취임함으로써 출범한 한국의 3번째 공화헌정체제이다.

제3공화국은 5·16군사징변의 산물인 동시에 집권세력이 군사정변의 주체세력이었다는 점에서 군사정변의 이념을 계승·발전시켜 '국민혁명'으로 승화시키려는 것이 당초의 의지였다. 제3공화국의 박정희 정부는 1972년 10월 17일 10월유신 개헌과 1979년 10월 26일 사태까지 존속되었다.

제2공화국의 의원내각제를 폐지하고, 부통령을 없애는 등 미국식의 완전한 권력분립주의와는 다른 점이 많았으나, 사실상 신대통령제로 전락하였던 제1공화국의 대통령중심제보다는 미국식에 가까운 대통령중심제로 복귀하였다. 그러나 대통령은 긴급명령권, 긴급재정·경제처분권 등 강력한 권한을 가졌고, 사실상 정당지도자로서 정당을 통하여 국회를 지배하는 행정부 우월주의의 대통령중심제였다.

간접선거로 선출하였던 대통령을 국민의 직접선거제로 바꾸었고, 종전의 의결기관이었던 국무회의를 단순한 심의기관으로 하여 대통령은 그 구속을 받지 않게 되었다. 또 대통령은 국무총리를 국회의 동의 없이 임명할 수 있게 하여 행정부의 권한이 강화되었다.

양원제 국회를 단원제로 환원하였고, 정부의 국회해산권을 인정하지 않는 대신 국회의 국무총리와 국무위원에 대한 개별불신임권도 인정하지 않았으며, 해임건의권만을 인정하였다. 정당제도를 보장하고 양당제를 중심으로 한 정당정치를 지양하였다. 이와 같은 정당국가화 경향은 국회의 활동을 매우 약화시켰고, 국회는 상임위원회 중심으로 운영되었다.

헌법재판소를 없애고 대법원에 위헌법률심사권·정당해산권을 부여하였다. 대법원장과 대법원판사 임명에는 법관추천회의제도를 채택하였고, 일반법관은 대법원판사회의의 의결을 거쳐 대법원장이 임명하게 하여 사법권의 독립을 보장하였다. 국민의 기본권 규정을 보다 상세하고 명백히 하였고, 경제질서를 보다 자유화하였다. 헌법개정에 국민투표를 필수화하였고, 경제과학심의회의와 국가안전보장회의 등의 대통령자문기관을 신설하였다.

2. 제5차 개정 헌법(1962년 12월 26일)

제5차 개헌[최고회의]은 국민투표(1962. 12. 26.)를 통하여 이루어졌다.

제5차 개정 헌법은 전문(前文)개정, 정당국가적 경향을 강화, 단원제 국회의 채택, 대통령제의 채택, 법원에 위헌법률심사권 부여, 헌법의 개정에 대한 국민투표제 채택, 경제과학심의회의, 국가안전보장회의 설치 등의 내용으로 이루어졌다. 5·16군사쿠데타 후, 제3공화국 헌법은 전문개정으로 실질상 헌법제정에 해당한다고 볼 수 있다.

제5대 대통령을 1963년 9월 5일(목) 공고하여 1963년 10월 15일(화) 국민의 직접 선거로 박정희를 선출하였다.

(1) 개정 이유

대한민국헌법

[시행 1963. 12. 17.] [헌법 제6호, 1962. 12. 26., 전부개정]

개정이유[전부개정]

헌법개정안 제안이유서

혁명공약에서 밝힌 바에 의하여 민정이양을 단행함에 앞서 진정한 민주국가인 제3공화국의 기반을 마련하기 위하여 이 헌법개정안을 제안한다.

5.16혁명의 이념은 부패와 부정과 빈곤에서 우리겨레와 나라를 구제하고

새로운 민주복지국가를 재건하려는데 있다.

그러므로 민주이양에 앞서 이와 같은 숭고한 이념이 앞으로 탄생될 제3공화국에 계승되어 다시는 과거와 같은 쓰라린 전철을 밟지 않도록 새로운 국가의 튼튼한 기반을 다짐하는 것은 혁명정부의 신성한 의무가 아닐 수 없다.

이에 있어서 혁명정부는 이러한 의무를 다하기 위하여 널리 국민의 여론을 종합하고 진지한 연구와 검토를 거친 끝에 헌법개정안을 작성하고 주권을 가진 국민의 결정으로써 제3공화국의 기반을 마련코자 하는 바이다. 여기에 우리가 마련한 헌법개정안의 주요한 특징을 요약하면 다음과 같다.

1. 자유권, 생존권, 참정권 등의 국민의 기본권을 최대한으로 보장하였으며,
2. 건전하고 민주적인 현대적 정당제도를 수립하여 진정한 대의민주정치의 기반을 확립하였고,
3. 참다운 국민의사를 대변하고 깨끗하고 능률적인 의회정치를 기약할 수 있는 합리적인 국회의 조직과 운영을 규정하였으며,
4. 안정되고 일할 수 있는 민주적인 정부형태를 택하였고,
5. 국민의 권리보장의 최후보루인 사법권의 독립과 민주화에 만전을 기하였으며,
6. 시급한 민생고를 해결하고 국민경제의 조속한 발전을 기할수 있는 경제체제와 기구를 마련하고,
7. 공산세력의 침략을 분쇄하고 굳건한 국가안전을 보장할 수 있는 기구를 설치하였으며,
8. 국가의 최고법규인 헌법의 개정은 주권자인 국민이 직접결정 하도록 하였다.

1962년 11월 5일

제안자

국가재건최고회의 최고위원

박정희 이주일 강상욱 길재호 금동하 금용순 금윤근 금두걸

금재춘 금진위 금형욱 박원빈 박태준 오치성 옥창호 유양수

유병현 이석제 이맹기 장성환 정세웅 조시형 홍종철

개정문

국가재건최고회의의 의결을 거쳐 국민투표로 확정된 헌법개정의 건을 이에 공포한다.

대통령권한대행 국가재건최고회의 의장 육군대장 박정희 (印)

1962년 12월 26일

내각수반	금현철
각원 경제기획원장	금유택
각원 내무부 장관	박경원
각원 재무부 장관	금세련
각원 법무부 장관	조병일
각원 국방부 장관	박병권
각원 문교부 장관	박일경
각원 농림부 장관	장경순
각원 상공부 장관	유창순
각원 보건사회부 장관	정희섭
각원 교통부 장관	박춘식
각원 체신부 장관	배덕진
각원 공보부 장관	이원우
각원 건설부 장관	박임항
각원 내각사무처장	금병삼

(2) 제5차 개정 헌법(1962년 12월 26일)

대한민국헌법

[시행 1963. 12. 17.] [헌법 제6호, 1962. 12. 26., 전부개정]

전문

유구한 역사와 전통에 빛나는 우리 대한국민은 3·1운동의 숭고한 독립정신을 계승하고 4·19의거와 5·16혁명의 이념에 입각하여 새로운 민주공화국을 건설함에 있어서, 정의·인도와 동포애로써 민족의 단결을 공고히 하며 모든 사회적 폐습을 타파하고 민주주의 제제도를 확립하여 정치·경제·사회·문화의 모든 영역에 있어서 각인의 기회를 균등히 하고 의무를 완수하게 하여, 안으로는 국민생활의 균등한 향상을 기하고 밖으로는 항구적인 세계평화에 이바지함으로써 우리들과 우리들의 자손의 안전과 자유와 행복을 영원히 확보할 것을 다짐하여, 1948년 7월 12일에 제정된 헌법을 이제 국민투표에 의하여 개정한다.

1962년 12월 26일

제1장 총강

제1조 ①대한민국은 민주공화국이다.

②대한민국의 주권은 국민에게 있고, 모든 권력은 국민으로부터 나온다.

제2조 대한민국의 국민의 요건은 법률로 정한다.

제3조 대한민국의 영토는 한반도와 부속도서로 한다.

제4조 대한민국은 국제평화의 유지에 노력하고 침략적 전쟁을 부인한다.

제5조 ①이 헌법에 의하여 체결·공포된 조약과 일반적으로 승인된 국제법규는 국내법과 같은 효력을 가진다.

②외국인에 대하여는 국제법과 조약에 정한 바에 의하여 그 지위를 보장한다.

제6조 ①공무원은 국민전체에 대한 봉사자이며, 국민에 대하여 책임을 진다.

②공무원의 신분과 정치적 중립성은 법률이 정하는 바에 의하여 보장된다.

제7조 ①정당의 설립은 자유이며, 복수정당제는 보장된다.

②정당은 그 조직과 활동이 민주적이어야 하며, 국민의 정치적 의사형성에 참여하는데 필요한 조직을 가져야 한다.

③정당은 국가의 보호를 받는다. 다만, 정당의 목적이나 활동이 민주적 기본질서에 위배될 때에는 정부는 대법원에 그 해산을 제소할 수 있고, 정당은 대법원의 판결에 의하여 해산된다.

제2장 국민의 권리와 의무

제8조 모든 국민은 인간으로서의 존엄과 가치를 가지며, 이를 위하여 국가는 국민의 기본적 인권을 최대한으로 보장할 의무를 진다.

제9조 ①모든 국민은 법 앞에 평등하다. 누구든지 성별·종교 또는 사회적 신분

에 의하여 정치적·경제적·사회적·문화적 생활의 모든 영역에 있어서 차별을 받지 아니한다.

②사회적 특수계급의 제도는 인정되지 아니하며, 어떠한 형태로도 이를 창설할 수 없다.

③훈장등의 영전은 이를 받은 자에게만 효력이 있고, 어떠한 특권도 이에 따르지 아니한다.

제10조 ①모든 국민은 신체의 자유를 가진다. 누구든지 법률에 의하지 아니하고는 체포·구금·수색·압수·심문 또는 처벌을 받지 아니하며, 형의 선고에 의하지 아니하고는 강제노역을 당하지 아니한다.

②모든 국민은 고문을 받지 아니하며, 형사상 자기에게 불리한 진술을 강요당하지 아니한다.

③체포·구금·수색·압수에는 검찰관의 신청에 의하여 법관이 발부한 영장을 제시하여야 한다. 다만, 현행범인인 경우와 장기 3년이상의 형에 해당하는 죄를 범하고 도피 또는 증거인멸의 염려가 있을 때에는 사후에 영장을 청구할 수 있다.

④누구든지 체포·구금을 받은 때에는 즉시 변호인의 조력을 받을 권리를 가진다. 다만, 법률이 정하는 경우에 형사피고인이 스스로 변호인을 구할 수 없을 때에는 국가가 변호인을 붙인다.

⑤누구든지 체포·구금을 받은 때에는 적부의 심사를 법원에 청구할 권리를 가진다. 사인으로부터 신체의 자유의 불법한 침해를 받은 때에도 법률이 정하는 바에 의하여 구제를 법원에 청구할 권리를 가진다.

⑥피고인의 자백이 고문·폭행·협박·구속의 부당한 장기화 또는 기망 기타의 방법에 의하여 자의로 진술된 것이 아니라고 인정될 때, 또는 피고인의 자백이 그에게 불리한 유일한 증거인 때에는, 이를 유죄의 증거로 삼거나 이를 이유로 처벌할 수 없다.

제11조 ①모든 국민은 행위시의 법률에 의하여 범죄를 구성하지 아니하는 행위로 소추되지 아니하며, 동일한 범죄에 대하여 거듭 처벌받지 아니한다.

②모든 국민은 소급입법에 의하여 참정권의 제한 또는 재산권의 박탈을 받지 아니한다.

第12조 모든 국민은 거주·이전의 자유를 가진다.

第13조 모든 국민은 직업선택의 자유를 가진다.

第14조 모든 국민은 주거의 침입을 받지 아니한다. 주거에 대한 수색이나 압수에는 법관의 영장을 제시하여야 한다.

第15조 모든 국민은 통신의 비밀을 침해받지 아니한다.

第16조 ①모든 국민은 종교의 자유를 가진다.

②국교는 인정되지 아니하며, 종교와 정치는 분리된다.

第17조 모든 국민은 양심의 자유를 가진다.

第18조 ①모든 국민은 언론·출판의 자유와 집회·결사의 자유를 가진다.

②언론·출판에 대한 허가나 검열과 집회·결사에 대한 허가는 인정되지 아니한다. 다만, 공중도덕과 사회윤리를 위하여는 영화나 연예에 대한 검열을 할 수 있다.

③신문이나 통신의 발행시설기준은 법률로 정할 수 있다.

④옥외집회에 대하여는 그 시간과 장소에 관한 규제를 법률로 정할 수 있다.

⑤언론·출판은 타인의 명예나 권리 또는 공중도덕이나 사회윤리를 침해하여서는 아니된다.

第19조 ①모든 국민은 학문과 예술의 자유를 가진다.

②저작자·발명가와 예술가의 권리는 법률로써 보호한다.

第20조 ①모든 국민의 재산권은 보장된다. 그 내용과 한계는 법률로 정한다.

②재산권의 행사는 공공복리에 적합하도록 하여야 한다.

③공공필요에 의한 재산권의 수용·사용 또는 제한은 법률로써 하되 정당한 보상을 지급하여야 한다.

第21조 모든 국민은 20세가 되면 법률이 정하는 바에 의하여 공무원선거권을 가진다.

第22조 모든 국민은 법률이 정하는 바에 의하여 공무담임권을 가진다.

第23조 ①모든 국민은 법률이 정하는 바에 의하여 국가기관에 문서로 청원할 권리를 가진다.

②국가는 청원에 대하여 심사할 의무를 진다.

第24조 ①모든 국민은 헌법과 법률에 정한 법관에 의하여 법률에 의한 재판을 받을 권리를 가진다.

②군인 또는 군속이 아닌 국민은 대한민국의 영역안에서는 군사에 관한 간첩죄의 경우와, 초병·초소·유해음식물공급·포로에 관한 죄 중 법률에 정한 경우, 및 비상계엄이 선포된 경우를 제외하고는, 군법회의의 재판을 받지 아니한다.

③모든 국민은 신속한 재판을 받을 권리를 가진다. 형사피고인은 상당한 이유가 없는 한 지체없이 공개재판을 받을 권리를 가진다.

제25조 형사피고인으로서 구금되었던 자가 무죄판결을 받은 때에는 법률이 정하는 바에 의하여 국가에 보상을 청구할 수 있다.

제26조 공무원의 직무상 불법행위로 손해를 받은 국민은 국가 또는 공공단체에 배상을 청구할 수 있다. 그러나, 공무원 자신의 책임은 면제되지 아니한다.

제27조 ①모든 국민은 능력에 따라 균등하게 교육을 받을 권리를 가진다.

②모든 국민은 그 보호하는 어린이에게 초등교육을 받게 할 의무를 진다.

③의무교육은 무상으로 한다.

④교육의 자주성과 정치적 중립성은 보장되어야 한다.

⑤교육제도와 그 운영에 관한 기본적인 사항은 법률로 정한다.

제28조 ①모든 국민은 근로의 권리를 가진다. 국가는 사회적·경제적 방법으로 근로자의 고용의 증진에 노력하여야 한다.

②모든 국민은 근로의 의무를 진다. 국가는 근로의 의무의 내용과 조건을 민주주의원칙에 따라 법률로 정한다.

③근로조건의 기준은 법률로 정한다.

④여자와 소년의 근로는 특별한 보호를 받는다.

제29조 ①근로자는 근로조건의 향상을 위하여 자주적인 단결권·단체교섭권 및 단체행동권을 가진다.

②공무원인 근로자는 법률로 인정된 자를 제외하고는 단결권·단체교섭권 및 단체행동권을 가질 수 없다.

제30조 ①모든 국민은 인간다운 생활을 할 권리를 가진다.

②국가는 사회보장의 증진에 노력하여야 한다.

③생활능력이 없는 국민은 법률이 정하는 바에 의하여 국가의 보호를 받는다.

제31조 모든 국민은 혼인의 순결과 보건에 관하여 국가의 보호를 받는다.

제32조 ①국민의 자유와 권리는 헌법에 열거되지 아니한 이유로 경시되지 아니한다.

②국민의 모든 자유와 권리는 질서유지 또는 공공복리를 위하여 필요한 경우에 한하여 법률로써 제한할 수 있으며, 제한하는 경우에도 자유와 권리의 본질적인 내용을 침해할 수 없다.

제33조 모든 국민은 법률이 정하는 바에 의하여 납세의 의무를 진다.

제34조 모든 국민은 법률이 정하는 바에 의하여 국방의 의무를 진다.

제3장 통치기구

제1절 국회

제35조 입법권은 국회에 속한다.

제36조 ①국회는 국민의 보통·평등·직접·비밀선거에 의하여 선출된 의원으로 구성한다.

②국회의원의 수는 150인이상 200인이하의 범위안에서 법률로 정한다.

③국회의원 후보가 되려하는 자는 소속정당의 추천을 받아야 한다.

④국회의원의 선거에 관한 사항은 법률로 정한다.

제37조 국회의원의 임기는 4년으로 한다.

제38조 국회의원은 임기중 당적을 이탈하거나 변경한 때 또는 소속정당이 해산된 때에는 그 자격이 상실된다. 다만, 합당 또는 제명으로 소속이 달라지는 경우에는 예외로 한다.

제39조 국회의원은 대통령·국무총리·국무위원·지방의회의원 기타 법률이 정하는 공사의 직을 겸할 수 없다.

제40조 국회의원은 그 지위를 남용하여 국가·공공단체 또는 법률이 정하는 기업체와의 계약 또는 그 처분에 의하여 재산상의 권리나 이익 또는 직위를 취득하거나 타인을 위하여 그 취득을 알선할 수 없다.

제41조 ①국회의원은 현행범인인 경우를 제외하고는 회기중 국회의 동의 없이 체포 또는 구금되지 아니한다.

②국회의원이 회기전에 체포 또는 구금된 때에는 현행범인이 아닌 한 국회의

요구가 있으면 회기중 석방된다.

제42조 국회의원은 국회에서 직무상 행한 발언과 표결에 관하여 국회외에서 책임을 지지 아니한다.

제43조 ①국회의 정기회는 법률이 정하는 바에 의하여 매년 1회 집회된다.

②긴급한 필요가 있을 때에는 대통령 또는 국회재적의원 4분의 1이상의 요구에 의하여 국회의장은 국회의 임시회의 집회를 공고한다.

③정기회의 회기는 120일을, 임시회의 회기는 30일을 초과할 수 없다.

제44조 국회는 의장 1인과 부의장 2인을 선거한다.

제45조 국회는 헌법 또는 법률에 특별한 규정이 없는 한 그 재적의원 과반수의 출석과 출석의원 과반수의 찬성으로 의결한다. 가부 동수인 때에는 부결된 것으로 본다.

제46조 국회의 회의는 공개한다. 다만, 출석의원 과반수의 찬성으로 공개하지 아니할 수 있다.

제47조 국회에 제출된 법률안 기타의 의안은 회기중에 의결되지 못한 이유로 폐기되지 아니한다. 다만, 국회의원의 임기가 만료된 때에는 예외로 한다.

제48조 국회의원과 정부는 법률안을 제출할 수 있다.

제49조 ①국회에서 의결된 법률안은 정부에 이송되어 15일이내에 대통령이 공포한다.

②법률안에 이의가 있을 때에는 대통령은 전항의 기간안에 이의서를 붙여 국회로 환부하고 그 재의를 요구할 수 있다. 국회의 폐회중에도 또한 같다.

③대통령은 법률안의 일부에 대하여, 또는 법률안을 수정하여 재의를 요구할 수 없다.

④재의의 요구가 있을 때에는 국회는 재의에 붙이고 재적의원 과반수의 출석과 출석의원 3분의 2이상의 찬성으로 전과 같은 의결을 하면 그 법률안은 법률로서 확정된다.

⑤대통령이 제1항의 기간안에 공포나 재의의 요구를 하지 아니한 때에도 그 법률안은 법률로서 확정된다.

⑥대통령은 제4항과 제5항의 규정에 의하여 확정된 법률을 지체없이 공포하여야 한다. 전항에 의하여 법률이 확정된 후 또는 제4항에 의한 확정법률이

정부에 이송된 후 5일이내에 대통령이 공포하지 아니할 때에는 국회의장이 이를 공포한다.

⑦법률은 특별한 규정이 없는 한 공포한 날로부터 20일을 경과함으로써 효력을 발생한다.

第50조 ①국회는 국가의 예산안을 심의·확정한다.

②정부는 회계연도마다 예산안을 편성하여 회계연도 개시 120일전까지 국회에 제출하고, 국회는 회계연도 개시 30일전까지 이를 의결하여야 한다.

③전항의 기간안에 예산안이 의결되지 못한 때에는 정부는 국회에서 예산안이 의결될 때까지 다음 각호의 경비를 세입의 범위안에서 전년도 예산에 준하여 지출할 수 있다.

1. 공무원의 보수와 사무처리에 필요한 기본경비
2. 헌법이나 법률에 의하여 설치된 기관 또는 시설의 유지비와 법률상 지출의 의무가 있는 경비
3. 이미 예산상 승인된 계속비

第51조 ①한 회계연도를 넘어 계속하여 지출할 필요가 있을 때에는 정부는 연한을 정하여 계속비로서 국회의 의결을 얻어야 한다.

②예측할 수 없는 예산외의 지출 또는 예산초과지출에 충당하기 위한 예비비는 미리 국회의 의결을 얻어야 한다. 예비비의 지출은 차기국회의 승인을 얻어야 한다.

第52조 예산성립후에 생긴 사유로 인하여 예산에 변경을 가할 필요가 있을 때에는, 정부는 추가경정예산안을 편성하여 국회에 제출할 수 있다.

第53조 국회는 정부의 동의없이 정부가 제출한 지출예산 각항의 금액을 증가하거나 새 비목을 설치할 수 없다.

第54조 국채를 모집하거나 예산외에 국가의 부담이 될 계약을 체결하려 할 때에는, 정부는 미리 국회의 의결을 얻어야 한다.

第55조 조세의 종목과 세율은 법률로 정한다.

第56조 ①국회는 상호원조 또는 안전보장에 관한 조약, 국제조직에 관한 조약, 통상조약, 어업조약, 강화조약, 국가나 국민에게 재정적 부담을 지우는 조약, 외국군대의 지위에 관한 조약 또는 입법사항에 관한 조약의 체결·비준에 대

한 동의권을 가진다.

②선전포고, 국군의 외국에의 파견 또는 외국군대의 대한민국영역안에서의 주류에 대하여도 국회는 동의권을 가진다.

第57조 국회는 국정을 감사하며, 이에 필요한 서류의 제출, 증인의 출석과 증언이나 의견의 진술을 요구할 수 있다. 다만, 재판과 진행중인 범죄수사·소추에 간섭할 수 없다.

第58조 국무총리·국무위원 또는 정부위원은 국회나 그 위원회에 출석하여 국정처리상황을 보고하거나 의견을 진술하고 질문에 응답할 수 있으며, 국회나 그 위원회 또는 국회의원 30인이상의 요구가 있을 때에는 출석·답변하여야 한다.

第59조 ①국회는 국무총리 또는 국무위원의 해임을 대통령에게 건의할 수 있다.

②전항의 건의는 재적의원 과반수의 찬성이 있어야 한다.

③제1항과 제2항에 의한 건의가 있을 때에는 대통령은 특별한 사유가 없는 한 이에 응하여야 한다.

第60조 ①국회는 법률에 저촉되지 아니하는 범위안에서 의사와 내부규율에 관한 규칙을 제정할 수 있다.

②국회는 의원의 자격을 심사하며 의원을 징계할 수 있다.

③의원을 제명하려면 재적의원 3분의 2이상의 찬성이 있어야 한다.

④제2항과 제3항의 처분에 대하여는 법원에 제소할 수 없다.

第61조 ①대통령·국무총리·국무위원·행정각부의 장·법관·중앙선거관리위원회위원·감사위원 기타 법률에 정한 공무원이 그 직무집행에 있어서 헌법이나 법률을 위배한 때에는 국회는 탄핵의 소추를 의결할 수 있다.

②전항의 탄핵소추는 국회의원 30인이상의 발의가 있어야 하며, 그 의결은 재적의원 과반수의 찬성이 있어야 한다.

③탄핵소추의 의결을 받은 자는 탄핵결정이 있을 때까지 그 권한행사가 정지된다.

第62조 ①탄핵사건을 심판하기 위하여 탄핵심판위원회를 둔다.

②탄핵심판위원회는 대법원장을 위원장으로 하고 대법원판사 3인과 국회의원 5인의 위원으로 구성한다. 다만, 대법원장을 심판할 경우에는 국회의장이

위원장이 된다.

③탄핵결정에는 구성원 6인이상의 찬성이 있어야 한다.

④탄핵결정은 공직으로부터 파면함에 그친다. 그러나, 이에 의하여 민사상이나 형사상의 책임이 면제되지는 아니한다.

⑤탄핵심판에 관한 사항은 법률로 정한다.

제2절 정부

제1관 대통령

제63조 ①행정권은 대통령을 수반으로 하는 정부에 속한다.

②대통령은 외국에 대하여 국가를 대표한다.

제64조 ①대통령은 국민의 보통·평등·직접·비밀선거에 의하여 선출한다. 다만, 대통령이 궐위된 경우에 잔임 기간이 2년미만인 때에는 국회에서 선거한다.

②대통령으로 선거될 수 있는 자는 국회의원의 피선거권이 있고 선거일 현재 계속하여 5년이상 국내에 거주하고 40세에 달하여야 한다. 이 경우에 공무로 외국에 파견된 기간은 국내 거주기간으로 본다.

③대통령후보가 되려 하는 자는 소속정당의 추천을 받아야 한다.

④대통령선거에 관한 사항은 법률로 정한다.

제65조 ①국민이 대통령을 선거하는 경우에 최고득표자가 2인이상인 때에는 국회의 재적의원 과반수가 출석한 공개회의에서 다수표를 얻은 자를 당선자로 한다.

②대통령 후보자가 1인일 때에는 그 득표수가 선거권자 총수의 3분의 1이상이 아니면 대통령으로 당선될 수 없다.

제66조 ①국회가 대통령을 선거하는 경우에는 재적의원 3분의 2이상의 출석과 출석의원 3분의 2이상의 찬성을 얻은 자를 대통령 당선자로 한다.

②전항의 득표자가 없는 때에는 2차 투표를 하고, 2차 투표에도 전항의 득표자가 없는 때에는 최고득표자가 1인이면 최고득표자와 차점자에 대하여, 최고득표자가 2인이상이면 최고득표자에 대하여, 결선투표를 함으로써 다수득표자를 대통령 당선자로 한다.

제67조 ①대통령의 임기가 만료되는 때에는 임기만료 70일 내지 40일전에 후임자를 선거한다.

②대통령이 궐위된 때에는 즉시 후임자를 선거한다. 대통령 당선자가 사망하거나 판결 기타의 사유로 그 자격을 상실한 때에도 또한 같다.

제68조 ①대통령은 취임에 즈음하여 다음의 선서를 한다.

"나는 국헌을 준수하고 국가를 보위하며 국민의 자유와 복리의 증진에 노력하여 대통령으로서의 직책을 성실히 수행할 것을 국민앞에 엄숙히 선서합니다."

②전항의 선서에는 국회의원과 대법원의 법관이 참석한다.

제69조 ①대통령의 임기는 4년으로 한다.

②대통령이 궐위된 경우의 후임자는 전임자의 잔임기간 중 재임한다.

③대통령은 1차에 한하여 중임할 수 있다.

제70조 대통령이 궐위되거나 사고로 인하여 직무를 수행할 수 없을 때에는 국무총리, 법률에 정한 국무위원의 순위로 그 권한을 대행한다.

제71조 대통령은 조약을 체결·비준하고 외교사절을 신임접수 또는 파견하며 선전포고와 강화를 한다.

제72조 ①대통령은 헌법과 법률이 정하는 바에 의하여 국군을 통수한다.

②국군의 조직과 편성은 법률로 정한다.

제73조 ①내우·외환·천재·지변 또는 중대한 재정·경제상의 위기에 있어서 공공의 안녕질서를 유지하기 위하여 긴급한 조치가 필요하고 국회의 집회를 기다릴 여유가 없을 때에 한하여, 대통령은 최소한으로 필요한 재정·경제상의 처분을 하거나 이에 관하여 법률의 효력을 가지는 명령을 발할 수 있다.

②국가의 안위에 관계되는 중대한 교전상태에 있어서 국가를 보위하기 위하여 긴급한 조치가 필요하고 국회의 집회가 불가능한 때에 한하여, 대통령은 법률의 효력을 가지는 명령을 발할 수 있다.

③제1항과 제2항의 명령 또는 처분은 지체없이 국회에 보고하여 그 승인을 얻어야 한다.

④전항의 승인을 얻지 못한 때에는 그 명령 또는 처분은 그 때부터 효력을 상실한다. 다만, 그 명령에 의하여 개정 또는 폐지되었던 법률은 그 명령이 승인을 얻지 못한 때부터 당연히 효력을 회복한다.

⑤대통령은 제3항과 제4항의 사유를 지체없이 공포하여야 한다.

第74조 대통령은 법률에서 구체적으로 범위를 정하여 위임받은 사항과 법률을 집행하기 위하여 필요한 사항에 관하여 대통령령을 발할 수 있다.

第75조 ①대통령은 전시·사변 또는 이에 준하는 국가비상사태에 있어서 병력으로써 군사상의 필요 또는 공공의 안녕질서를 유지할 필요가 있을 때에는 법률이 정하는 바에 의하여 계엄을 선포할 수 있다.

②계엄은 비상계엄과 경비계엄으로 한다.

③계엄이 선포된 때에는 법률이 정하는 바에 의하여 영장제도, 언론·출판·집회·결사의 자유, 정부나 법원의 권한에 관하여 특별한 조치를 할 수 있다.

④계엄을 선포한 때에는 대통령은 지체없이 국회에 통고하여야 한다.

⑤국회가 계엄의 해제를 요구한 때에는 대통령은 이를 해제하여야 한다.

第76조 대통령은 헌법과 법률이 정하는 바에 의하여 공무원을 임명한다.

第77조 ①대통령은 법률이 정하는 바에 의하여 사면·감형·복권을 명할 수 있다.

②일반사면을 명하려면 국회의 동의를 얻어야 한다.

③사면·감형·복권에 관한 사항은 법률로 정한다.

第78조 대통령은 법률이 정하는 바에 의하여 훈장 기타의 영전을 수여한다.

第79조 대통령은 국회에 출석하여 발언하거나 서한으로 의견을 표시할 수 있다.

第80조 대통령의 국법상 행위는 문서로써 하며, 이 문서에는 국무총리와 관계 국무위원이 부서한다. 군사에 관한 것도 또한 같다.

第81조 대통령은 국무총리·국무위원·행정각부의 장 기타 법률이 정하는 공사의 직을 겸하거나 영업에 종사할 수 없다.

第82조 대통령은 내란 또는 외환의 죄를 범한 경우를 제외하고는 재직중 형사상의 소추를 받지 아니한다.

제2관 국무회의

第83조 ①국무회의는 정부의 권한에 속하는 중요한 정책을 심의한다.

②국무회의는 대통령·국무총리와 10인이상 20인이하의 국무위원으로 구성한다.

第84조 ①국무총리는 대통령이 임명하고, 국무위원은 국무총리의 제청으로 대통령이 임명한다.

②군인은 현역을 면한 후가 아니면 국무총리 또는 국무위원으로 임명될 수 없다.

③국무총리는 국무위원의 해임을 대통령에게 건의할 수 있다.

第85조 ①대통령은 국무회의의 의장이 된다.

②국무총리는 대통령을 보좌하고 국무회의의 부의장이 된다.

第86조 다음 사항은 국무회의의 심의를 거쳐야 한다.

1. 국정의 기본적 계획과 정부의 일반정책
2. 선전·강화 기타 중요한 대외정책
3. 조약안·법률안과 대통령령안
4. 예산안·결산·국유재산처분의 기본계획, 국가의 부담이 될 계약 기타 재정에 관한 중요사항
5. 계엄과 해엄
6. 군사에 관한 중요사항
7. 국회의 임시회 집회의 요구
8. 영전수여
9. 사면·감형과 복권
10. 행정각부간의 권한의 획정
11. 정부안의 권한의 위임 또는 배정에 관한 기본계획
12. 국정처리 상황의 평가·분석
13. 행정각부의 중요한 정책의 수립과 조정
14. 정당해산의 제소
15. 정부에 제출 또는 회부된 정부의 정책에 관계되는 청원의 심사
16. 검찰총장·국립대학교총장·대사·각군참모총장·해병대사령관·공사 기타 법률에 정한 공무원과 중요한 국영기업체관리자의 임명
17. 기타 대통령·국무총리 또는 국무위원이 제출한 사항

第87조 ①국가안전보장에 관련되는 대외정책·군사정책과 국내정책의 수립에 관하여 국무회의의 심의에 앞서 대통령의 자문에 응하기 위하여 국가안전보장회의를 둔다.

②국가안전보장회의는 대통령이 주재한다.

③국가안전보장회의의 조직·직무범위 기타 필요한 사항은 법률로 정한다.

제3관 행정각부

제88조 행정각부의 장은 국무위원중에서 국무총리의 제청으로 대통령이 임명한다.

제89조 국무총리는 행정에 관하여 대통령의 명을 받아 행정각부를 통할한다.

제90조 국무총리 또는 행정각부의 장은 소관사무에 관하여 법률이나 대통령령의 위임 또는 직권으로 총리령 또는 부령을 발할 수 있다.

제91조 행정각부의 설치·조직과 직무범위는 법률로 정한다.

제4관 감사원

제92조 국가의 세입·세출의 결산, 국가 및 법률에 정한 단체의 회계 검사와 행정기관 및 공무원의 직무에 관한 감찰을 하기 위하여 대통령소속하에 감사원을 둔다.

제93조 ①감사원은 원장을 포함한 5인이상 11인이하의 감사위원으로 구성한다.

②원장은 국회의 동의를 얻어 대통령이 임명하며, 그 임기는 4년으로 하되 1차에 한하여 연임될 수 있다.

③원장이 궐위된 경우에 임명된 후임자의 임기는 전임자의 잔임기간으로 한다.

④감사위원은 원장의 제청으로 대통령이 임명하며, 그 임기는 4년으로 하되 법률이 정하는 바에 의하여 연임될 수 있다.

제94조 감사원은 세입·세출의 결산을 매년 검사하여 대통령과 차년도 국회에 그 결과를 보고하여야 한다.

제95조 감사원의 조직·직무범위·감사위원의 자격·감사대상공무원의 범위 기타 필요한 사항은 법률로 정한다.

제3절 법원

제96조 ①사법권은 법관으로 조직된 법원에 속한다.

②법원은 최고법원인 대법원과 각급법원으로 조직된다.

③법관의 자격은 법률로 정한다.

第97조 ①대법원에 부를 둘 수 있다.

②대법원의 법관의 수는 16인이하로 한다.

③대법원과 각급법원의 조직은 법률로 정한다.

第98조 법관은 이 헌법과 법률에 의하여 그 양심에 따라 독립하여 심판한다.

第99조 ①대법원장인 법관은 법관추천회의의 제청에 의하여 대통령이 국회의 동의를 얻어 임명한다. 대통령은 법관추천회의의 제청이 있으면 국회에 동의를 요청하고, 국회의 동의를 얻으면 임명하여야 한다.

②대법원판사인 법관은 대법원장이 법관추천회의의 동의를 얻어 제청하고 대통령이 임명한다. 이 경우에 제청이 있으면 대통령은 이를 임명하여야 한다.

③대법원장과 대법원판사가 아닌 법관은 대법원판사회의의 의결을 거쳐 대법원장이 임명한다.

④법관추천회의는 법관 4인, 변호사 2인, 대통령이 지명하는 법률학교수 1인, 법무부장관과 검찰총장으로 구성한다.

⑤법관추천회의에 관하여 필요한 사항은 법률로 정한다.

第100조 ①대법원장인 법관의 임기는 6년으로 하며 연임될 수 없다.

②법관의 임기는 10년으로 하며 법률이 정하는 바에 의하여 연임될 수 있다.

③법관의 정년은 65세로 한다.

第101조 ①법관은 탄핵 또는 형벌에 의하지 아니하고는 파면되지 아니하며, 징계처분에 의하지 아니하고는 정직·감봉 또는 불리한 처분을 받지 아니한다.

②법관이 중대한 심신상의 장해로 직무를 수행할 수 없을 때에는 법률이 정하는 바에 의하여 퇴직하게 할 수 있다.

第102조 ①법률이 헌법에 위반되는 여부가 재판의 전제가 된 때에는 대법원은 이를 최종적으로 심사할 권한을 가진다.

②명령·규칙·처분이 헌법이나 법률에 위반되는 여부가 재판의 전제가 된 때에는 대법원은 이를 최종적으로 심사할 권한을 가진다.

第103조 정당해산을 명하는 판결은 대법원 법관 정수의 5분의 3이상의 찬성을 얻어야 한다.

第104조 대법원은 법률에 저촉되지 아니하는 범위안에서 소송에 관한 절차, 법원의 내부규율과 사무처리에 관한 규칙을 제정할 수 있다.

제105조 재판의 심리와 판결은 공개한다. 다만, 심리는 안녕질서를 방해하거나 선량한 풍속을 해할 염려가 있을 때에는 법원의 결정으로 공개하지 아니할 수 있다.

제106조 ①군사재판을 관할하기 위하여 특별법원으로서 군법회의를 둘 수 있다.

②군법회의의 상고심은 대법원에서 관할한다.

③비상계엄하의 군사재판은 군인·군속의 범죄나 군사에 관한 간첩죄의 경우와, 초병·초소·유해음식물공급·포로에 관한 죄 중 법률에 정한 경우에 한하여 단심으로 할 수 있다.

제4절 선거관리

제107조 ①선거관리의 공정을 기하기 위하여 선거관리위원회를 둔다.

②중앙선거관리위원회는 대통령이 임명하는 2인, 국회에서 선출하는 2인과 대법원 판사회의에서 선출하는 5인의 위원으로 구성한다. 위원장은 위원중에서 호선한다.

③위원의 임기는 5년으로 하며 연임될 수 있다.

④위원은 정당에 가입하거나 정치에 관여할 수 없다.

⑤위원은 탄핵 또는 형벌에 의하지 아니하고는 파면되지 아니한다.

⑥중앙선거관리위원회는 법령의 범위안에서 선거의 관리에 관한 규칙을 제정할 수 있다.

⑦각급선거관리위원회의 조직·직무범위 기타 필요한 사항은 법률로 정한다.

제108조 ①선거운동은 각급선거관리위원회의 관리하에 법률에 정한 범위안에서 하되 균등한 기회가 보장되어야 한다.

②선거에 관한 경비는 법률이 정하는 경우를 제외하고는 정당 또는 후보자에게 부담시킬 수 없다.

제5절 지방자치

제109조 ①지방자치단체는 주민의 복리에 관한 사무를 처리하고 재산을 관리하며 법령의 범위안에서 자치에 관한 규정을 제정할 수 있다.

②지방자치단체의 종류는 법률로 정한다.

제110조 ①지방자치단체에는 의회를 둔다.

②지방의회의 조직·권한·의원선거와 지방자치단체의 장의 선임방법 기타 지방자치단체의 조직과 운영에 관한 사항은 법률로 정한다.

제4장 경제

제111조 ①대한민국의 경제질서는 개인의 경제상의 자유와 창의를 존중함을 기본으로 한다.

②국가는 모든 국민에게 생활의 기본적 수요를 충족시키는 사회정의의 실현과 균형있는 국민경제의 발전을 위하여 필요한 범위안에서 경제에 관한 규제와 조정을 한다.

제112조 광물 기타 중요한 지하자원·수산자원·수력과 경제상 이용할 수 있는 자연력은 법률이 정하는 바에 의하여 일정한 기간 그 채취·개발 또는 이용을 특허할 수 있다.

제113조 농지의 소작제도는 법률이 정하는 바에 의하여 금지된다.

제114조 국가는 농지와 산지의 효율적 이용을 위하여 법률이 정하는 바에 의하여 그에 관한 필요한 제한과 의무를 과할 수 있다.

제115조 국가는 농민·어민과 중소기업자의 자조를 기반으로 하는 협동조합을 육성하고 그 정치적 중립성을 보장한다.

제116조 국가는 대외무역을 육성하며 이를 규제·조정할 수 있다.

제117조 국방상 또는 국민경제상 긴절한 필요로 인하여 법률에 정한 경우를 제외하고는, 사영기업을 국유 또는 공유로 이전하거나 그 경영을 통제 또는 관리할 수 없다.

제118조 ①국민경제의 발전과 이를 위한 과학진흥에 관련되는 중요한 정책수립에 관하여 국무회의의 심의에 앞서 대통령의 자문에 응하기 위하여 경제·과학심의회의를 둔다.

②경제·과학심의회의는 대통령이 주재한다.

③경제·과학심의회의의 조직·직무범위 기타 필요한 사항은 법률로 정한다.

제5장 헌법개정

제119조 ①헌법개정의 제안은 국회의 재적의원 3분의 1이상 또는 국회의원선거권자 50만인이상의 찬성으로써 한다.

②제안된 헌법개정안은 대통령이 30일이상의 기간 이를 공고하여야 한다.

제120조 ①국회는 헌법개정안이 공고된 날로부터 60일이내에 이를 의결하여야 한다.

②헌법개정안에 대한 국회의 의결은 재적의원 3분의 2이상의 찬성을 얻어야 한다.

제121조 ①헌법개정안은 국회가 의결한 후 60일이내에 국민투표에 붙여 국회의원선거권자 과반수의 투표와 투표자 과반수의 찬성을 얻어야 한다.

②헌법개정안이 전항의 찬성을 얻은 때에는 헌법개정은 확정되며 대통령은 즉시 이를 공포하여야 한다.

부칙 [제6호, 1962. 12. 26.]

제1조 제1조 ①이 헌법은 이 헌법에 의한 국회가 처음으로 집회한 날로부터 시행한다. 다만, 이 헌법을 시행하기 위하여 필요한 법률의 제정과 이 헌법에 의한 대통령·국회의원의 선거 기타 준비는 이 헌법시행전에 할 수 있다.

②국가재건비상조치법은 이 헌법의 시행과 동시에 그 효력을 상실한다.

제2조 제2조 이 헌법에 의한 최초의 대통령과 국회의원의 선거 및 최초의 국회의 집회는 이 헌법의 공포일로부터 1년이내에 한다. 이에 의하여 선거된 대통령과 국회의원의 임기는 최초의 국회의 집회일로부터 개시되고 1967년 6월 30일에 종료된다.

제3조 제3조 국가재건비상조치법에 의거한 법령과 조약은 이 헌법에 위배되지 아니하는 한 그 효력을 지속한다.

제4조 제4조 ①특수범죄처벌에관한특별법·부정선거관련자처벌법·정치활동정화법 및 부정축재처리법과 이에 관련되는 법률은 그 효력을 지속하며 이에 대하여 이의를 할 수 없다.

②정치활동정화법 및 부정축재처리법과 이에 관련되는 법률은 이를 개폐할 수 없다.

제5조 제5조 국가재건비상조치법 또는 이에 의거한 법령에 의하여 행하여진 재판·예산 또는 처분은 그 효력을 지속하며 이 헌법을 이유로 제소할 수 없다.

제6조 제6조 이 헌법시행당시의 공무원과 정부가 임명한 기업체의 임원은 이

헌법에 의하여 임명된 것으로 본다. 다만, 이 헌법에 의하여 선임방법이 변경된 공무원은 이 헌법에 의하여 후임자가 선임될 때까지 그 직무를 행한다.

제7조 제7조 ①이 헌법시행당시에 이 헌법에 의하여 새로 설치될 기관의 권한에 속하는 직무를 행하고 있는 기관은 이 헌법에 의하여 새로운 기관이 설치될 때까지 계속하여 그 직무를 행한다.

②이 헌법에 의하여 새로 설치되는 기관은 이 헌법시행후 1년이내에 구성되어야 한다.

③이 헌법에 의한 최초의 지방의회의 구성시기에 관하여는 법률로 정한다.

제8조 제8조 국토수복후의 국회의원의 수는 따로 법률로 정한다.

제9조 제9조 이 헌법시행당시의 대통령령·국무원령과 각령은 이 헌법에 의한 대통령령으로 본다.

3. 제6차 개정 헌법(1969년 10월 21일)

(1) 개정 이유

제6대 대통령을 1967년 3월 24일(금) 공고하여 1967년 5월 3일(수) 국민의 직접 선거로 선출하였다. 그리고 제7대 대통령을 1971년 3월 23일(화) 공고하여 1971년 4월 27일(화) 국민의 직접 선거로 박정희를 선출하였다. 제6차 개헌[7대 국회]은 국민투표(1969.10.21.)를 통하여 대통령의 3기 계속 재임 허용, 국회의원 정원의 증가, 국회의원의 각료 겸직 허용, 대통령에 대한 탄핵 절차를 엄격화하였다.

대한민국헌법

[시행 1969. 10. 21.] [헌법 제7호, 1969. 10. 21., 일부개정]

개정이유[일부개정]

현행헌법이 제정·실시된 이래 오늘에 이르기까지의 헌정을 통하여 경험한 법률상의 미비점을 보완하는 동시에 현하 국내외정세에 비추어 시급한 정국의 안정·국방태세 확립 및 지속적인 경제성장 등의 제요청에 부응하기 위하여 개헌하려는 것임.

① 국회의원정수의 상한을 250명으로 확대함.

② 국회의원이 겸직할 수 없는 직을 법률로 정하도록 함.
③ 대통령에 대한 탄핵소추는 50인이상의 발의와 재적 3분의 2이상의 찬성을 얻도록 그 요건을 엄격히 함.
④ 대통령의 계속재임은 3기까지 할 수 있도록 함.

개정문

국회의 의결을 거쳐 국민투표에서 국회의원선거권자 과반수투표와 투표자 과반수찬성으로 확정된 헌법 개정의 건을 국무회의의 심의를 거쳐 이에 공포한다.

대통령 박정희 (인)

1969년 10월 21일

국무총리	정일권
국무위원 경제기획원 장관	김학렬
국무위원 외무부 장관	최규하
국무위원 내무부 장관	박경원
국무위원 재무부 장관	남덕우
국무위원 법무부 장관	이 호
국무위원 국방부 장관	임충식
국무위원 문교부 장관	홍종철
국무위원 농림부 장관	조시형
국무위원 상공부 장관	이낙선
국무위원 건설부 장관	이한림
국무위원 보건사회부 장관	김태동
국무위원 교통부 장관	백선엽
국무위원 체신부 장관	김보현
국무위원 문화공보부 장관	신범식
국무위원 총무처 장관	서일교
국무위원 과학기술처 장관	김기형
국무위원 국토통일원 장관	신태환

국무위원 김윤기

국무위원 김원태

(2) 제6차 개정 헌법(1969년 10월 21일)

대한민국헌법

[시행 1969. 10. 21.] [헌법 제7호, 1969. 10. 21., 일부개정]

전문

유구한 역사와 전통에 빛나는 우리 대한국민은 3·1운동의 숭고한 독립정신을 계승하고 4·19의거와 5·16혁명의 이념에 입각하여 새로운 민주공화국을 건설함에 있어서, 정의·인도와 동포애로써 민족의 단결을 공고히 하며 모든 사회적 폐습을 타파하고 민주주의 제제도를 확립하여 정치·경제·사회·문화의 모든 영역에 있어서 각인의 기회를 균등히 하고 의무를 완수하게 하여, 안으로는 국민생활의 균등한 향상을 기하고 밖으로는 항구적인 세계평화에 이바지함으로써 우리들과 우리들의 자손의 안전과 자유와 행복을 영원히 확보할 것을 다짐하여, 1948년 7월 12일에 제정된 헌법을 이제 국민투표에 의하여 개정한다.

1962년 12월 26일

제1장 총강

제1조 ①대한민국은 민주공화국이다.

②대한민국의 주권은 국민에게 있고, 모든 권력은 국민으로부터 나온다.

제2조 대한민국의 국민의 요건은 법률로 정한다.

제3조 대한민국의 영토는 한반도와 부속도서로 한다.

제4조 대한민국은 국제평화의 유지에 노력하고 침략적 전쟁을 부인한다.

제5조 ①이 헌법에 의하여 체결·공포된 조약과 일반적으로 승인된 국제법규는 국내법과 같은 효력을 가진다.

②외국인에 대하여는 국제법과 조약에 정한 바에 의하여 그 지위를 보장한다.

제6조 ①공무원은 국민전체에 대한 봉사자이며, 국민에 대하여 책임을 진다.

②공무원의 신분과 정치적 중립성은 법률이 정하는 바에 의하여 보장된다.

제7조 ①정당의 설립은 자유이며, 복수정당제는 보장된다.

②정당은 그 조직과 활동이 민주적이어야 하며, 국민의 정치적 의사형성에 참여하는데 필요한 조직을 가져야 한다.

③정당은 국가의 보호를 받는다. 다만, 정당의 목적이나 활동이 민주적 기본질서에 위배될 때에는 정부는 대법원에 그 해산을 제소할 수 있고, 정당은 대법원의 판결에 의하여 해산된다.

제2장 국민의 권리와 의무

제8조 모든 국민은 인간으로서의 존엄과 가치를 가지며, 이를 위하여 국가는 국민의 기본적 인권을 최대한으로 보장할 의무를 진다.

제9조 ①모든 국민은 법 앞에 평등하다. 누구든지 성별·종교 또는 사회적 신분에 의하여 정치적·경제적·사회적·문화적 생활의 모든 영역에 있어서 차별을 받지 아니한다.

②사회적 특수계급의 제도는 인정되지 아니하며, 어떠한 형태로도 이를 창설할 수 없다.

③훈장등의 영전은 이를 받은 자에게만 효력이 있고, 어떠한 특권도 이에 따르지 아니한다.

제10조 ①모든 국민은 신체의 자유를 가진다. 누구든지 법률에 의하지 아니하고는 체포·구금·수색·압수·심문 또는 처벌을 받지 아니하며, 형의 선고에 의하지 아니하고는 강제노역을 당하지 아니한다.

②모든 국민은 고문을 받지 아니하며, 형사상 자기에게 불리한 진술을 강요당하지 아니한다.

③체포·구금·수색·압수에는 검찰관의 신청에 의하여 법관이 발부한 영장을 제시하여야 한다. 다만, 현행범인인 경우와 장기 3년이상의 형에 해당하는 죄를 범하고 도피 또는 증거인멸의 염려가 있을 때에는 사후에 영장을 청구할 수 있다.

④누구든지 체포·구금을 받은 때에는 즉시 변호인의 조력을 받을 권리를 가진다. 다만, 법률이 정하는 경우에 형사피고인이 스스로 변호인을 구할 수 없을 때에는 국가가 변호인을 붙인다.

⑤누구든지 체포·구금을 받은 때에는 적부의 심사를 법원에 청구할 권리를

가진다. 사인으로부터 신체의 자유의 불법한 침해를 받은 때에도 법률이 정하는 바에 의하여 구제를 법원에 청구할 권리를 가진다.

⑥피고인의 자백이 고문·폭행·협박·구속의 부당한 장기화 또는 기망 기타의 방법에 의하여 자의로 진술된 것이 아니라고 인정될 때, 또는 피고인의 자백이 그에게 불리한 유일한 증거인 때에는, 이를 유죄의 증거로 삼거나 이를 이유로 처벌할 수 없다.

제11조 ①모든 국민은 행위시의 법률에 의하여 범죄를 구성하지 아니하는 행위로 소추되지 아니하며, 동일한 범죄에 대하여 거듭 처벌받지 아니한다.

②모든 국민은 소급입법에 의하여 참정권의 제한 또는 재산권의 박탈을 받지 아니한다.

제12조 모든 국민은 거주·이전의 자유를 가진다.

제13조 모든 국민은 직업선택의 자유를 가진다.

제14조 모든 국민은 주거의 침입을 받지 아니한다. 주거에 대한 수색이나 압수에는 법관의 영장을 제시하여야 한다.

제15조 모든 국민은 통신의 비밀을 침해받지 아니한다.

제16조 ①모든 국민은 종교의 자유를 가진다.

②국교는 인정되지 아니하며, 종교와 정치는 분리된다.

제17조 모든 국민은 양심의 자유를 가진다.

제18조 ①모든 국민은 언론·출판의 자유와 집회·결사의 자유를 가진다.

②언론·출판에 대한 허가나 검열과 집회·결사에 대한 허가는 인정되지 아니한다. 다만, 공중도덕과 사회윤리를 위하여는 영화나 연예에 대한 검열을 할 수 있다.

③신문이나 통신의 발행시설기준은 법률로 정할 수 있다.

④옥외집회에 대하여는 그 시간과 장소에 관한 규제를 법률로 정할 수 있다.

⑤언론·출판은 타인의 명예나 권리 또는 공중도덕이나 사회윤리를 침해하여서는 아니된다.

제19조 ①모든 국민은 학문과 예술의 자유를 가진다.

②저작자·발명가와 예술가의 권리는 법률로써 보호한다.

제20조 ①모든 국민의 재산권은 보장된다. 그 내용과 한계는 법률로 정한다.

②재산권의 행사는 공공복리에 적합하도록 하여야 한다.

③공공필요에 의한 재산권의 수용·사용 또는 제한은 법률로써 하되 정당한 보상을 지급하여야 한다.

第21조 모든 국민은 20세가 되면 법률이 정하는 바에 의하여 공무원선거권을 가진다.

第22조 모든 국민은 법률이 정하는 바에 의하여 공무담임권을 가진다.

第23조 ①모든 국민은 법률이 정하는 바에 의하여 국가기관에 문서로 청원할 권리를 가진다.

②국가는 청원에 대하여 심사할 의무를 진다.

第24조 ①모든 국민은 헌법과 법률에 정한 법관에 의하여 법률에 의한 재판을 받을 권리를 가진다.

②군인 또는 군속이 아닌 국민은 대한민국의 영역안에서는 군사에 관한 간첩죄의 경우와, 초병·초소·유해음식물공급·포로에 관한 죄 중 법률에 정한 경우, 및 비상계엄이 선포된 경우를 제외하고는, 군법회의의 재판을 받지 아니한다.

③모든 국민은 신속한 재판을 받을 권리를 가진다. 형사피고인은 상당한 이유가 없는 한 지체없이 공개재판을 받을 권리를 가진다.

第25조 형사피고인으로서 구금되었던 자가 무죄판결을 받은 때에는 법률이 정하는 바에 의하여 국가에 보상을 청구할 수 있다.

第26조 공무원의 직무상 불법행위로 손해를 받은 국민은 국가 또는 공공단체에 배상을 청구할 수 있다. 그러나, 공무원 자신의 책임은 면제되지 아니한다.

第27조 ①모든 국민은 능력에 따라 균등하게 교육을 받을 권리를 가진다.

②모든 국민은 그 보호하는 어린이에게 초등교육을 받게 할 의무를 진다.

③의무교육은 무상으로 한다.

④교육의 자주성과 정치적 중립성은 보장되어야 한다.

⑤교육제도와 그 운영에 관한 기본적인 사항은 법률로 정한다.

第28조 ①모든 국민은 근로의 권리를 가진다. 국가는 사회적·경제적 방법으로 근로자의 고용의 증진에 노력하여야 한다.

②모든 국민은 근로의 의무를 진다. 국가는 근로의 의무의 내용과 조건을 민

주주의원칙에 따라 법률로 정한다.

③근로조건의 기준은 법률로 정한다.

④여자와 소년의 근로는 특별한 보호를 받는다.

제29조 ①근로자는 근로조건의 향상을 위하여 자주적인 단결권·단체교섭권 및 단체행동권을 가진다.

②공무원인 근로자는 법률로 인정된 자를 제외하고는 단결권·단체교섭권 및 단체행동권을 가질 수 없다.

제30조 ①모든 국민은 인간다운 생활을 할 권리를 가진다.

②국가는 사회보장의 증진에 노력하여야 한다.

③생활능력이 없는 국민은 법률이 정하는 바에 의하여 국가의 보호를 받는다.

제31조 모든 국민은 혼인의 순결과 보건에 관하여 국가의 보호를 받는다.

제32조 ①국민의 자유와 권리는 헌법에 열거되지 아니한 이유로 경시되지 아니한다.

②국민의 모든 자유와 권리는 질서유지 또는 공공복리를 위하여 필요한 경우에 한하여 법률로써 제한할 수 있으며, 제한하는 경우에도 자유와 권리의 본질적인 내용을 침해할 수 없다.

제33조 모든 국민은 법률이 정하는 바에 의하여 납세의 의무를 진다.

제34조 모든 국민은 법률이 정하는 바에 의하여 국방의 의무를 진다.

제3장 통치기구

제1절 국회

제35조 입법권은 국회에 속한다.

제36조 ①국회는 국민의 보통·평등·직접·비밀선거에 의하여 선출된 의원으로 구성한다.

②국회의원의 수는 150인이상 250인이하의 범위안에서 법률로 정한다. [개정 1969. 10. 21.]

③국회의원 후보가 되려하는 자는 소속정당의 추천을 받아야 한다.

④국회의원의 선거에 관한 사항은 법률로 정한다.

제37조 국회의원의 임기는 4년으로 한다.

제38조 국회의원은 임기중 당적을 이탈하거나 변경한 때 또는 소속정당이 해산된 때에는 그 자격이 상실된다. 다만, 합당 또는 제명으로 소속이 달라지는 경우에는 예외로 한다.

제39조 국회의원은 법률이 정하는 공사의 직을 겸할 수 없다.

[전문개정 1969. 10. 21.]

제40조 국회의원은 그 지위를 남용하여 국가·공공단체 또는 법률이 정하는 기업체와의 계약 또는 그 처분에 의하여 재산상의 권리나 이익 또는 직위를 취득하거나 타인을 위하여 그 취득을 알선할 수 없다.

제41조 ①국회의원은 현행범인인 경우를 제외하고는 회기중 국회의 동의 없이 체포 또는 구금되지 아니한다.

②국회의원이 회기전에 체포 또는 구금된 때에는 현행범인이 아닌 한 국회의 요구가 있으면 회기중 석방된다.

제42조 국회의원은 국회에서 직무상 행한 발언과 표결에 관하여 국회외에서 책임을 지지 아니한다.

제43조 ①국회의 정기회는 법률이 정하는 바에 의하여 매년 1회 집회된다.

②긴급한 필요가 있을 때에는 대통령 또는 국회재적의원 4분의 1이상의 요구에 의하여 국회의장은 국회의 임시회의 집회를 공고한다.

③정기회의 회기는 120일을, 임시회의 회기는 30일을 초과할 수 없다.

제44조 국회는 의장 1인과 부의장 2인을 선거한다.

제45조 국회는 헌법 또는 법률에 특별한 규정이 없는 한 그 재적의원 과반수의 출석과 출석의원 과반수의 찬성으로 의결한다. 가부 동수인 때에는 부결된 것으로 본다.

제46조 국회의 회의는 공개한다. 다만, 출석의원 과반수의 찬성으로 공개하지 아니할 수 있다.

제47조 국회에 제출된 법률안 기타의 의안은 회기중에 의결되지 못한 이유로 폐기되지 아니한다. 다만, 국회의원의 임기가 만료된 때에는 예외로 한다.

제48조 국회의원과 정부는 법률안을 제출할 수 있다.

제49조 ①국회에서 의결된 법률안은 정부에 이송되어 15일이내에 대통령이 공포한다.

②법률안에 이의가 있을 때에는 대통령은 전항의 기간안에 이의서를 붙여 국회로 환부하고 그 재의를 요구할 수 있다. 국회의 폐회중에도 또한 같다.

③대통령은 법률안의 일부에 대하여, 또는 법률안을 수정하여 재의를 요구할 수 없다.

④재의의 요구가 있을 때에는 국회는 재의에 붙이고 재적의원 과반수의 출석과 출석의원 3분의 2이상의 찬성으로 전과 같은 의결을 하면 그 법률안은 법률로서 확정된다.

⑤대통령이 제1항의 기간안에 공포나 재의의 요구를 하지 아니한 때에도 그 법률안은 법률로서 확정된다.

⑥대통령은 제4항과 제5항의 규정에 의하여 확정된 법률을 지체없이 공포하여야 한다. 전항에 의하여 법률이 확정된 후 또는 제4항에 의한 확정법률이 정부에 이송된 후 5일이내에 대통령이 공포하지 아니할 때에는 국회의장이 이를 공포한다.

⑦법률은 특별한 규정이 없는 한 공포한 날로부터 20일을 경과함으로써 효력을 발생한다.

제50조 ①국회는 국가의 예산안을 심의·확정한다.

②정부는 회계연도마다 예산안을 편성하여 회계연도 개시 120일전까지 국회에 제출하고, 국회는 회계연도 개시 30일전까지 이를 의결하여야 한다.

③전항의 기간안에 예산안이 의결되지 못한 때에는 정부는 국회에서 예산안이 의결될 때까지 다음 각호의 경비를 세입의 범위안에서 전년도 예산에 준하여 지출할 수 있다.

1. 공무원의 보수와 사무처리에 필요한 기본경비
2. 헌법이나 법률에 의하여 설치된 기관 또는 시설의 유지비와 법률상 지출의 의무가 있는 경비
3. 이미 예산상 승인된 계속비

제51조 ①한 회계연도를 넘어 계속하여 지출할 필요가 있을 때에는 정부는 연한을 정하여 계속비로서 국회의 의결을 얻어야 한다.

②예측할 수 없는 예산외의 지출 또는 예산초과지출에 충당하기 위한 예비비는 미리 국회의 의결을 얻어야 한다. 예비비의 지출은 차기국회의 승인을 얻

어야 한다.

제52조 예산성립후에 생긴 사유로 인하여 예산에 변경을 가할 필요가 있을 때에는, 정부는 추가경정예산안을 편성하여 국회에 제출할 수 있다.

제53조 국회는 정부의 동의없이 정부가 제출한 지출예산 각항의 금액을 증가하거나 새 비목을 설치할 수 없다.

제54조 국채를 모집하거나 예산외에 국가의 부담이 될 계약을 체결하려 할 때에는, 정부는 미리 국회의 의결을 얻어야 한다.

제55조 조세의 종목과 세율은 법률로 정한다.

제56조 ①국회는 상호원조 또는 안전보장에 관한 조약, 국제조직에 관한 조약, 통상조약, 어업조약, 강화조약, 국가나 국민에게 재정적 부담을 지우는 조약, 외국군대의 지위에 관한 조약 또는 입법사항에 관한 조약의 체결·비준에 대한 동의권을 가진다.

②선전포고, 국군의 외국에의 파견 또는 외국군대의 대한민국영역안에서의 주류에 대하여도 국회는 동의권을 가진다.

제57조 국회는 국정을 감사하며, 이에 필요한 서류의 제출, 증인의 출석과 증언이나 의견의 진술을 요구할 수 있다. 다만, 재판과 진행중인 범죄수사·소추에 간섭할 수 없다.

제58조 국무총리·국무위원 또는 정부위원은 국회나 그 위원회에 출석하여 국정처리상황을 보고하거나 의견을 진술하고 질문에 응답할 수 있으며, 국회나 그 위원회 또는 국회의원 30인이상의 요구가 있을 때에는 출석·답변하여야 한다.

제59조 ①국회는 국무총리 또는 국무위원의 해임을 대통령에게 건의할 수 있다.

②전항의 건의는 재적의원 과반수의 찬성이 있어야 한다.

③제1항과 제2항에 의한 건의가 있을 때에는 대통령은 특별한 사유가 없는 한 이에 응하여야 한다.

제60조 ①국회는 법률에 저촉되지 아니하는 범위안에서 의사와 내부규율에 관한 규칙을 제정할 수 있다.

②국회는 의원의 자격을 심사하며 의원을 징계할 수 있다.

③의원을 제명하려면 재적의원 3분의 2이상의 찬성이 있어야 한다.

④제2항과 제3항의 처분에 대하여는 법원에 제소할 수 없다.

제61조 ①대통령·국무총리·국무위원·행정각부의 장·법관·중앙선거관리위원회위원·감사위원 기타 법률에 정한 공무원이 그 직무집행에 있어서 헌법이나 법률을 위배한 때에는 국회는 탄핵의 소추를 의결할 수 있다.

②전항의 탄핵소추는 국회의원 30인이상의 발의가 있어야 하며, 그 의결은 재적의원 과반수의 찬성이 있어야 한다. 다만, 대통령에 대한 탄핵소추는 국회의원 50인이상의 발의와 재적의원 3분의 2이상의 찬성이 있어야 한다. [개정 1969. 10. 21.]

③탄핵소추의 의결을 받은 자는 탄핵결정이 있을 때까지 그 권한행사가 정지된다.

제62조 ①탄핵사건을 심판하기 위하여 탄핵심판위원회를 둔다.

②탄핵심판위원회는 대법원장을 위원장으로 하고 대법원판사 3인과 국회의원 5인의 위원으로 구성한다. 다만, 대법원장을 심판할 경우에는 국회의장이 위원장이 된다.

③탄핵결정에는 구성원 6인 이상의 찬성이 있어야 한다.

④탄핵결정은 공직으로부터 파면함에 그친다. 그러나, 이에 의하여 민사상이나 형사상의 책임이 면제되지는 아니한다.

⑤탄핵심판에 관한 사항은 법률로 정한다.

제2절 정부

제1관 대통령

제63조 ①행정권은 대통령을 수반으로 하는 정부에 속한다.

②대통령은 외국에 대하여 국가를 대표한다.

제64조 ①대통령은 국민의 보통·평등·직접·비밀선거에 의하여 선출한다. 다만, 대통령이 궐위된 경우에 잔임 기간이 2년 미만인 때에는 국회에서 선거한다.

②대통령으로 선거될 수 있는 자는 국회의원의 피선거권이 있고 선거일 현재 계속하여 5년이상 국내에 거주하고 40세에 달하여야 한다. 이 경우에 공무로 외국에 파견된 기간은 국내 거주기간으로 본다.

③대통령후보가 되려 하는 자는 소속정당의 추천을 받아야 한다.

④대통령선거에 관한 사항은 법률로 정한다.

제65조 ①국민이 대통령을 선거하는 경우에 최고득표자가 2인이상인 때에는 국회의 재적의원 과반수가 출석한 공개회의에서 다수표를 얻은 자를 당선자로 한다.

②대통령 후보자가 1인일 때에는 그 득표수가 선거권자 총수의 3분의 1이상이 아니면 대통령으로 당선될 수 없다.

제66조 ①국회가 대통령을 선거하는 경우에는 재적의원 3분의 2이상의 출석과 출석의원 3분의 2이상의 찬성을 얻은 자를 대통령 당선자로 한다.

②전항의 득표자가 없는 때에는 2차 투표를 하고, 2차 투표에도 전항의 득표자가 없는 때에는 최고득표자가 1인이면 최고득표자와 차점자에 대하여, 최고득표자가 2인이상이면 최고득표자에 대하여, 결선투표를 함으로써 다수득표자를 대통령 당선자로 한다.

제67조 ①대통령의 임기가 만료되는 때에는 임기만료 70일 내지 40일전에 후임자를 선거한다.

②대통령이 궐위된 때에는 즉시 후임자를 선거한다. 대통령 당선자가 사망하거나 판결 기타의 사유로 그 자격을 상실한 때에도 또한 같다.

제68조 ①대통령은 취임에 즈음하여 다음의 선서를 한다.

"나는 국헌을 준수하고 국가를 보위하며 국민의 자유와 복리의 증진에 노력하여 대통령으로서의 직책을 성실히 수행할 것을 국민앞에 엄숙히 선서합니다."

②전항의 선서에는 국회의원과 대법원의 법관이 참석한다.

제69조 ①대통령의 임기는 4년으로 한다.

②대통령이 궐위된 경우의 후임자는 전임자의 잔임기간 중 재임한다.

③대통령의 계속 재임은 3기에 한한다. [개정 1969. 10. 21.]

제70조 대통령이 궐위되거나 사고로 인하여 직무를 수행할 수 없을 때에는 국무총리, 법률에 정한 국무위원의 순위로 그 권한을 대행한다.

제71조 대통령은 조약을 체결·비준하고 외교사절을 신임접수 또는 파견하며 선전포고와 강화를 한다.

제72조 ①대통령은 헌법과 법률이 정하는 바에 의하여 국군을 통수한다.

②국군의 조직과 편성은 법률로 정한다.

제73조 ①내우·외환·천재·지변 또는 중대한 재정·경제상의 위기에 있어서 공공의 안녕질서를 유지하기 위하여 긴급한 조치가 필요하고 국회의 집회를 기다릴 여유가 없을 때에 한하여, 대통령은 최소한으로 필요한 재정·경제상의 처분을 하거나 이에 관하여 법률의 효력을 가지는 명령을 발할 수 있다.

②국가의 안위에 관계되는 중대한 교전상태에 있어서 국가를 보위하기 위하여 긴급한 조치가 필요하고 국회의 집회가 불가능한 때에 한하여, 대통령은 법률의 효력을 가지는 명령을 발할 수 있다.

③제1항과 제2항의 명령 또는 처분은 지체없이 국회에 보고하여 그 승인을 얻어야 한다.

④전항의 승인을 얻지 못한 때에는 그 명령 또는 처분은 그 때부터 효력을 상실한다. 다만, 그 명령에 의하여 개정 또는 폐지되었던 법률은 그 명령이 승인을 얻지 못한 때부터 당연히 효력을 회복한다.

⑤대통령은 제3항과 제4항의 사유를 지체없이 공포하여야 한다.

제74조 대통령은 법률에서 구체적으로 범위를 정하여 위임받은 사항과 법률을 집행하기 위하여 필요한 사항에 관하여 대통령령을 발할 수 있다.

제75조 ①대통령은 전시·사변 또는 이에 준하는 국가비상사태에 있어서 병력으로써 군사상의 필요 또는 공공의 안녕질서를 유지할 필요가 있을 때에는 법률이 정하는 바에 의하여 계엄을 선포할 수 있다.

②계엄은 비상계엄과 경비계엄으로 한다.

③계엄이 선포된 때에는 법률이 정하는 바에 의하여 영장제도, 언론·출판·집회·결사의 자유, 정부나 법원의 권한에 관하여 특별한 조치를 할 수 있다.

④계엄을 선포한 때에는 대통령은 지체없이 국회에 통고하여야 한다.

⑤국회가 계엄의 해제를 요구한 때에는 대통령은 이를 해제하여야 한다.

제76조 대통령은 헌법과 법률이 정하는 바에 의하여 공무원을 임명한다.

제77조 ①대통령은 법률이 정하는 바에 의하여 사면·감형·복권을 명할 수 있다.

②일반사면을 명하려면 국회의 동의를 얻어야 한다.

③사면·감형·복권에 관한 사항은 법률로 정한다.

제78조 대통령은 법률이 정하는 바에 의하여 훈장 기타의 영전을 수여한다.

제79조 대통령은 국회에 출석하여 발언하거나 서한으로 의견을 표시할 수 있다.

第80조 대통령의 국법상 행위는 문서로써 하며, 이 문서에는 국무총리와 관계 국무위원이 부서한다. 군사에 관한 것도 또한 같다.

第81조 대통령은 국무총리·국무위원·행정각부의 장 기타 법률이 정하는 공사의 직을 겸하거나 영업에 종사할 수 없다.

第82조 대통령은 내란 또는 외환의 죄를 범한 경우를 제외하고는 재직중 형사상의 소추를 받지 아니한다.

제2관 국무회의

第83조 ①국무회의는 정부의 권한에 속하는 중요한 정책을 심의한다.

②국무회의는 대통령·국무총리와 10인 이상 20인 이하의 국무위원으로 구성한다.

第84조 ①국무총리는 대통령이 임명하고, 국무위원은 국무총리의 제청으로 대통령이 임명한다.

②군인은 현역을 면한 후가 아니면 국무총리 또는 국무위원으로 임명될 수 없다.

③국무총리는 국무위원의 해임을 대통령에게 건의할 수 있다.

第85조 ①대통령은 국무회의의 의장이 된다.

②국무총리는 대통령을 보좌하고 국무회의의 부의장이 된다.

第86조 다음 사항은 국무회의의 심의를 거쳐야 한다.

1. 국정의 기본적 계획과 정부의 일반정책
2. 선전·강화 기타 중요한 대외정책
3. 조약안·법률안과 대통령령안
4. 예산안·결산·국유재산처분의 기본계획, 국가의 부담이 될 계약 기타 재정에 관한 중요사항
5. 계엄과 해엄
6. 군사에 관한 중요사항
7. 국회의 임시회 집회의 요구
8. 영전수여
9. 사면·감형과 복권

10. 행정각부간의 권한의 획정
11. 정부안의 권한의 위임 또는 배정에 관한 기본계획
12. 국정처리 상황의 평가·분석
13. 행정각부의 중요한 정책의 수립과 조정
14. 정당해산의 제소
15. 정부에 제출 또는 회부된 정부의 정책에 관계되는 청원의 심사
16. 검찰총장·국립대학교총장·대사·각군참모총장·해병대사령관·공사 기타 법률에 정한 공무원과 중요한 국영기업체관리자의 임명
17. 기타 대통령·국무총리 또는 국무위원이 제출한 사항

제87조 ①국가안전보장에 관련되는 대외정책·군사정책과 국내정책의 수립에 관하여 국무회의의 심의에 앞서 대통령의 자문에 응하기 위하여 국가안전보장회의를 둔다.

②국가안전보장회의는 대통령이 주재한다.

③국가안전보장회의의 조직·직무범위 기타 필요한 사항은 법률로 정한다.

제3관 행정각부

제88조 행정각부의 장은 국무위원중에서 국무총리의 제청으로 대통령이 임명한다.

제89조 국무총리는 행정에 관하여 대통령의 명을 받아 행정각부를 통할한다.

제90조 국무총리 또는 행정각부의 장은 소관사무에 관하여 법률이나 대통령령의 위임 또는 직권으로 총리령 또는 부령을 발할 수 있다.

제91조 행정각부의 설치·조직과 직무범위는 법률로 정한다.

제4관 감사원

제92조 국가의 세입·세출의 결산, 국가 및 법률에 정한 단체의 회계 검사와 행정기관 및 공무원의 직무에 관한 감찰을 하기 위하여 대통령소속하에 감사원을 둔다.

제93조 ①감사원은 원장을 포함한 5인이상 11인이하의 감사위원으로 구성한다.

②원장은 국회의 동의를 얻어 대통령이 임명하며, 그 임기는 4년으로 하되 1차에 한하여 연임될 수 있다.

③원장이 궐위된 경우에 임명된 후임자의 임기는 전임자의 잔임기간으로 한다.

④감사위원은 원장의 제청으로 대통령이 임명하며, 그 임기는 4년으로 하되 법률이 정하는 바에 의하여 연임될 수 있다.

第94조 감사원은 세입·세출의 결산을 매년 검사하여 대통령과 차년도 국회에 그 결과를 보고하여야 한다.

第95조 감사원의 조직·직무범위·감사위원의 자격·감사대상공무원의 범위 기타 필요한 사항은 법률로 정한다.

제3절 법원

第96조 ①사법권은 법관으로 조직된 법원에 속한다.

②법원은 최고법원인 대법원과 각급법원으로 조직된다.

③법관의 자격은 법률로 정한다.

第97조 ①대법원에 부를 둘 수 있다.

②대법원의 법관의 수는 16인이하로 한다.

③대법원과 각급법원의 조직은 법률로 정한다.

第98조 법관은 이 헌법과 법률에 의하여 그 양심에 따라 독립하여 심판한다.

第99조 ①대법원장인 법관은 법관추천회의의 제청에 의하여 대통령이 국회의 동의를 얻어 임명한다. 대통령은 법관추천회의의 제청이 있으면 국회에 동의를 요청하고, 국회의 동의를 얻으면 임명하여야 한다.

②대법원판사인 법관은 대법원장이 법관추천회의의 동의를 얻어 제청하고 대통령이 임명한다. 이 경우에 제청이 있으면 대통령은 이를 임명하여야 한다.

③대법원장과 대법원판사가 아닌 법관은 대법원판사회의의 의결을 거쳐 대법원장이 임명한다.

④법관추천회의는 법관 4인, 변호사 2인, 대통령이 지명하는 법률학교수 1인, 법무부장관과 검찰총장으로 구성한다.

⑤법관추천회의에 관하여 필요한 사항은 법률로 정한다.

第100조 ①대법원장인 법관의 임기는 6년으로 하며 연임될 수 없다.

②법관의 임기는 10년으로 하며 법률이 정하는 바에 의하여 연임될 수 있다.

③법관의 정년은 65세로 한다.

제101조 ①법관은 탄핵 또는 형벌에 의하지 아니하고는 파면되지 아니하며, 징계처분에 의하지 아니하고는 정직·감봉 또는 불리한 처분을 받지 아니한다.

②법관이 중대한 심신상의 장해로 직무를 수행할 수 없을 때에는 법률이 정하는 바에 의하여 퇴직하게 할 수 있다.

제102조 ①법률이 헌법에 위반되는 여부가 재판의 전제가 된 때에는 대법원은 이를 최종적으로 심사할 권한을 가진다.

②명령·규칙·처분이 헌법이나 법률에 위반되는 여부가 재판의 전제가 된 때에는 대법원은 이를 최종적으로 심사할 권한을 가진다.

제103조 정당해산을 명하는 판결은 대법원 법관 정수의 5분의 3이상의 찬성을 얻어야 한다.

제104조 대법원은 법률에 저촉되지 아니하는 범위안에서 소송에 관한 절차, 법원의 내부규율과 사무처리에 관한 규칙을 제정할 수 있다.

제105조 재판의 심리와 판결은 공개한다. 다만, 심리는 안녕질서를 방해하거나 선량한 풍속을 해할 염려가 있을 때에는 법원의 결정으로 공개하지 아니할 수 있다.

제106조 ①군사재판을 관할하기 위하여 특별법원으로서 군법회의를 둘 수 있다.

②군법회의의 상고심은 대법원에서 관할한다.

③비상계엄하의 군사재판은 군인·군속의 범죄나 군사에 관한 간첩죄의 경우와, 초병·초소·유해음식물공급·포로에 관한 죄 중 법률에 정한 경우에 한하여 단심으로 할 수 있다.

제4절 선거관리

제107조 ①선거관리의 공정을 기하기 위하여 선거관리위원회를 둔다.

②중앙선거관리위원회는 대통령이 임명하는 2인, 국회에서 선출하는 2인과 대법원 판사회의에서 선출하는 5인의 위원으로 구성한다. 위원장은 위원중에서 호선한다.

③위원의 임기는 5년으로 하며 연임될 수 있다.

④위원은 정당에 가입하거나 정치에 관여할 수 없다.

⑤위원은 탄핵 또는 형벌에 의하지 아니하고는 파면되지 아니한다.

⑥중앙선거관리위원회는 법령의 범위안에서 선거의 관리에 관한 규칙을 제정할 수 있다.

⑦각급선거관리위원회의 조직·직무범위 기타 필요한 사항은 법률로 정한다.

제108조 ①선거운동은 각급선거관리위원회의 관리하에 법률에 정한 범위안에서 하되 균등한 기회가 보장되어야 한다.

②선거에 관한 경비는 법률이 정하는 경우를 제외하고는 정당 또는 후보자에게 부담시킬 수 없다.

제5절 지방자치

제109조 ①지방자치단체는 주민의 복리에 관한 사무를 처리하고 재산을 관리하며 법령의 범위안에서 자치에 관한 규정을 제정할 수 있다.

②지방자치단체의 종류는 법률로 정한다.

제110조 ①지방자치단체에는 의회를 둔다.

②지방의회의 조직·권한·의원선거와 지방자치단체의 장의 선임방법 기타 지방자치단체의 조직과 운영에 관한 사항은 법률로 정한다.

제4장 경제

제111조 ①대한민국의 경제질서는 개인의 경제상의 자유와 창의를 존중함을 기본으로 한다.

②국가는 모든 국민에게 생활의 기본적 수요를 충족시키는 사회정의의 실현과 균형있는 국민경제의 발전을 위하여 필요한 범위안에서 경제에 관한 규제와 조정을 한다.

제112조 광물 기타 중요한 지하자원·수산자원·수력과 경제상 이용할 수 있는 자연력은 법률이 정하는 바에 의하여 일정한 기간 그 채취·개발 또는 이용을 특허할 수 있다.

제113조 농지의 소작제도는 법률이 정하는 바에 의하여 금지된다.

제114조 국가는 농지와 산지의 효율적 이용을 위하여 법률이 정하는 바에 의하여 그에 관한 필요한 제한과 의무를 과할 수 있다.

제115조 국가는 농민·어민과 중소기업자의 자조를 기반으로 하는 협동조합을

육성하고 그 정치적 중립성을 보장한다.

제116조 국가는 대외무역을 육성하며 이를 규제·조정할 수 있다.

제117조 국방상 또는 국민경제상 긴절한 필요로 인하여 법률에 정한 경우를 제외하고는, 사영기업을 국유 또는 공유로 이전하거나 그 경영을 통제 또는 관리할 수 없다.

제118조 ①국민경제의 발전과 이를 위한 과학진흥에 관련되는 중요한 정책수립에 관하여 국무회의의 심의에 앞서 대통령의 자문에 응하기 위하여 경제·과학심의회의를 둔다.

②경제·과학심의회의는 대통령이 주재한다.

③경제·과학심의회의의 조직·직무범위 기타 필요한 사항은 법률로 정한다.

제5장 헌법개정

제119조 ①헌법개정의 제안은 국회의 재적의원 3분의 1이상 또는 국회의원선거권자 50만인이상의 찬성으로써 한다.

②제안된 헌법개정안은 대통령이 30일이상의 기간 이를 공고하여야 한다.

제120조 ①국회는 헌법개정안이 공고된 날로부터 60일이내에 이를 의결하여야 한다.

②헌법개정안에 대한 국회의 의결은 재적의원 3분의 2이상의 찬성을 얻어야 한다.

제121조 ①헌법개정안은 국회가 의결한 후 60일이내에 국민투표에 붙여 국회의원선거권자 과반수의 투표와 투표자 과반수의 찬성을 얻어야 한다.

②헌법개정안이 전항의 찬성을 얻은 때에는 헌법개정은 확정되며 대통령은 즉시 이를 공포하여야 한다.

부칙 [제7호, 1969. 10. 21.]

이 헌법은 공포한 날로부터 시행한다.

제6장

제4공화국 및 유신헌법

제6장 제4공화국 및 유신헌법

1. 정치 상황

1972년 10·17비상조치로 헌법 일부 효력 정지하고 국회를 해산(1972. 10. 17.~1972. 12. 27)하였다. 제4공화국 헌법 및 유신헌법은 1972년 10월유신(十月維新)으로 수립된 뒤 1979년 10·26사건으로 박정희 대통령이 서거하기까지의 유신체제와 그 이후에 들어선 최규하 정부 그리고 제8차 헌법 개정으로 제5공화국이 출범한 1981년 3월까지 지속된 대한민국의 네 번째 공화국이다.

1972년 10월 17일 대통령 박정희(朴正熙)는 전국에 비상계엄령을 선포하고, 국회해산 및 정당활동 중지, 헌법의 일부 효력 정지 및 비상국무회의 소집 등의 비상조치를 발표하였다. 정부는 11월 21일 국민투표를 실시하여 유신헌법을 확정하고 이 법에 따라 같은 해 12월 15일 국민의 직접선거로 통일주체국민회의 대의원 선거를 실시하였다. 같은 해 12월 23일 임기 6년인 2,359명의 대의원들로 구성된 통일주체국민회의는 제1차 회의를 열고 이른바 체육관 선거로 대통령을 선출하였고, 12월 27일 박정희가 제8대 대통령에 취임하였다. 이와 더불어 유신헌법을 공포함으로써 제4공화국이 정식 출범하였다.

이것이 이른바 10월유신이며, 유신체제에 의한 통치구조는 입법·행정·사법의 3권이 대통령 1인에게 집중된 절대적 대통령제였다. 대통령은 국회의원의 1/3을 추천하고, 국회해산권·긴급조치권 등을 가지며, 임기 6년에 중임할 수 있었다. 더욱이 대통령직선제를 폐지하고, 통일주체국민회의에서 간선제로 선출하도록 함으로써 사실상 박정희의 종신집권이 가능해졌다. 반면 국회는 국정감사권이 폐지되고, 연간 개회일수가 150일 이내로 제한되며, 주요권한이 통일주체국민회의로 이양되는 등 그 권한과 기능이 축소되었다.

제4공화국에서 한국의 민주주의는 부정되고, 정치는 파행의 길을 벗어나지 못하였다. 1973년 8월 8일 김대중 납치사건, 1974년 1월 8일 긴급조치 선포, 1975년 1월 22일 유신찬반투표 실시, 1975년 4월 고려대에 군 투입, 1979년 10월 4일 김영삼 총재 제명, 1979년 10월 부산·마산 지역에 계엄령·위수령 선포 등 유신체제가 붕괴될 때까지 정치적 갈등이 계속되었다. 그 뒤를 이은 최규하 정부는 무력하였으며, 쿠데타로 집권한 전두환 정부 역시 군사독재로 국민의 민주화 요구를 짓밟았다.

반면 제4공화국에서 경제는 꾸준히 성장하였다. 1인당 국민소득은 1972년 255달러였으나 80년에는 1,481달러로 5.8배 증가하였다. 정부 주도의 경제개발 5개년계획의 성공적 달성과 새마을운동의 확산으로 한국은 낙후된 농업국가에서 중화학공업국으로 발전하기 시작하였다. 그러나 정부의 수출지향적 정책으로 한국경제의 대외의존도가 심화되고, 성장제일주의 정책으로 빈익빈 부익부 현상이 나타났다. 한편, 외교·통일정책에서는 1973년 6·23특별선언을 통하여 일대 전환점을 마련하였다. 남북한 내정불간섭, 남북한 유엔동시가입 불반대, 북한의 국제기구 참가 묵인, 호혜평등의 원칙 아래 모든 국가에 대한 문호개방 등을 표명하였다.

2. 근거와 배경

1972년 11월 24일 국민투표에 회부되고, 12월 27일 공포·발효된 제7차 개정헌법(제4공화국 헌법, 이를 유신헌법이라고 함), 제53조 대통령의 긴급조치권에 의거, 대통령은 천재·지변 또는 중대한 재정·경제상의 위기에 처하거나, 국가의 안전보장 또는 공공의 안녕질서가 중대한 위협을 받거나 받을 우려가 있어 신속한 조치를 할 필요가 있다고 판단할 때에는 내정·외교·국방·경제·재정·사법 등 국정 전반에 걸쳐 필요한 긴급조치를 할 수 있다.

3선 개헌을 통하여 대통령에 당선된 당시 박정희 대통령은 월남사태 등 국제정세를 이유로 미국의 카터 대통령이 주한미군 감축을 주장하자 대내적으로는 공고한 단결, 대외적으로는 북한으로부터의 침략위협에 대비한다는 이유로 헌법개정을 추진하였다. 개정헌법은 국력을 조직화하고 능률을 극대화한다는 명분으로 대통령에게 권력을 집중시켰으며, 그 예가 국회의 통제를 받지 않고 국가의 안전보장 또는 공공질서를 위하여 국민의 기본권을 상당한 정도로 제한할 수 있는 대통령의 긴급조치권과 같은 규정을 도입하게 된다. 제4공화국 헌법이 발효되자 민주화 운동이 일부 정치인을 중심으로 일어나기 시작했으며 당시 박정희 대통령은 긴급조치를 통하여 민주화 회복, 유신헌법의 개정운동, 유정회 철폐주장을 하는 사람들을 탄압하기 시작하였다.

3. 경과와 내용

1974년 1월 8일 「대통령긴급조치」 제1호가 제정되었고, 1974년 1월 8일 「대통령긴급조치」 제2호가, 1974년 1월 14일 「대통령긴급조치」 제3호(국민생활의안정을위한대통령긴급조치)가 제정되었다. 1974년 4월 3일 「대통령긴급조치」 제4호가 제정되었고, 1974년 8월 23일 「대통령긴급조치」 제5호(대통령긴급조치 제1호와 동 제4호의 해제에 관한 긴급조치)가 제정되었다. 1974년 12월 31일 「대통령긴급조치」 제6호(대통령긴급조치 제3호의 해제조치)가 제정되었으며, 1975년 4월 8일 「대통령긴급조치」 제7호가 제정되었으며, 1975년 5월 13일 「대통령긴급조치」 제8호(대통령긴급조치 제7호의 해제조치)가 제정되었고, 1975년 5월 13일에 「대통령긴급조치」 제9호(국가안전과공공질서의수호를위한대통령긴급조치)가 제정되었다.

1974년 1월 8일에 제정된 「대통령긴급조치」 제1호는 대한민국 헌법을 부정·반대·왜곡 또는 비방하는 일체의 행위를 금하며, 대한민국 헌법의 개정 또는 폐지를 주장·발의·제안, 또는 청원하는 일체의 행위를 금하는 내용으로 구성되어 있다. 또한 유언비어를 날조, 유포하는 일체의 행위를 금하고, 위에서 금한 행위를 권유·선동·선전하거나, 방송·보도·출판 기타 방법으로 이를 타인에게 알리는 일체의 언동을 금하였다. 이 조치에 위반한 자와 이 조치를 비방한 자는 법관의 영장 없이 체포·구속·압수·수색하며 15년 이하의 징역에 처하고, 이 경우에는 15년 이하의 자격정지를 병과할 수 있으며, 이 조치에 위반한 자와 이 조치를 비방한 자는 비상군법회의에서 심판, 처단한다. 이 조치는 1974년 1월 8일 17시부터 시행되었다.

「대통령긴급조치」 제2호에서는 「대통령긴급조치」를 위반한 자를 심판하기 위하여 비상군법회의를 설치하였다. 비상군법회의는 「대통령긴급조치」를 위반한 자가 범한 일체의 범죄를 관할, 심판하며, 비상군법회의의 심판권은 심판부에서 행한다. 비상고등군법회의에 심판부 1부를 두며, 심판부는 7인의 재판관(재판장: 국군현역장관급장교 1인, 법무사: 군법무관 1인, 심판관: 국군현역장관급장교 2인과 판사, 검사 또는 변호사의 자격이 있는 자 3인)으로 구성하고, 심판부 3부를 두며, 심판부는 5인의 재판관(재판장: 국군현역장관급장교 1인, 법무사: 군법무관 1인, 심판관: 국군현역장관급장교 1인과 판사, 검사 또는 변호사의 자격이 있는 자 2인)으로 구성된다. 비상고등군법회의와 비상보통군법회의에 검찰부를 각 부치하며, 각 검찰부의 관할은 각 비상군법회의의 관할에 의하고, 비상고등군법회의 검찰부에는 3인 이내의 검찰관을, 비상보통군법회의 검찰부에는 12인 이내의 검찰관을 두었다. 비상군법회의 검찰관은 비상군법회의 관할사건에 관하여 「검찰청법」, 「형사소송법」과 「군법회의법」에 의한 검사와 군검찰관의 권한과 직무, 일반 및 특별사법경찰관리에 대한 수사지휘·감독·검사 또는 군검찰관에 대한 수사협조요구 권한과 직무를 행하도록 하였다. 비상군법회의의 재판관과 검찰관은 국방부장관의 의견을 들어 국군·현역장관급장교와 군법무관 중에서 법무부장관의 의견을 들어 판사·검사 또는 변호사의 자격이 있는 자 중에서 대통령이 임명하였다. 이 경우 검찰관은 군법무관과 검사 중에서 임명하였다.

이 조치에 의하면 중앙정보부장은 비상군법회의 관할사건의 정보, 수사 및 보안업무를 조정, 감독할 수 있었다. 또한 이 긴급조치에 정하지 않은 사항은 「군법회의법」을 준용하였으며, 이 경우 비상고등군법회의는 국방부본부 고등군법회의로, 비상보통군법회의는 국방부본부 보통군법회의가 대신하였다. 다만, 「군법회의법」 제132조, 제238조, 제239조 및 제241조의 규정은 준용하지 아니하고, 구속기간의 제한을 받지 않도록 하였다. 비상군법회의 관할사건에 관하여 체포, 구속, 압수 또는 수색을 함에 있어서 관할관의 영장이 필요한 경우에는 검찰관이 이를 발부할 수 있다. 또, 심판 또는 수사상 필요한 때에는 재판장은 피고인에 대하여, 검찰관은 피의자에 대하여 적당한 조건을 붙이거나 감호자를 두어 병원, 주거, 기타 일정한 장소에 거주하도록 주거의 제한을 명할 수 있으며, 이 주거제한명령을 위반한 자는 5년 이하의 징역에 처하였다. 비상고등군법회의 관할관은 법무부장관과 협의하여 비상군법회의의 내부규율과 사무처리에 관한 사항을 정할 수 있으며, 고등법원 또는 지방법원은 그 법원에 계속 중인 「대통령긴급조치」를 위반한 자에 대한 형사사건을 비상군법회의에 이송하여야 하였다.

이 긴급조치는 1974년 1월 8일 17시부터 시행되었고, 1974년 8월 23일 「대통령긴급조치」 제5호(대통령긴급조치 제1호와 동 제4호의 해제에 관한 긴급조치)가 제정됨으로 해제되었다. 1974년 4월 3일 「대통령긴급조치」 제4호가 제정되었다. 그 내용은 "전국민주청소년학생총연맹과 이에 관련되는 제 단체를 조직 하거나 또는 이에 가입하거나, 그 구성원과 회합, 또는 통신 기타 방법으로 연락하거나, 그 구성원의 잠복, 회합·연락 그 밖의 활동을 위하여 장소·물건·금품 기타의 편의를 제공하거나, 기타 방법으로 단체나 구성원의 활동에 직접 또는 간접으로 관여하는 일체의 행위를 금하며, 단체나 그 구성원의 활동에 관한 문서, 도화·음반 기타 표현물을 출판·제작·소지·배포·전시 또는 판매하는 일체의 행위를 금하고, 위에 금한 행위를 권유, 선동 또는 선전하는 일체의 행위를 금한다"라고 되어 있다. 이 소치 선포 진에 위에서 금한 행위를 한 자는 "1974년 4월 8일까지 그 행위내용의 전부를 수사·정보기관에 출석하여 숨김없이 고지하여야 하며, 위 기간내에 출석·고지한 행위에 대하여는 처벌하지 아니한다"고 하였으며, 이후 "학생의 부당한 이유 없는 출석·수업 또는 시험의 거부, 학교 관계자 지도·감독하의 정상적 수업·연구활동을 제외한 학교 내외의 집회·시위·성토·농성 기타 일체의 개별적·집단적 행위를 금한다"고 하였다. 단, 의례적·비정치적 활동은 예외로 하였다. 이 외에 「대통령긴급조치」 제4호에서 금한 행위를 권유, 선동 또는 선전하거나 방송·보도·출판 기타 방법으로 타인에게 알리는 일체의 행위를 금하도록 하였다.

문교부장관은 「대통령긴급조치」에 위반한 학생에 대한 퇴학 또는 정학의 처분이나 학생의 조직, 결사 기타 학생단체의 해산 또는 이 조치 위반자가 소속된 학교의 폐교처분을 할 수 있으며, 학교의 폐교에 따르는 제반 조치는 따로 문교부장관이 정하도록 하였다.

이에 의한 문교부장관의 처분에 위반한 자 및 이 조치를 비방한 자는 사형, 무기 또는 5년 이하의 유기징역에 처하고, 유기징역에 처하는 경우에는 15년 이하의 자격 정지를 병과할 수 있으며, 미수에 그치거나 예비, 음모한 자도 처벌한다. 이 조치에 위반한 자는 법관의 영장 없이 체포·구속·압수·수색하며 「비상군법회의」에서 심판 처단한다. 비상군법회의의 검찰관은 대통령긴급조치 위반자에 대하여 소추를 하지 아니할 때에도 압수한 서류 또는 물품의 국고귀속을 명할 수 있으며, 군지역사령관은 서울특별시장, 부산시장 또는 도지사로부터 치안질서 유지를 위한 병력출동의 요청을 받은 때에는 이에 응하여 지원하여야 한다. 이 조치는 1974년 4월 3일 22시부터 시행되었다가. 1974년 8월 23일 「대통령긴급조치」 제5호(대통령긴급조치 제1호와 동 제4호의 해제에 관한 긴급조치)가 제정됨으로 인하여 해제되었다.

1975년 5월 13일에 「대통령긴급조치」 제9호(국가안전과 공공질서의 수호를 위한 대통령긴급조치)가 제정되었고, 유언비어를 날조·유포하거나 사실을 왜곡하여 전파하는 행위, 집회·시위 또는 신문, 방송, 통신 등 공중전파수단이나 문서, 도화, 음반 등 표현물에 의하여 대한민국 헌법을 부정·반대·왜곡 또는 비방하거나 그 개정 또는 폐지를 주장·청원·선동 또는 선전하는 행위, 학교당국의 지도, 감독하에 행하는 수업, 연구 또는 학교장의 사전 허가를 받았거나 기타 의례적 비정치적 활동을 제외한, 학생의 집회·시위 또는 정치 관여행위, 이 조치를 공연히 비방하는 행위, 위에 위반한 내용을 방송·보도 기타의 방법으로 공연히 전파하거나, 그 내용의 표현물을 제작·배포·판매·소지 또는 전시하는 행위를 금하고, 재산을 도피시킬 목적으로, 대한민국 또는 대한민국 국민의 재산을 국외에 이동하거나 국내에 반입될 재산을 국외에 은닉 또는 처분하는 행위를 금하고, 관계서류의 허위기재 기타 부정한 방법으로 해외이주의 허가를 받거나 국외에 도피하는 행위를 금하였다. 주무부장관은 이 조치위반자·범행 당시의 그 소속 학교, 단체나 사업체 또는 그 대표자나 장에 대하여 대표자나 장에 대한 소속임직원·교직원 또는 학생의 해임이나 제적의 명령, 대표자나 장·소속 임직원·교직원이나 학생의 해임 또는 제적의 조치, 방송·보도·제작·판매 또는 배포의 금지조치, 휴업·휴교·정간·폐간·해산 또는 폐쇄의 조치, 승인·등록·인가·허가 또는 면허의 취소조치의 명령이나 조치를 할 수 있다. 국회의원이 국회에서 직무상 행한 발언은 이 조치에 저촉되더라도 처벌하지 아니하며, 다만, 그 발언을 방송·보도 기타의 방법으로 공연히 전파한 자는 그러하지 아니하고, 이 조치 또는 이에 의한 주무부장관의 조치를 위반한 자는 1년 이상의 유기징역에 처하며, 이 경우에는 10년 이하의 자격정지를 병과하고, 미수에 그치거나 예비 또는 음모한 자도 또한 같다. 이 조치 또는 이에 의한 주무부장관의 조치를 위반한 자는 법관의 영장 없이 체포·구금·압수 또는 수색할 수 있고, 이 조치 시행 후, 「특정범죄 가중처벌 등에 관한 법률」 제2조(뇌물죄의 가중처벌)의 죄를 범한 공무원이나 정부관리기업체의 간부직원 또는 동법 제5조(국고손실)의 죄를 범한 회계관계직원 등에 대하여는, 동법 각조에 정한 형에, 수뢰액 또는 국고손실액의 10배에 해당하는 벌금을 병과하며, 이 조치위반의 죄는 일반법원에서 심판한다. 이 조치의 시행을 위하여 필요한 사항은 주무부장관이 정하고, 국방부장관은 서울특별시장·부산시장 또는 도지사로부터 치안질서 유지를 위한 병력출동의 요청을 받은 때에는 이에 응하여 지원할 수 있으며, 이 조치에 의한 주무부장관의 명령이나 조치는 사법적 심사의 대상이 되지 아니한다. 이 조치는 1975년 5월 13일 15시부터 시행되었다.

4. 제7차 개정 헌법(1972년 12월 27일)

제7차 개헌[비상국무 회의]은 국민투표(1972. 12. 27.)를 통하여 평화적 통일 지향, 통일주체국민회의 신설, 대통령 간선제와 지위 강화, 국회와 법원의 지위 약화, 정당국가적 경향의 지향, 헌법위원회 신설, 헌법 개정 절차의 2원화, 비상조치권 신설, 기본권을 많이 제한하였다. 1972년 10월유신 후, 제4공화국 헌법[유신헌법]의 등장은 전문개정으로 실질상 헌법제정에 해당한다고 볼 수 있다.

(1) 개정 이유

제8대 대통령을 1972년 12월 18일(월) 공고하여 1972년 12월 23일(토) 통일주체국민회의에서 간접 선거로 박정희를 선출하였다.

대한민국헌법

[시행 1972. 12. 27.] [헌법 제8호, 1972. 12. 27., 전부개정]

개정이유[전문개정]

조국의 평화통일이라는 역사적 사명을 완수하기 위하여 민주주의의 한국적 토착화를 기하고 국력을 조직화하여 능률을 극대화할 수 있도록 통치기구와 관계제도를 개혁하는 한편 정치·경제·사회·문화 등 모든 영역에서 안정을 유지하고 번영의 기반을 확고히 하며, 국민의 기본권을 우리나라의 실정에 알맞게 최대한으로 보장하는 외에 민족의 활로를 개척함으로써 국제사회에서 우리나라의 영광을 드높이고 영구적 세계평화에 이바지하고자 개헌하려는 것임.

① 조국의 평화적 통일을 추진하기 위한 온 국민의 총의에 의한 국민적 조직체로서 통일주체국민회의를 신설하여 이것을 국민의 주권적 수임기관으로 함.

② 통일주체국민회의는 국민의 직접선거에 의하여 선출된 대의원으로 구성하고 대의원은 6년의 임기를 가지며, 정당에 가입할 수 없고 국회의원과 법률이 정하는 공직을 가질 수 없도록 함.

③ 통일주체국민회의는 통일정책을 심의결정하고, 대통령을 선출하며, 대통령이 추천한 국회의원정수 3분의 1에 해당하는 수의 국회의원을 선거하고, 국회에서 의결된 헌법개정안을 최종적으로 확정하는 권한을 가지도록 함.

④ 능률의 극대화와 강력한 국력조직을 목적으로 대통령에게 입법·사법·행정의 조정적 기능을 위한 중립적 권한외에 국정의 중요한 사항을 좌우하는 국가적 권력을 부여하는 국가권력구조를 채택함.

⑤ 대통령은 통일주체국민회의에서 선출되고, 6년의 임기를 가지며 연임에 제한을 두지 아니함.

⑥ 종전에 실시되어 오던 국회의 국정감사권을 삭제하고, 국회회기를 단축하여 정기국회의 회기를 90일, 임시회의 회기를 30일로 하고 정기회·임시회를 합하여 150일을 초과할 수 없게 함.

⑦ 대통령이나 국회의원의 입후보요건으로 소속정당의 추천을 필수조건으로 한다는 종래의 헌법규정을 폐기하여 정당국가적 경향을 지양함.

⑧ 위헌법률심사권을 법원에 부여하였던 제3공화국 헌법상의 제도를 폐지하고, 제1공화국에서 채택하였던 헌법위원회제도를 부활시켜 위헌법률심사권과 아울러 탄핵 및 정당의 해산에 관한 심판권도 부여함.

⑨ 지방의회는 조국통일이 이루어질 때까지 구성하지 않음을 명시함.

⑩ 대통령에게 헌법개정안제출권을 인정하고 이것은 국회의 의결을 거치지 않고 바로 국민투표에 부쳐 결정되도록 함.

개정문

1972년 11월 21일 실시한 국민투표에서 국회의원 선거권자 과반수의 투표와 과반수의 찬성으로 확정된 헌법개정을 국무회의 심의를 거쳐 이에 공포한다.

대통령　박정희 (인)

1972년 12월 27일

국무총리	김종필
국무위원 경제기획원 장관	태완선
국무위원 외무부 장관	김용식
국무위원 내무부 장관	김현옥
국무위원 재무부 장관	남덕우
국무위원 법무부 장관	신직수
국무위원 국방부 장관	유재흥
국무위원 문교부 장관	민관식
국무위원 농림부 장관	김보현
국무위원 상공부 장관	이낙선
국무위원 건설부 장관	장예준
국무위원 보건사회부 장관	이경호
국무위원 교통부 장관	김　신
국무위원 체신부 장관	신상철
국무위원 문화공보부 장관	윤주영
국무위원 총무처 장관	서일교
국무위원 과학기술처 장관	최형섭
국무위원 국토통일원 장관	김영선
국무위원	이병희
국무위원	이병옥

(2) 제7차 개정 헌법(1972년 12월 27일)

대한민국헌법

[시행 1972. 12. 27.] [헌법 제8호, 1972. 12. 27., 전부개정]

전문

유구한 역사와 전통에 빛나는 우리 대한국민은 3·1운동의 숭고한 독립정신과 4·19의거 및 5·16혁명의 이념을 계승하고 조국의 평화적 통일의 역사적 사명에 입각하여 자유민주적 기본질서를 더욱 공고히 하는 새로운 민주공화국을 건설함에 있어서, 정치·경제·사회·문화의 모든 영역에 있어서 각인의 기회를 균등히 하고 능력을 최고도로 발휘하게 하며 책임과 의무를 완수하게 하여, 안으로는 국민생활의 균등한 향상을 기하고 밖으로는 항구적인 세계평화에 이바지함으로써 우리들과 우리들의 자손의 안전과 자유와 행복을 영원히 확보할 것을 다짐하면서, 1948년 7월 12일에 제정되고 1962년 12월 26일에 개정된 헌법을 이제 국민투표에 의하여 개정한다.

1972년 11월 24일

제1장 총강

제1조 ①대한민국은 민주공화국이다.

②대한민국의 주권은 국민에게 있고, 국민은 그 대표자나 국민투표에 의하여 주권을 행사한다.

제2조 대한민국의 국민의 요건은 법률로 정한다.

제3조 대한민국의 영토는 한반도와 부속도서로 한다.

제4조 대한민국은 국제평화의 유지에 노력하고 침략적 전쟁을 부인한다.

제5조 ①이 헌법에 의하여 체결·공포된 조약과 일반적으로 승인된 국제법규는 국내법과 같은 효력을 가진다.

②외국인에 대하여는 국제법과 조약에 정한 바에 의하여 그 지위를 보장한다.

제6조 ①공무원은 국민전체에 대한 봉사자이며, 국민에 대하여 책임을 진다.

②공무원의 신분과 정치적 중립성은 법률이 정하는 바에 의하여 보장된다.

제7조 ①정당의 설립은 자유이며, 복수정당제는 보장된다.

②정당은 그 조직과 활동이 민주적이어야 하며, 국민의 정치적 의사형성에 참여 하는데 필요한 조직을 가져야 한다.

③정당은 법률이 정하는 바에 의하여 국가의 보호를 받는다. 다만, 정당의 목적이나 활동이 민주적 기본질서에 위배되거나 국가의 존립에 위해가 될 때에는 정부는 헌법위원회에 그 해산을 제소할 수 있고, 정당은 헌법위원회의 결정에 의하여 해산된다.

제2장 국민의 권리와 의무

제8조 모든 국민은 인간으로서의 존엄과 가치를 가지며, 이를 위하여 국가는 국민의 기본적 인권을 최대한으로 보장할 의무를 진다.

제9조 ①모든 국민은 법 앞에 평등하다. 누구든지 성별·종교 또는 사회적 신분에 의하여 정치적·경제적·사회적·문화적 생활의 모든 영역에 있어서 차별을 받지 아니한다.

②사회적 특수계급의 제도는 인정되지 아니하며, 어떠한 형태로도 이를 창설할 수 없다.

③훈장 등의 영전은 이를 받은 자에게만 효력이 있고, 어떠한 특권도 이에 따르지 아니한다.

제10조 ①모든 국민은 신체의 자유를 가진다. 누구든지 법률에 의하지 아니하고는 체포·구금·압수·수색·심문·처벌·강제노역과 보안처분을 받지 아니한다.

②모든 국민은 고문을 받지 아니하며, 형사상 자기에게 불리한 진술을 강요당하지 아니한다.

③체포·구금·압수·수색에는 검사의 요구에 의하여 법관이 발부한 영장을 제시하여야 한다. 다만, 현행범인인 경우와 죄를 범하고 도피 또는 증거인멸의 염려가 있을 때에는 사후에 영장을 요구할 수 있다.

④누구든지 체포·구금을 받은 때에는 즉시 변호인의 조력을 받을 권리를 가진다. 다만, 법률이 정하는 경우에 형사피고인이 스스로 변호인을 구할 수 없을 때에는 국가가 변호인을 붙인다.

제11조 ①모든 국민은 행위시의 법률에 의하여 범죄를 구성하지 아니하는 행위로 소추되지 아니하며, 동일한 범죄에 대하여 거듭 처벌받지 아니한다.

②모든 국민은 소급입법에 의하여 참정권의 제한 또는 재산권의 박탈을 받지 아니한다.

제12조 모든 국민은 법률에 의하지 아니하고는 거주·이전의 자유를 제한받지 아니한다.

제13조 모든 국민은 법률에 의하지 아니하고는 직업선택의 자유를 제한받지 아니한다.

제14조 모든 국민은 법률에 의하지 아니하고는 주거의 자유를 침해받지 아니한다. 주거에 대한 압수나 수색에는 검사의 요구에 의하여 법관이 발부한 영장을 제시하여야 한다.

제15조 모든 국민은 법률에 의하지 아니하고는 통신의 비밀을 침해받지 아니한다.

제16조 ①모든 국민은 종교의 자유를 가진다.

②국교는 인정하지 아니하며, 종교와 정치는 분리된다.

제17조 모든 국민은 양심의 자유를 가진다.

제18조 모든 국민은 법률에 의하지 아니하고는 언론·출판·집회·결사의 자유를 제한받지 아니한다.

제19조 ①모든 국민은 학문과 예술의 자유를 가진다.

②저작자·발명가와 예술가의 권리는 법률로써 보호한다.

제20조 ①모든 국민의 재산권은 보장된다. 그 내용과 한계는 법률로 정한다.

②재산권의 행사는 공공복리에 적합하도록 하여야 한다.

③공공필요에 의한 재산권의 수용·사용 또는 제한 및 그 보상의 기준과 방법은 법률로 정한다.

제21조 모든 국민은 20세가 되면 법률이 정하는 바에 의하여 선거권을 가진다.

제22조 모든 국민은 법률이 정하는 바에 의하여 공무담임권을 가진다.

제23조 ①모든 국민은 법률이 정하는 바에 의하여 국가기관에 문서로 청원할 권리를 가진다.

②국가는 청원에 대하여 심사할 의무를 진다.

제24조 ①모든 국민은 헌법과 법률에 정한 법관에 의하여 법률에 의한 재판을 받을 권리를 가진다.

②군인 또는 군속이 아닌 국민은 대한민국의 영역 안에서는 군사에 관한 간첩죄의 경우와, 초병·초소·유해음식물공급·포로에 관한 죄 중 법률에 정한 경우 및 비상계엄이 선포되거나 대통령이 법원의 권한에 관하여 긴급조치를 한 경우를 제외하고는 군법회의의 재판을 받지 아니한다.

③모든 국민은 신속한 재판을 받을 권리를 가진다. 형사피고인은 상당한 이유가 없는 한 지체없이 공개재판을 받을 권리를 가진다.

第25조 형사피고인으로서 구금되었던 자가 무죄판결을 받은 때에는 법률이 정하는 바에 의하여 국가에 보상을 청구할 수 있다.

第26조 ①공무원의 직무상 불법행위로 손해를 받은 국민은 법률이 정하는 바에 의하여 국가 또는 공공단체에 배상을 청구할 수 있다. 그러나, 공무원 자신의 책임은 면제되지 아니한다.

②군인·군속·경찰공무원 기타 법률로 정한 자가 전투·훈련등 직무집행과 관련하여 받은 손해에 대하여는 법률이 정한 보상 이외에 국가나 공공단체에 공무원의 직무상 불법행위로 인한 배상은 청구할 수 없다.

第27조 ①모든 국민은 능력에 따라 균등하게 교육을 받을 권리를 가진다

②모든 국민은 그 보호하는 자녀에게 적어도 초등교육과 법률이 정하는 교육을 받게 할 의무를 진다.

③의무교육은 무상으로 한다.

④교육의 자주성과 정치적 중립성은 보장되어야 한다.

⑤교육제도와 그 운영에 관한 기본적인 사항은 법률로 정한다.

第28조 ①모든 국민은 근로의 권리를 가진다. 국가는 사회적·경제적 방법으로 근로자의 고용의 증진에 노력하여야 한다.

②모든 국민은 근로의 의무를 진다. 국가는 근로의 의무의 내용과 조건을 민주주의원칙에 따라 법률로 정한다.

③근로조건의 기준은 법률로 정한다.

④여자와 소년의 근로는 특별한 보호를 받는다.

第29조 ①근로자의 단결권·단체교섭권 및 단체행동권은 법률이 정하는 범위안에서 보장된다.

②공무원인 근로자는 법률로 인정된 자를 제외하고는 단결권·단체교섭권 또

는 단체행동권을 가질 수 없다.

③공무원과 국가·지방자치단체·국영기업체·공익사업체 또는 국민경제에 중대한 영향을 미치는 사업체에 종사하는 근로자의 단체행동권은 법률이 정하는 바에 의하여 이를 제한하거나 인정하지 아니할 수 있다.

第30조 ①모든 국민은 인간다운 생활을 할 권리를 가진다.

②국가는 사회보장의 증진에 노력하여야 한다.

③생활능력이 없는 국민은 법률이 정하는 바에 의하여 국가의 보호를 받는다.

第31조 모든 국민은 혼인의 순결과 보건에 관하여 국가의 보호를 받는다.

第32조 ①국민의 자유와 권리는 헌법에 열거되지 아니한 이유로 경시되지 아니한다.

②국민의 자유와 권리를 제한하는 법률의 제정은 국가안전보장·질서유지 또는 공공복리를 위하여 필요한 경우에 한한다.

第33조 모든 국민은 법률이 정하는 바에 의하여 납세의 의무를 진다.

第34조 모든 국민은 법률이 정하는 바에 의하여 국방의 의무를 진다.

제3장 통일주체국민회의

第35조 통일주체국민회의는 조국의 평화적 통일을 추진하기 위한 온 국민의 총의에 의한 국민적 조직체로서 조국통일의 신성한 사명을 가진 국민의 주권적 수임기관이다.

第36조 ①통일주체국민회의는 국민의 직접선거에 의하여 선출된 대의원으로 구성한다.

②통일주체국민회의 대의원의 수는 2,000인 이상 5,000인 이하의 범위 안에서 법률로 정한다.

③대통령은 통일주체국민회의의 의장이 된다.

④통일주체국민회의 대의원의 선거에 관한 사항은 법률로 정한다.

第37조 ①통일주체국민회의 대의원으로 선거될 수 있는 자는 국회의원의 피선거권이 있고 선거일 현재 30세에 달한 자로서 조국의 평화적 통일을 위하여 국민주권을 성실히 행사할 수 있는 자라야 한다.

②통일주체국민회의 대의원으로 선거될 수 있는 자의 자격에 관하여는 법률

로 정한다.

③통일주체국민회의 대의원은 정당에 가입할 수 없으며, 국회의원과 법률이 정하는 공직을 겸할 수 없다.

④통일주체국민회의 대의원의 임기는 6년으로 한다.

제38조 ①대통령은 통일에 관한 중요정책을 결정하거나 변경함에 있어서, 국론통일을 위하여 필요하다고 인정할 때에는 통일주체국민회의의 심의에 붙일 수 있다.

②제1항의 경우에 통일주체국민회의에서 재적대의원 과반수의 찬성을 얻은 통일정책은 국민의 총의로 본다.

제39조 ①대통령은 통일주체국민회의에서 토론없이 무기명투표로 선거한다.

②통일주체국민회의에서 재적대의원 과반수의 찬성을 얻은 자를 대통령당선자로 한다.

③제2항의 득표자가 없는 때에는 2차 투표를 하고, 2차 투표에도 제2항의 득표자가 없는 때에는 최고득표자가 1인이면 최고득표자와 차점자에 대하여, 최고득표자가 2인 이상이면 최고득표자에 대하여, 결선투표를 함으로써 다수득표자를 대통령당선자로 한다.

제40조 ①통일주체국민회의는 국회의원 정수의 3분의 1에 해당하는 수의 국회의원을 선거한다.

②제1항의 국회의원의 후보자는 대통령이 일괄 추천하며, 후보자 전체에 대한 찬반을 투표에 붙여 재적대의원 과반수의 출석과 출석대의원 과반수의 찬성으로 당선을 결정한다.

③제2항의 찬성을 얻지 못한 때에는 대통령은 당선의 결정이 있을 때까지 계속하여 후보자의 전부 또는 일부를 변경한 후보자명부를 다시 작성하여 통일주체국민회의에 제출하고 그 선거를 요구하여야 한다.

④대통령이 제2항의 후보자를 추천하는 경우에, 통일주체국민회의에서 선거할 국회의원 정수의 5분의 1의 범위 안에서 순위를 정한 예비후보자명부를 제출하여 제2항의 의결을 얻으면, 예비후보자는 명부에 기재된 순위에 따라 궐위된 통일주체국민회의선출 국회의원의 직을 승계한다.

제41조 ①통일주체국민회의는 국회가 발의·의결한 헌법개정안을 최종적으로

의결·확정한다.

②제1항의 의결은 재적대의원 과반수의 찬성을 얻어야 한다.

제42조 통일주체국민회의의 조직·운영 기타 필요한 사항은 법률로 정한다.

제4장 대통령

제43조 ①대통령은 국가의 원수이며, 외국에 대하여 국가를 대표한다.

②대통령은 국가의 독립·영토의 보전·국가의 계속성과 헌법을 수호할 책무를 진다.

③대통령은 조국의 평화적 통일을 위한 성실한 의무를 진다.

④행정권은 대통령을 수반으로 하는 정부에 속한다.

제44조 대통령으로 선거될 수 있는 자는 국회의원의 피선거권이 있고 선거일 현재 계속하여 5년 이상 국내에 거주하고 40세에 달하여야 한다. 이 경우에 공무로 외국에 파견된 기간은 국내거주기간으로 본다.

제45조 ①대통령의 임기가 만료되는 때에는 통일주체국민회의는 늦어도 임기만료 30일 전에 후임자를 선거한다.

②대통령이 궐위된 때에는 통일주체국민회의는 3월 이내에 후임자를 선거한다. 다만, 잔임기간이 1년 미만인 때에는 후임자를 선거하지 아니한다.

③대통령이 궐위된 경우의 후임자는 전임자의 잔임기간중 재임한다.

제46조 대통령은 취임에 즈음하여 다음의 선서를 한다.

"나는 국헌을 준수하고 국가를 보위하며 국민의 자유와 복리의 증진에 노력하고 조국의 평화적 통일을 위하여 대통령으로서의 직책을 성실히 수행할 것을 국민앞에 엄숙히 선서합니다."

제47조 대통령의 임기는 6년으로 한다.

제48조 대통령이 궐위되거나 사고로 인하여 직무를 수행할 수 없을 때에는 국무총리, 법률에 정한 국무위원의 순위로 그 권한을 대행한다.

제49조 대통령은 필요하다고 인정할 때에는 국가의 중요한 정책을 국민투표에 붙일 수 있다.

제50조 대통령은 조약을 체결·비준하고 외교사절을 신임·접수 또는 파견하며 선전포고와 강화를 한다.

제51조 ①대통령은 헌법과 법률이 정하는 바에 의하여 국군을 통수한다.

②국군의 조직과 편성은 법률로 정한다.

제52조 대통령은 법률에서 구체적으로 범위를 정하여 위임받은 사항과 법률을 집행하기 위하여 필요한 사항에 관하여 대통령령을 발할 수 있다.

제53조 ①대통령은 천재·지변 또는 중대한 재정·경제상의 위기에 처하거나, 국가의 안전보장 또는 공공의 안녕질서가 중대한 위협을 받거나 받을 우려가 있어, 신속한 조치를 할 필요가 있다고 판단할 때에는 내정·외교·국방·경제·재정·사법 등 국정전반에 걸쳐 필요한 긴급조치를 할 수 있다.

②대통령은 제1항의 경우에 필요하다고 인정할 때에는 이 헌법에 규정되어 있는 국민의 자유와 권리를 잠정적으로 정지하는 긴급조치를 할 수 있고, 정부나 법원의 권한에 관하여 긴급조치를 할 수 있다.

③제1항과 제2항의 긴급조치를 한 때에는 대통령은 지체없이 국회에 통고하여야 한다.

④제1항과 제2항의 긴급조치는 사법적 심사의 대상이 되지 아니한다.

⑤긴급조치의 원인이 소멸한 때에는 대통령은 지체없이 이를 해제하여야 한다.

⑥국회는 재적의원 과반수의 찬성으로 긴급조치의 해제를 대통령에게 건의할 수 있으며, 대통령은 특별한 사유가 없는 한 이에 응하여야 한다.

제54조 ①대통령은 전시·사변 또는 이에 준하는 국가비상시대에 있어서 병력으로써 군사상의 필요 또는 공공의 안녕질서를 유지할 필요가 있을 때에는 법률이 정하는 바에 의하여 계엄을 선포할 수 있다.

②계엄은 비상계엄과 경비계엄으로 한다.

③비상계엄이 선포된 때에는 법률이 정하는 바에 의하여 영장제도, 언론·출판·집회·결사의 자유, 정부나 법원의 권한에 관하여 특별한 조치를 할 수 있다.

④계엄을 선포한 때에는 대통령은 지체없이 국회에 통고하여야 한다.

⑤국회가 재적의원 과반수의 찬성으로 계엄의 해제를 요구한 때에는 대통령은 이를 해제하여야 한다.

제55조 대통령은 헌법과 법률이 정하는 바에 의하여 공무원을 임명한다.

제56조 ①대통령은 법률이 정하는 바에 의하여 사면·감형·복권을 명할 수 있다.

②일반사면을 명하려면 국회의 동의를 얻어야 한다.

③사면·감형·복권에 관한 사항은 법률로 정한다.

제57조 대통령은 법률이 정하는 바에 의하여 훈장 기타의 영전을 수여한다.

제58조 대통령은 국회에 출석하여 발언하거나 서한으로 의견을 표시할 수 있다.

제59조 ①대통령은 국회를 해산할 수 있다.

②국회가 해산된 경우 국회의원총선거는 해산된 날로부터 30일 이후 60일 이전에 실시한다.

제60조 대통령의 국법상 행위는 문서로써 하며, 이 문서에는 국무총리와 관계 국무위원이 부서한다. 군사에 관한 것도 또한 같다.

제61조 대통령은 국무총리·국무위원·행정각부의 장 기타 법률이 정하는 공사의 직을 겸할 수 없다.

제62조 대통령은 내란 또는 외환의 죄를 범한 경우를 제외하고는 재직중 형사상의 소추를 받지 아니한다.

제5장 정부

제1절 국무총리와 국무위원

제63조 ①국무총리는 국회의 동의를 얻어 대통령이 임명한다.

②국무총리는 대통령을 보좌하고 행정에 관하여 대통령의 명을 받아 행정각부를 통할한다.

③군인은 현역을 면한 후가 아니면 국무총리로 임명될 수 없다.

제64조 ①국무위원은 국무총리의 제청으로 대통령이 임명한다.

②국무위원은 국정에 관하여 대통령을 보좌하며 국무회의의 구성원으로서 국정을 심의한다.

③국무총리는 국무위원의 해임을 대통령에게 건의할 수 있다.

④군인은 현역을 면한 후가 아니면 국무위원으로 임명될 수 없다.

제2절 국무회의

제65조 ①국무회의는 정부의 권한에 속하는 중요한 정책을 심의한다.

②국무회의는 대통령·국무총리와 15인 이상 25인 이하의 국무위원으로 구성한다.

③대통령은 국무회의의 의장이 되고, 국무총리는 부의장이 된다.

第66조 다음 사항은 국무회의의 심의를 거쳐야 한다.

1. 국정의 기본적 계획과 정부의 일반정책
2. 선전·강화 기타 중요한 대외정책
3. 헌법개정안·국민투표안·조약안·법률안과 대통령령안
4. 예산안·결산·국유재산처분의 기본계획·국가의 부담이 될 계약 기타 재정에 관한 중요사항
5. 대통령의 긴급조치 또는 계엄과 그 해제
6. 군사에 관한 중요사항
7. 국회의 해산
8. 국회의 임시회 집회의 요구
9. 영전수여
10. 사면·감형과 복권
11. 행정각부 간의 권한의 획정
12. 정부 안의 권한의 위임 또는 배정에 관한 기본계획
13. 국정처리상황의 평가·분석
14. 행정각부의 중요한 정책의 수립과 조정
15. 정당해산의 제소
16. 정부에 제출 또는 회부된 정부의 정책에 관계되는 청원의 심사
17. 검찰총장·국립대학교총장·대사·각군참모총장·해병대사령관 기타 법률에 정한 공무원과 국영기업체 관리자의 임명
18. 기타 대통령·국무총리 또는 국무위원이 제출한 사항

第67조 ①국가안전보장에 관련되는 대외정책·군사정책과 국내정책의 수립에 관하여 국무회의의 심의에 앞서 대통령의 자문에 응하기 위하여 국가안전보장회의를 둔다.

②국가안전보장회의는 대통령이 주재한다.

③국가안전보장회의의 조직·직무범위 기타 필요한 사항은 법률로 정한다.

제3절 행정각부

第68조 행정각부의 장은 국무위원 중에서 국무총리의 제청으로 대통령이 임명

한다.

제69조 국무총리 또는 행정각부의 장은 소관사무에 관하여 법률이나 대통령령의 위임 또는 직권으로 총리령 또는 부령을 발할 수 있다.

제70조 행정각부의 설치·조직과 직무범위는 법률로 정한다.

제4절 감사원

제71조 국가의 세입·세출의 결산, 국가 및 법률에 정한 단체의 회계검사와 행정기관 및 공무원의 직무에 관한 감찰을 하기 위하여 대통령소속하에 감사원을 둔다.

제72조 ①감사원은 원장을 포함한 5인 이상 11인 이하의 감사위원으로 구성한다.

②원장은 국회의 동의를 얻어 대통령이 임명하며, 그 임기는 4년으로 한다.

③원장이 궐위된 경우에 임명된 후임자의 임기는 전임자의 잔임기간으로 한다.

④감사위원은 원장의 제청으로 대통령이 임명하며, 그 임기는 4년으로 한다.

제73조 감사원은 세입·세출의 결산을 매년 검사하여 대통령과 차년도 국회에 그 결과를 보고하여야 한다.

제74조 감사원의 조직·직무범위·감사위원의 자격·감사대상공무원의 범위 기타 필요한 사항은 법률로 정한다.

제6장 국회

제75조 입법권은 국회에 속한다.

제76조 ①국회는 국민의 보통·평등·직접·비밀선거에 의하여 선출된 의원 및 통일주체국민회의가 선거하는 의원으로 구성한다.

②국회의원의 수는 법률로 정한다.

③국회의원의 선거에 관한 사항은 법률로 정한다.

제77조 국회의원의 임기는 6년으로 한다. 다만, 통일주체국민회의가 선거한 국회의원의 임기는 3년으로 한다.

제78조 국회의원은 법률이 정하는 공사의 직을 겸할 수 없다.

제79조 ①국회의원은 현행범인인 경우를 제외하고는 회기 중 국회의 동의 없이 체포 또는 구금되지 아니한다.

②국회의원이 회기전에 체포 또는 구금된 때에는 현행범인이 아닌 한 국회의

요구가 있으면 회기 중 석방된다.

제80조 국회의원은 국회에서 직무상 행한 발언과 표결에 관하여 국회외에서 책임을 지지 아니한다.

제81조 국회의원은 그 지위와 특권을 남용하여서는 아니된다.

제82조 ①국회의 정기회는 법률이 정하는 바에 의하여 매년 1회 집회되며, 국회의 임시회는 대통령 또는 국회재적의원 3분의 1 이상의 요구에 의하여 집회된다.

②정기회의 회기는 90일을, 임시회의 회기는 30일을 초과할 수 없다.

③국회는 정기회·임시회를 합하여 년 150일을 초과하여 개회할 수 없다. 다만, 대통령이 집회를 요구한 임시회의 일수는 이에 산입하지 아니한다.

④대통령이 임시회의 집회를 요구할 때에는 기간과 집회요구의 이유를 명시하여야 한다.

⑤대통령의 요구에 의하여 집회된 임시회에서는 정부가 제출한 의안에 한하여 처리하며, 국회는 대통령이 집회요구시에 정한 기간에 한하여 개회한다.

제83조 국회는 의장 1인과 부의장 2인을 선거한다.

제84조 국회는 헌법 또는 법률에 특별한 규정이 없는 한 그 재적의원 과반수의 출석과 출석의원 과반수의 찬성으로 의결한다. 가부동수인 때에는 부결된 것으로 본다.

제85조 ①국회의 회의는 공개한다. 다만, 출석의원 과반수의 찬성이 있거나 의장이 국가의 안전보장을 위하여 필요하다고 인정할 때에는 공개하지 아니할 수 있다.

②공개하지 아니한 회의의 내용은 공표되어서는 아니된다.

제86조 국회에 제출된 법률안 기타의 의안은 회기 중에 의결되지 못한 이유로 폐기되지 아니한다. 다만, 통일주체국민회의에서 선거되지 아니한 국회의원의 임기가 만료되거나 국회가 해산된 때에는 예외로 한다.

제87조 국회의원과 정부는 법률안을 제출할 수 있다.

제88조 ①국회에서 의결된 법률안은 정부에 이송되어 15일 이내에 대통령이 공포한다.

②법률안에 이의가 있을 때에는 대통령은 제1항의 기간 안에 이의서를 붙여

국회로 환부하고 그 재의를 요구할 수 있다. 국회의 폐회 중에도 또한 같다.
③대통령은 법률안의 일부에 대하여 또는 법률안을 수정하여 재의를 요구할 수 없다.
④재의의 요구가 있을 때에는 국회는 재의에 붙이고 재적의원 과반수의 출석과 출석의원 3분의 2 이상의 찬성으로 전과 같은 의결을 하면 그 법률안은 법률로서 확정된다.
⑤대통령이 제1항의 기간 안에 공포나 재의의 요구를 하지 아니한 때에도 그 법률안은 법률로서 확정된다.
⑥대통령은 제4항과 제5항의 규정에 의하여 확정된 법률을 지체없이 공포하여야 한다. 제5항에 의하여 법률이 확정된 후 또는 제4항에 의한 확정법률이 정부에 이송된 후 5일 이내에 대통령이 공포하지 아니할 때에는 국회의장이 이를 공포한다.
⑦법률은 특별한 규정이 없는 한 공포한 날로부터 20일을 경과함으로써 효력을 발생한다.

제89조 ①국회는 국가의 예산안을 심의·확정한다.
②정부는 회계연도마다 예산안을 편성하여 회계연도 개시 90일 전까지 국회에 제출하고, 국회는 회계연도 개시 30일 전까지 이를 의결하여야 한다.
③제2항의 기간 안에 예산안이 의결되지 못한 때에는 정부는 국회에서 예산안이 의결될 때까지 다음 각호의 경비를 세입의 범위 안에서 전년도 예산에 준하여 지출할 수 있다.
1. 공무원의 보수와 사무처리에 필요한 기본경비
2. 헌법이나 법률에 의하여 설치된 기관 또는 시설의 유지비와 법률상 지출의 의무가 있는 경비
3. 이미 예산상 승인된 계속비

제90조 ①한 회계연도를 넘어 계속하여 지출할 필요가 있을 때에는 정부는 연한을 정하여 계속비로서 국회의 의결을 얻어야 한다.
②예측할 수 없는 예산 외의 지출 또는 예산초과지출에 충당하기 위한 예비비는 미리 국회의 의결을 얻어야 한다. 예비비의 지출은 차기국회의 승인을 얻어야 한다.

제91조 예산성립 후에 생긴 사유로 인하여 예산에 변경을 가할 필요가 있을 때에는 정부는 추가경정예산안을 편성하여 국회에 제출할 수 있다.

제92조 국회는 정부의 동의 없이 정부가 제출한 지출예산 각항의 금액을 증가하거나 새 비목을 설치할 수 없다.

제93조 국채를 모집하거나 예산 외에 국가의 부담이 될 계약을 체결하려 할 때에는 정부는 미리 국회의 의결을 얻어야 한다.

제94조 조세의 종목과 세율은 법률로 정한다.

제95조 ①국회는 상호원조 또는 안전보장에 관한 조약, 국제조직에 관한 조약, 통상조약, 어업조약, 강화조약, 국가나 국민에게 재정적 부담을 지우는 조약, 외국군대의 지위에 관한 조약 또는 입법사항에 관한 조약의 체결·비준에 대한 동의권을 가진다.

②선전포고, 국군의 외국에의 파견 또는 외국군대의 대한민국 영역 안에서의 주류에 대하여도 국회는 동의권을 가진다.

제96조 ①국무총리·국무위원 또는 정부위원은 국회나 그 위원회에 출석하여 국정처리상황을 보고하거나 의견을 진술하고 질문에 응답할 수 있다.

②국회나 그 위원회의 요구가 있을 때에는 국무총리·국무위원 또는 정부위원은 출석·답변하여야 하며, 국무총리 또는 국무위원이 출석요구를 받은 때에는 국무위원 또는 정부위원으로 하여금 출석·답변하게 할 수 있다.

제97조 ①국회는 국무총리 또는 국무위원에 대하여 개별적으로 그 해임을 의결할 수 있다.

②제1항의 해임의결은 국회재적의원 3분의 1 이상의 발의에 의하여 국회재적의원 과반수의 찬성이 있어야 한다.

③제2항의 의결이 있을 때에는 대통령은 국무총리 또는 당해 국무위원을 해임하여야 한다. 다만, 국무총리에 대한 해임의결이 있을 때에는 대통령은 국무총리와 국무위원 전원을 해임하여야 한다.

제98조 ①국회는 법률에 저촉되지 아니하는 범위 안에서 의사와 내부규율에 관한 규칙을 제정할 수 있다.

②국회는 의원의 자격을 심사하며 의원을 징계할 수 있다.

③의원을 제명하려면 국회재적의원 3분의 2 이상의 찬성이 있어야 한다.

④제2항과 제3항의 처분에 대하여는 법원에 제소할 수 없다.

제99조 ①대통령·국무총리·국무위원·행정각부의 장·헌법위원회위원·법관·중앙선거관리위원회위원·감사위원 기타 법률에 정한 공무원이 그 직무집행에 있어서 헌법이나 법률을 위배한 때에는 국회는 탄핵의 소추를 의결할 수 있다.

②제1항의 탄핵소추는 국회재적의원 3분의 1 이상의 발의가 있어야 하며, 그 의결은 국회재적의원 과반수의 찬성이 있어야 한다. 다만, 대통령에 대한 탄핵소추는 국회재적의원 과반수의 발의와 국회재적의원 3분의 2 이상의 찬성이 있어야 한다.

③탄핵소추의 의결을 받은 자는 탄핵결정이 있을 때까지 그 권한행사가 정지된다.

④탄핵결정은 공직으로부터 파면함에 그친다. 그러나, 이에 의하여 민사상이나 형사상의 책임이 면제되지는 아니한다.

제7장 법원

제100조 ①사법권은 법관으로 구성된 법원에 속한다.

②법원은 최고법원인 대법원과 각급 법원으로 조직된다.

③법관의 자격은 법률로 정한다.

제101조 ①대법원에 부를 둘 수 있다.

②대법원의 법관의 수는 16인 이하로 한다.

③대법원과 각급 법원의 조직은 법률로 정한다.

제102조 법관은 이 헌법과 법률에 의하여 그 양심에 따라 독립하여 심판한다.

제103조 ①대법원장인 법관은 대통령이 국회의 동의를 얻어 임명한다.

②대법원장이 아닌 법관은 대법원장의 제청에 의하여 대통령이 임명한다.

③대법원장인 법관의 임기는 6년으로 한다.

④대법원장이 아닌 법관의 임기는 10년으로 한다.

⑤법관은 법률이 정하는 바에 의하여 연임될 수 있다.

⑥법관은 법률이 정하는 연령에 달한 때에는 퇴직한다.

제104조 ①법관은 탄핵·형벌 또는 징계처분에 의하지 아니하고는 파면·정직·

감봉되거나 불리한 처분을 받지 아니한다.

②법관이 중대한 심신상의 장해로 직무를 수행할 수 없을 때에는 법률이 정하는 바에 의하여 퇴직하게 할 수 있다.

第105조 ①법률이 헌법에 위반되는 여부가 재판의 전제가 된 때에는 법원은 헌법위원회에 제청하여 그 결정에 의하여 재판한다.

②명령·규칙·처분이 헌법이나 법률에 위반되는 여부가 재판의 전제가 된 때에는 대법원은 이를 최종적으로 심사할 권한을 가진다.

第106조 대법원은 법률에 저촉되지 아니하는 범위 안에서 소송에 관한 절차, 법원의 내부규율과 사무처리에 관한 규칙을 제정할 수 있다.

第107조 재판의 심리와 판결은 공개한다. 다만, 심리는 국가의 안전보장 또는 안녕질서를 방해하거나 선량한 풍속을 해할 염려가 있을 때에는 법원의 결정으로 공개하지 아니할 수 있다.

第108조 ①군사재판을 관할하기 위하여 특별법원으로서 군법회의를 둘 수 있다.

②군법회의의 상고심은 대법원에서 관할한다.

③비상계엄하의 군사재판은 군인·군속의 범죄나 군사에 관한 간첩죄의 경우와, 초병·초소·유해음식물공급·포로에 관한 죄 중 법률에 정한 경우에 한하여 단심으로 할 수 있다.

제8장 헌법위원회

第109조 ①헌법위원회는 다음 사항을 심판한다.

1. 법원의 제청에 의한 법률의 위헌여부
2. 탄핵
3. 정당의 해산

②헌법위원회는 9인의 위원으로 구성하며, 대통령이 임명한다.

③제2항의 위원중 3인은 국회에서 선출하는 자를, 3인은 대법원장이 지명하는 자를 임명한다.

④헌법위원회의 위원장은 위원중에서 대통령이 임명한다.

第110조 ①헌법위원회 위원의 임기는 6년으로 한다.

②헌법위원회 위원은 정당에 가입하거나 정치에 관여할 수 없다.

③헌법위원회 위원은 탄핵 또는 형벌에 의하지 아니하고는 파면되지 아니한다.

④헌법위원회 위원의 자격은 법률로 정한다.

제111조 ①헌법위원회에서 법률의 위헌결정, 탄핵의 결정 또는 정당해산의 결정을 할 때에는 위원 6인 이상의 찬성이 있어야 한다.

②헌법위원회의 조직과 운영 기타 필요한 사항은 법률로 정한다.

제9장 선거관리

제112조 ①선거와 국민투표의 공정한 관리 및 정당에 관한 사무를 처리하게 하기 위하여 선거관리위원회를 둔다.

②중앙선거관리위원회는 9인의 위원으로 구성하며, 대통령이 임명한다.

③제2항의 위원 중 3인은 국회에서 선출하는 자를, 3인은 대법원장이 지명하는 자를 임명한다.

④중앙선거관리위원회의 위원장은 위원 중에서 대통령이 임명한다.

⑤위원의 임기는 5년으로 한다.

⑥위원은 정당에 가입하거나 정치에 관여할 수 없다.

⑦위원은 탄핵 또는 형벌에 의하지 아니하고는 파면되지 아니한다.

⑧중앙선거관리위원회는 법령의 범위 안에서 선거관리·국민투표관리 또는 정당사무에 관한 규칙을 제정할 수 있다.

⑨각급 선거관리위원회의 조직·직무범위 기타 필요한 사항은 법률로 정한다.

제113조 ①선거운동은 각급 선거관리위원회의 관리하에 법률에 정한 범위 안에서 하되 균등한 기회가 보장되어야 한다.

②선거에 관한 경비는 법률이 정하는 경우를 제외하고는 정당 또는 후보자에게 부담시킬 수 없다.

제10장 지방자치

제114조 ①지방자치단체는 주민의 복리에 관한 사무를 처리하고 재산을 관리하며 법령의 범위 안에서 자치에 관한 규정을 제정할 수 있다.

②지방자치단체의 종류는 법률로 정한다.

제115조 ①지방자치단체에는 의회를 둔다.

②지방의회의 조직·권한·의원선거와 지방자치단체의 장의 선임방법 기타 지방자치단체의 조직과 운영에 관한 사항은 법률로 정한다.

제11장 경제

제116조 ①대한민국의 경제질서는 개인의 경제상의 자유와 창의를 존중함을 기본으로 한다.

②국가는 모든 국민에게 생활의 기본적 수요를 충족시키는 사회정의의 실현과 균형있는 국민경제의 발전을 위하여 필요한 범위 안에서 경제에 관한 규제와 조정을 한다.

제117조 ①광물 기타 중요한 지하자원, 수산자원, 수력과 경제상 이용할 수 있는 자연력은 법률이 정하는 바에 의하여 일정한 기간 그 채취·개발 또는 이용을 특허할 수 있다.

②국토와 자원은 국가의 보호를 받으며, 국가는 그 균형있는 개발과 이용을 위한 계획을 수립한다.

제118조 농지의 소작제도는 법률이 정하는 바에 의하여 금지된다.

제119조 국가는 농지와 산지 기타 국토의 효율적인 이용·개발과 보전을 위하여 법률이 정하는 바에 의하여 그에 관한 필요한 제한과 의무를 과할 수 있다.

제120조 ①국가는 농민·어민의 자조를 기반으로 하는 농어촌개발을 위하여 계획을 수립하며, 지역사회의 균형있는 발전을 기한다.

②농민·어민과 중소기업자의 자조조직은 육성된다.

제121조 국가는 대외무역을 육성하며 이를 규제·조정할 수 있다.

제122조 국방상 또는 국민경제상 긴절한 필요로 인하여 법률에 정한 경우를 제외하고는, 사영기업을 국유 또는 공유로 이전하거나 그 경영을 통제 또는 관리할 수 없다.

제123조 ①국민경제의 발전과 이를 위한 과학기술은 창달·진흥되어야 한다.

②대통령은 경제·과학기술의 창달·진흥을 위하여 필요한 자문기구를 둘 수 있다.

제12장 헌법개정

제124조 ①헌법의 개정은 대통령 또는 국회재적의원 과반수의 발의로 제안된다.

②대통령이 제안한 헌법개정안은 국민투표로 확정되며, 국회의원이 제안한 헌법개정안은 국회의 의결을 거쳐 통일주체국민회의의 의결로 확정된다.

③헌법개정이 확정되면 대통령은 즉시 이를 공포하여야 한다.

제125조 ①국회에 제안된 헌법개정안은 20일 이상의 기간 이를 공고하여야 하며, 공고된 날로부터 60일 이내에 의결하여야 한다.

②헌법개정안에 대한 국회의 의결은 재적의원 3분의 2 이상의 찬성을 얻어야 한다.

③제2항의 의결을 거친 헌법개정안은 지체없이 통일주체국민회의에 회부되고 그 의결로 헌법개정이 확정된다. 통일주체국민회의에 회부된 헌법개정안은 회부된 날로부터 20일 이내에 의결되어야 한다.

제126조 ①대통령이 제안한 헌법개정안은 20일 이상의 기간 이를 공고하여야 하며, 공고된 날로부터 60일 이내에 국민투표에 붙여야 한다.

②국민투표에 붙여진 헌법개정안은 국회의원선거권자 과반수의 투표와 투표자 과반수의 찬성을 얻어 헌법개정이 확정된다.

부칙 [제8호, 1972. 12. 27.]

제1조 이 헌법은 공포한 날로부터 시행한다. 다만, 이 헌법을 시행하기 위하여 필요한 법률의 제정과 이 헌법에 의한 대통령·통일주체국민회의 대의원 및 국회의원의 선거와 기타 이 헌법시행에 관한 준비는 이 헌법시행전에 할 수 있다.

제2조 ①이 헌법에 의하여 통일주체국민회의에서 선거된 최초의 대통령의 임기는 이 헌법시행일로부터 개시된다.

②이 헌법에 의하여 선거된 최초의 통일주체국민회의 대의원의 임기는 통일주체국민회의의 최초의 집회일로부터 개시되고 1978년 6월 30일에 종료된다.

제3조 이 헌법에 의한 최초의 국회의원총선거는 이 헌법시행일로부터 6월 이내에 실시한다.

제4조 1972 년 10월 17일부터 이 헌법에 의한 국회의 최초의 집회일까지 비상국무회의가 대행한 국회의 권한은 이 헌법시행당시의 헌법과 이 헌법에 의한 국회가 행한 것으로 본다.

제5조 이 헌법시행당시의 공무원과 정부가 임명한 기업체의 임원은 이 헌법에 의하여 임명된 것으로 본다. 다만, 이 헌법에 의하여 선임방법이나 임명권자가 변경된 공무원은 이 헌법에 의하여 후임자가 선임될 때까지 그 직무를 행하며, 이 경우 전임자인 공무원의 임기는 후임자가 선임되는 전일까지로 한다.

제6조 ①이 헌법시행당시의 법령과 조약은 이 헌법에 위배되지 아니하는 한 그 효력을 지속한다.

②이 헌법시행당시의 대통령령·국무원령과 각령은 이 헌법에 의한 대통령령으로 본다.

제7조 비상국무회의에서 제정한 법령과 이에 따라 행하여진 재판과 예산 기타 처분 등은 그 효력을 지속하며 이 헌법 기타의 이유로 제소하거나 이의를 할 수 없다.

제8조 이 헌법시행당시에 이 헌법에 의하여 새로 설치될 기관의 권한에 속하는 직무를 행하고 있는 기관은 이 헌법에 의하여 새로운 기관이 설치될 때까지 계속하여 그 직무를 행한다.

제9조 1972 년 10월 17일부터 이 헌법시행일까지 대통령이 행한 특별선언과 이에 따른 비상조치에 대하여는 제소하거나 이의를 할 수 없다.

제10조 이 헌법에 의한 지방의회는 조국통일이 이루어질 때까지 구성하지 아니한다.

제11조 ①특수범죄처벌에 관한 특별법·부정선거관련자처벌법·정치활동정화법 및 부정축재처리법과 이에 관련되는 법률은 그 효력을 지속하며 이에 대하여 이의를 할 수 없다.

②정치활동정화법 및 부정축재처리법과 이에 관련되는 법률은 이를 개폐할 수 없다.

헌법개정사

제7장

제5공화국

제7장 제5공화국

1. 정치 상황

1981년 3월부터 1988년 2월까지 지속된 한국의 다섯 번째 공화국이다. 1979년 10·26사건으로 대통령 박정희가 사망한 후 전두환·노태우·정호용 등의 하나회가 중심이 된 신군부세력이 주도하여 수립하였다. 이들은 12월 12일 군대를 동원하여 계엄사령관 정승화를 연행함으로써 군부의 실권을 장악하였다. 12월 21일 최규하가 제10대 대통령에 취임하였으나, 실권은 신군부세력에게 있었다.

1980년 4월 사북(舍北)탄광 노동자 파업, 5월 전국 대학생들의 대규모 시위 등이 계속되는 가운데, 5월 17일 신군부세력은 비상계엄령을 전국으로 확대하였다. 5월 27일 계엄군을 광주(光州)에 투입하여 진압하는 과정에서 많은 사상자가 발생하였다. 5월 31일 국가보위비상대책위원회가 발족되고, 9월 1일 전두환이 제11대 대통령으로 취임, 10월 27일 제5공화국 헌법이 공포되었다. 12월 초 민주정의당·민주한국당·한국국민당이 창당되었고, 1981년 3월 3일 전두환이 제12대 대통령에 취임함으로써 제5공화국이 정식 출범하였다.

그리고 1인 장기집권을 배격하기 위하여 대통령의 임기를 7년으로 하고 중임을 금지하였다. 국회의원의 1/3을 대통령이 추천하게 한 제도를 폐지하고, 국회의 권한을 강화하였다. 대통령의 일반법관 임명권을 폐지하고 대법원장이 그 권한을 갖게 함으로써 사법부의 독립성을 강화하였다. 그러나 대통령 간선제를 고수하고, 군 출신 인사들을 중용하는 등 유신잔재 청산에 미흡한 모습을 보였다. 경제분야에서는 과거 성장제일주의 정책에서 벗어나 저물가·저금리·저환율의 3저(三低)정책과 부동산 투기억제 등 안정 우선정책을 추진하였다.

외교분야에서는 1983년 1월 일본 총리 나카소네 야스히로[中曾根康弘]가 방한하였고, 11월 미국 대통령 레이건이 방한하는 등 정상외교를 벌이는 한편, 소련·중국 등의 사회주의 국가들과도 관계개선을 시도하였다. 스포츠분야에서는 1986년 아시아경기대회를 성공적으로 개최하였고, 1988년 서울올림픽대회 유치에 성공하였다.

그러나 제5공화국은 박정희 정권과 마찬가지로 쿠데타로 성립된 군사독재정권이었다. 1980년 5월 광주민주화운동을 무력으로 진압하고 탄생한 이 정권은 물가안정, 서울올림픽대회 유치 등의 업적을 남겼으나, 부정부패와 민주화운동탄압, 고문 등의 인권유린행위로 국민들의 비판을 받았다. 마침내 1987년 6월에 일어난 6월항쟁으로 6·29선언이 발표되면서 대통령 직선제 개헌을 약속하고, 12월 16일 대통령선거에서 노태우가 당선되어 1988년 2월 제6공화국으로 교체되었다.

2. 제8차 개정 헌법(1980년 10월 27일)

1979년 10·26사태로 긴급조치를 해제하고, 1980년 5·17비상계엄 확대로 군부 집권 국보위와 계엄통치(1979. 10. 26.~1980. 10. 27)로 이루어지면서 제5공화국 헌법이 등장하였다. 제8차 개정 헌법도 전문개정으로 실질상 헌법제정에 해당한다고 볼 수 있다.

제8차 개헌[입법회의]은 국민투표(1980. 10. 27.)로 이루어졌으며 정당 운영비의 국가 부담, 기본권의 불가침성 강조 및 행복 추구권 신설, 대통령 간선제, 임기 7년 단임제, 비상조치권 발동 요건의 엄격화, 통일주체국민회의의 폐지, 국회의원의 비례대표제 채택, 독과점 규제 조항 신설, 헌법 개정 절차의 일원화 등의 내용이다.

(1) 개정 이유

제9대 대통령을 1978년 7월 1일(토) 공고하여 1978년 7월 6일(목) 통일주체국민회의에서 간접 선거로 박정희를 선출하였다. 이후 1979년 10월 26일 사태로 제10대 대통령을 1979년 12월 1일(토) 공고하여 1979년 12월 6일(목) 통일주체국민회의에서 간접 선거로 최규하를 선출하였다. 1979년 12월 12일 사태와

1980년 5월 18일 사태 이후, 제11대 대통령을 1980년 8월 22일(금) 공고하여 1980년 8월 27일(수) 통일주체국민회의에서 간접 선거로 전두환을 선출하였다.

대한민국헌법

[시행 1980. 10. 27.] [헌법 제9호, 1980. 10. 27., 전부개정]

개정이유[전문개정]

우리는 지금 새 시대 새 역사를 향한 출발점에 서서 국가의 안정과 번영 그리고 정의사회의 구현을 통하여 새로운 민주복지국가를 건설하여야 하는 막중한 책무를 지니고 있다.

그동안 우리는 불의의 10·26사태와 그에 뒤따르는 혼란을 겪으면서도 모든 국민이 뛰어난 인내와 애국심을 발휘하여 이를 슬기롭게 극복하였으며 아울러 그것은 지난 시대를 마무리 짓고 다가오는 80년대를 새 역사 창조의 계기로 삼게 하였다.

우리는 이제 그동안 줄기차게 국가발전을 이룩하여 온 민족의 저력을 바탕으로 하여 국민 모두가 참여하는 참다운 민주정치를 토착화하며, 성장의 혜택이 국민 모두에게 고루 나누어지는 복지국가를 건설하고, 질서있고 명랑한 기풍이 진작되는 정의사회를 구현함으로써 민족사의 획기적인 전환점을 이룩하려고 한다. 또한 격동하는 국제정치상항과 세계경제체제의 와중에서 안보를 튼튼히 하고 국력을 배양하여 국가의 자주성과 민족의 생존권을 수호하며, 북한공산집단의 침략야욕을 분쇄하여 평화통일의 기반을 꾸준히 정착시키는 노력을 계속하려고 한다.

이에 우리는 주권자인 국민의 지혜와 역량을 총집결하고 투철한 역사적 사명감에 입각하여 우리에게 주어진 신성한 과업을 완수하기 위한 새로운 제5민주공화국의 출발에 즈음하여 새 시대 새 질서에 부응하는 확고한 제도적 기틀이 될 민주헌법을 국민적 합의에 의하여 마련하고자 개헌하려는 것임.

① 민주복지국가를 향한 국가적 이상과 목표가 실천가능하도록 제도적으로 보장함.

② 국가의 의무와 책임을 강화하되, 국민의 기본적 권리를 대폭 신장확대하여 인권보호에 만전을 기함.

③ 우리가 처하여 있는 국내외적 여건과 북한공산집단의 위협에 대처하여 국가의 안전과 번영의 기틀을 마련하기 위하여 대통령제 정부형태를 채택하되, 임기는 7년으로 하고 중임이 불가능하도록 하였으며, 임기 또는 중임금지에 관한 헌법개정은 개정당시의 대통령에게는 효력이 없게 하여 장기집권을 배제함.

④ 대통령선거는 직선제의 폐단을 감내하기 어려운 우리의 현실여건을 고려하여 간선제를 채택하되, 대통령선거시마다 국민에 의하여 새로이 선거인단을 선출하고, 선거인단에는 정당원도 포함될 수 있게 하며, 그 수는 최소한 5,000인 이상이 되도록 하여 국민의 의사를 광범위하게 집약할 수 있도록 함으로써 직선제와 같은 효과를 얻도록 하고, 종전의 통일주체국민회의에 의한 선거와는 달리 복수후보의 자유경쟁을 보장하여 정권의 평화적 교체를 위한 제도적 장치를 마련함.

⑤ 대통령제 정부형태에서 나타날지도 모르는 행정부의 독주와 전단을 방지하고 책임정치를 구현할 수 있도록 하기 위하여 대통령의 권한을 제한하는 반면, 국회의 견제기능과 사법부의 독립성을 강화하여 권력분립에 충실을 기함.

⑥ 부정부패·방종요소를 배제하여 도의정치를 확립하고 사회정의가 실현되도록 하기 위하여 국회의원의 국익우선의무와 청렴의무조항 등을 신설함.

⑦ 정직하고 성실하게 노력하는 국민이 잘 살 수 있는 사회기풍의 조성과 경제성장의 혜택을 모든 국민이 고루 누릴 수 있는 복지국가의 건설을 지향하여 국가의 사회복지시행의무, 독·과점의 폐단규제, 중소기업의 보호·육성, 국토의 균형 있는 이용, 소비자보호 등 경제질서에 관한 새로운 조항을 대폭 신설하여 산업의 발전과 부의 균배에 기여하도록 함.

개정문

1980년 10월 22일 실시한 국민투표에서 국회의원 선거권자 과반수의 투표와 투표자 과반수의 찬성으로 확정된 헌법개정을 국무회의의 심의를 거쳐 이에 공포한다.

대통령	전두환 (인)
1980년 10월 27일	
국무총리	남덕우
국무위원 경제기획원 장관	신병현
국무위원 외무부 장관	노신영
국무위원 내무부 장관	서정화
국무위원 재무부 장관	이승윤
국무위원 법무부 장관	오탁근
국무위원 국방부 장관	주영복
국무위원 문교부 장관	이규호
국무위원 농수산부 장관	정종택
국무위원 상공부 장관	서석준
국무위원 동력자원부 장관	박봉환
국무위원 건설부 장관	김주남
국무위원 보건사회부 장관	천명기
국무위원 교통부 장관	고 건
국무위원 체신부 장관	김기철
국무위원 문화공보부 장관	이광표
국무위원 총무처 장관	김용휴
국무위원 과학기술처 장관	이정오
국무위원 국토통일원 장관	이범석
국무위원	최광수

(2) 제8차 개정 헌법(1980년 10월 27일)

대한민국헌법

[시행 1980. 10. 27.] [헌법 제9호, 1980. 10. 27., 전부개정]

전문

유구한 민족사, 빛나는 문화, 그리고 평화애호의 전통을 자랑하는 우리 대한국민은 3·1운동의 숭고한 독립정신을 계승하고 조국의 평화적 통일과 민족중흥의 역사적 사명에 입각한 제5민주공화국의 출발에 즈음하여 정의·인도와 동포애로써 민족의 단결을 공고히 하고, 모든 사회적 폐습과 불의를 타파하며, 자유민주적 기본질서를 더욱 확고히 하여 정치·경제·사회·문화의 모든 영역에 있어서 각인의 기회를 균등히 하고, 능력을 최고도로 발휘하게 하며, 자유와 권리에 따르는 책임과 의무를 완수하게 하여, 안으로는 국민생활의 균등한 향상을 기하고 밖으로는 항구적인 세계평화와 인류공영에 이바지함으로써 우리들과 우리들의 자손의 안전과 자유와 행복을 영원히 확보하는 새로운 역사를 창조할 것을 다짐하면서 1948년 7월 12일에 제정되고 1960년 6월 15일, 1962년 12월 26일과 1972년 12월 27일에 개정된 헌법을 이제 국민투표에 의하여 개정한다.

1980년 10월 25일

제1장 총강

제1조 ①대한민국은 민주공화국이다.

②대한민국의 주권은 국민에게 있고, 모든 권력은 국민으로부터 나온다.

제2조 ①대한민국의 국민의 요건은 법률로 정한다.

②재외국민은 국가의 보호를 받는다.

제3조 대한민국의 영토는 한반도와 부속도서로 한다.

제4조 ①대한민국은 국제평화의 유지에 노력하고 침략적 전쟁을 부인한다.

②국군은 국가의 안전보장과 국토방위의 신성한 의무를 수행함을 사명으로 한다.

제5조 ①헌법에 의하여 체결·공포된 조약과 일반적으로 승인된 국제법규는 국내법과 같은 효력을 가진다.

②외국인에 대하여는 국제법과 조약에 정한 바에 의하여 그 지위를 보장한다.

제6조 ①공무원은 국민전체에 대한 봉사자이며, 국민에 대하여 책임을 진다.

②공무원의 신분과 정치적 중립성은 법률이 정하는 바에 의하여 보장된다.

제7조 ①정당의 설립은 자유이며, 복수정당제는 보장된다.

②정당은 그 조직과 활동이 민주적이어야 하며, 국민의 정치적 의사형성에 참여하는데 필요한 조직을 가져야 한다.

③정당은 법률이 정하는 바에 의하여 국가의 보호를 받으며, 국가는 법률이 정하는 바에 의하여 정당의 운영에 필요한 자금을 보조할 수 있다.

④정당의 목적이나 활동이 민주적 기본질서에 위배될 때에는 정부는 헌법위원회에 그 해산을 제소할 수 있고, 정당은 헌법위원회의 결정에 의하여 해산된다.

제8조 국가는 전통문화의 계승·발전과 민족문화의 창달에 노력하여야 한다.

제2장 국민의 권리와 의무

제9조 모든 국민은 인간으로서의 존엄과 가치를 가지며, 행복을 추구할 권리를 가진다. 국가는 개인이 가지는 불가침의 기본적 인권을 확인하고 이를 보장할 의무를 진다.

제10조 ①모든 국민은 법 앞에 평등하다. 누구든지 성별·종교 또는 사회적 신분에 의하여 정치적·경제적·사회적·문화적 생활의 모든 영역에 있어서 차별을 받지 아니한다.

②사회적 특수계급의 제도는 인정되지 아니하며, 어떠한 형태로도 이를 창설할 수 없다.

③훈장등의 영전은 이를 받은 자에게만 효력이 있고, 어떠한 특권도 이에 따르지 아니한다.

제11조 ①모든 국민은 신체의 자유를 가진다. 누구든지 법률에 의하지 아니하고는 체포·구금·압수·수색·심문·처벌과 보안처분을 받지 아니하며, 형의 선고에 의하지 아니하고는 강제노역을 당하지 아니한다.

②모든 국민은 고문을 받지 아니하며, 형사상 자기에게 불리한 진술을 강요당하지 아니한다.

③체포·구금·압수·수색에는 검사의 신청에 의하여 법관이 발부한 영장을 제시하여야 한다. 다만, 현행범인인 경우와 장기 3년 이상의 형에 해당하는 죄를 범하고 도피 또는 증거인멸의 염려가 있을 때에는 사후에 영장을 청구할 수 있다.

④누구든지 체포·구금을 당한 때에는 즉시 변호인의 조력을 받을 권리를 가진다. 다만, 법률이 정하는 경우에 형사피고인이 스스로 변호인을 구할 수 없

을 때에는 국가가 변호인을 붙인다.

⑤누구든지 체포·구금을 당한 때에는 법률이 정하는 바에 의하여 적부의 심사를 법원에 청구할 권리를 가진다.

⑥피고인의 자백이 고문·폭행·협박·구속의 부당한 장기화 또는 기망 기타의 방법에 의하여 자의로 진술된 것이 아니라고 인정될 때 또는 정식재판에 있어서 피고인의 자백이 그에게 불리한 유일한 증거일 때에는 이를 유죄의 증거로 삼거나 이를 이유로 처벌할 수 없다.

제12조 ①모든 국민은 행위시의 법률에 의하여 범죄를 구성하지 아니하는 행위로 소추되지 아니하며, 동일한 범죄에 대하여 거듭 처벌받지 아니한다.

②모든 국민은 소급입법에 의하여 삼정권의 제한 또는 재산권의 박탈을 받지 아니한다.

③모든 국민은 자기의 행위가 아닌 친족의 행위로 인하여 불이익한 처우를 받지 아니한다.

제13조 모든 국민은 거주·이전의 자유를 가진다.

제14조 모든 국민은 직업선택의 자유를 가진다.

제15조 모든 국민은 주거의 자유를 침해받지 아니한다. 주거에 대한 압수나 수색에는 검사의 신청에 의하여 법관이 발부한 영장을 제시하여야 한다.

제16조 모든 국민은 사생활의 비밀과 자유를 침해받지 아니한다.

제17조 모든 국민은 통신의 비밀을 침해받지 아니한다.

제18조 모든 국민은 양심의 자유를 가진다.

제19조 ①모든 국민은 종교의 자유를 가진다.

②국교는 인정되지 아니하며, 종교와 정치는 분리된다.

제20조 ①모든 국민은 언론·출판의 자유와 집회·결사의 자유를 가진다.

②언론·출판은 타인의 명예나 권리 또는 공중도덕이나 사회윤리를 침해하여서는 아니된다. 언론·출판이 타인의 명예나 권리를 침해한 때에는 피해자는 이에 대한 피해의 배상을 청구할 수 있다.

제21조 ①모든 국민은 학문과 예술의 자유를 가진다.

②저작자·발명가와 예술가의 권리는 법률로써 보호한다.

제22조 ①모든 국민의 재산권은 보장된다. 그 내용과 한계는 법률로 정한다.

②재산권의 행사는 공공복리에 적합하도록 하여야 한다.

③공공필요에 의한 재산권의 수용·사용 또는 제한은 법률로써 하되, 보상을 지급하여야 한다. 보상은 공익 및 관계자의 이익을 정당하게 형량하여 법률로 정한다.

제23조 모든 국민은 20세가 되면 법률이 정하는 바에 의하여 선거권을 가진다.

제24조 모든 국민은 법률이 정하는 바에 의하여 공무담임권을 가진다.

제25조 ①모든 국민은 법률이 정하는 바에 의하여 국가기관에 문서로 청원할 권리를 가진다.

②국가는 청원에 대하여 심사할 의무를 진다.

제26조 ①모든 국민은 헌법과 법률에 정한 법관에 의하여 법률에 의한 재판을 받을 권리를 가진다.

②군인 또는 군무원이 아닌 국민은 대한민국의 영역 안에서는 중대한 군사상 기밀·초병·초소·유해음식물공급·포로·군용물·군사시설에 관한 죄 중 법률에 정한 경우와, 비상계엄이 선포되거나 대통령이 법원의 권한에 관하여 비상조치를 한 경우를 제외하고는 군법회의의 재판을 받지 아니한다.

③모든 국민은 신속한 재판을 받을 권리를 가진다. 형사피고인은 상당한 이유가 없는 한 지체없이 공개재판을 받을 권리를 가진다.

④형사피고인은 유죄의 판결이 확정될 때까지는 무죄로 추정된다.

제27조 형사피고인으로서 구금되었던 자가 무죄판결을 받은 때에는 법률이 정하는 바에 의하여 국가에 정당한 보상을 청구할 수 있다.

제28조 ①공무원의 직무상 불법행위로 손해를 받은 국민은 법률이 정하는 바에 의하여 국가 또는 공공단체에 정당한 배상을 청구할 수 있다. 그러나, 공무원 자신의 책임은 면제되지 아니한다.

②군인·군무원·경찰공무원 기타 법률로 정하는 자가 전투·훈련 등 직무집행과 관련하여 받은 손해에 대하여는 법률이 정하는 보상 외에 국가 또는 공공단체에 공무원의 직무상 불법행위로 인한 배상은 청구할 수 없다.

제29조 ①모든 국민은 능력에 따라 균등하게 교육을 받을 권리를 가진다.

②모든 국민은 그 보호하는 자녀에게 적어도 초등교육과 법률이 정하는 교육을 받게 할 의무를 진다.

③의무교육은 무상으로 한다.
④교육의 자주성·전문성 및 정치적 중립성은 법률이 정하는 바에 의하여 보장된다.
⑤국가는 평생교육을 진흥하여야 한다.
⑥학교교육 및 평생교육을 포함한 교육제도와 그 운영, 교육재정 및 교원의 지위에 관한 기본적인 사항은 법률로 정한다.

제30조 ①모든 국민은 근로의 권리를 가진다. 국가는 사회적·경제적 방법으로 근로자의 고용의 증진과 적정임금의 보장에 노력하여야 한다.
②모든 국민은 근로의 의무를 진다. 국가는 근로의 의무의 내용과 조건을 민주주의원칙에 따라 법률로 정한다.
③근로조건의 기준은 인간의 존엄성을 보장하도록 법률로 정한다.
④여자와 소년의 근로는 특별한 보호를 받는다.
⑤국가유공자·상이군경 및 전몰군경의 유가족은 법률이 정하는 바에 의하여 우선적으로 근로의 기회를 부여받는다.

제31조 ①근로자는 근로조건의 향상을 위하여 자주적인 단결권·단체교섭권 및 단체행동권을 가진다. 다만, 단체행동권의 행사는 법률이 정하는 바에 의한다.
②공무원인 근로자는 법률로 인정된 자를 제외하고는 단결권·단체교섭권 및 단체행동권을 가질 수 없다.
③국가·지방자치단체·국공영기업체·방위산업체·공익사업체 또는 국민경제에 중대한 영향을 미치는 사업체에 종사하는 근로자의 단체행동권은 법률이 정하는 바에 의하여 이를 제한하거나 인정하지 아니할 수 있다.

제32조 ①모든 국민은 인간다운 생활을 할 권리를 가진다.
②국가는 사회보장·사회복지의 증진에 노력할 의무를 진다.
③생활능력이 없는 국민은 법률이 정하는 바에 의하여 국가의 보호를 받는다.

제33조 모든 국민은 깨끗한 환경에서 생활할 권리를 가지며, 국가와 국민은 환경보전을 위하여 노력하여야 한다.

제34조 ①혼인과 가족생활은 개인의 존엄과 양성의 평등을 기초로 성립되고 유지되어야 한다.
②모든 국민은 보건에 관하여 국가의 보호를 받는다.

제35조 ①국민의 자유와 권리는 헌법에 열거되지 아니한 이유로 경시되지 아니한다.

②국민의 모든 자유와 권리는 국가안전보장·질서유지 또는 공공복리를 위하여 필요한 경우에 한하여 법률로써 제한할 수 있으며, 제한하는 경우에도 자유와 권리의 본질적인 내용을 침해할 수 없다.

제36조 모든 국민은 법률이 정하는 바에 의하여 납세의 의무를 진다.

제37조 ①모든 국민은 법률이 정하는 바에 의하여 국방의 의무를 진다.

②누구든지 병역의무의 이행으로 불이익한 처우를 받지 아니한다.

제3장 정부

제1절 대통령

제38조 ①대통령은 국가의 원수이며, 외국에 대하여 국가를 대표한다.

②대통령은 국가의 독립·영토의 보전·국가의 계속성과 헌법을 수호할 책무를 진다.

③대통령은 조국의 평화적 통일을 위한 성실한 의무를 진다.

④행정권은 대통령을 수반으로 하는 정부에 속한다.

제39조 ①대통령은 대통령선거인단에서 무기명투표로 선거한다.

②대통령에 입후보하려는 자는 정당의 추천 또는 법률이 정하는 수의 대통령선거인의 추천을 받아야 한다.

③대통령선거인단에서 재적대통령선거인 과반수의 찬성을 얻은 자를 대통령당선자로 한다.

④제3항의 득표자가 없을 때에는 2차 투표를 하고, 2차 투표에도 제3항의 득표자가 없을 때에는 최고득표자가 1인이면 최고득표자와 차점자에 대하여, 최고득표자가 2인 이상이면 최고득표자에 대하여 결선투표를 함으로써 다수득표자를 대통령당선자로 한다.

⑤대통령의 선거에 관한 사항은 법률로 정한다.

제40조 ①대통령선거인단은 국민의 보통·평등·직접·비밀선거에 의하여 선출된 대통령선거인으로 구성한다.

②대통령선거인의 수는 법률로 정하되, 5,000인 이상으로 한다.

③대통령선거인의 선거에 관한 사항은 법률로 정한다.

제41조 ①대통령선거인으로 선출될 수 있는 자는 국회의원의 피선거권이 있고, 선거일 현재 30세에 달하여야 한다. 다만, 국회의원과 공무원은 대통령선거인이 될 수 없다.

②대통령선거인은 현행범인인 경우를 제외하고는 체포 또는 구금되지 아니한다.

③대통령선거인은 정당에 소속할 수 있다.

④대통령선거인은 선거인이 된 후 처음 실시되는 국회의원의 선거에 있어서 국회의원으로 선출될 수 없다.

⑤대통령선거인은 당해 대통령선거인단이 선거한 대통령의 임기개시일까지 그 신분을 가진다.

제42조 대통령으로 선거될 수 있는 자는 국회의원의 피선거권이 있고, 선거일 현재 계속하여 5년 이상 국내에 거주하고 40세에 달하여야 한다. 이 경우에 공무로 외국에 파견된 기간은 국내 거주기간으로 본다.

제43조 ①대통령의 임기가 만료되는 때에는 대통령선거인단은 늦어도 임기만료 30일 전에 후임자를 선거한다.

②대통령이 궐위된 때에는 새로이 대통령선거인단을 구성하여 3월 이내에 후임자를 선거한다.

제44조 대통령은 취임에 즈음하여 다음의 선서를 한다.

"나는 헌법을 준수하고 국가를 보위하며 민족문화의 발전 및 국민의 자유와 복리의 증진에 노력하고 조국의 평화적 통일을 위하여 대통령으로서의 직책을 성실히 수행할 것을 국민 앞에 엄숙히 선서합니다."

제45조 대통령의 임기는 7년으로 하며, 중임할 수 없다.

제46조 대통령이 궐위되거나 사고로 인하여 직무를 수행할 수 없을 때에는 국무총리, 법률에 정한 국무위원의 순위로 그 권한을 대행한다.

제47조 대통령은 필요하다고 인정할 때에는 외교·국방·통일 기타 국가안위에 관한 중요정책을 국민투표에 붙일 수 있다.

제48조 대통령은 조약을 체결·비준하고, 외교사절을 신임·접수 또는 파견하며, 선전포고와 강화를 한다.

제49조 ①대통령은 헌법과 법률이 정하는 바에 의하여 국군을 통수한다.
②국군의 조직과 편성은 법률로 정한다.

제50조 대통령은 법률에서 구체적으로 범위를 정하여 위임받은 사항과 법률을 집행하기 위하여 필요한 사항에 관하여 대통령령을 발할 수 있다.

제51조 ①대통령은 천재·지변 또는 중대한 재정·경제상의 위기에 처하거나, 국가의 안전을 위협하는 교전상태나 그에 준하는 중대한 비상사태에 처하여 국가를 보위하기 위하여 급속한 조치를 할 필요가 있다고 판단할 때에는 내정·외교·국방·경제·재정·사법 등 국정전반에 걸쳐 필요한 비상조치를 할 수 있다.
②대통령은 제1항의 경우에 필요하다고 인정할 때에는 헌법에 규정되어 있는 국민의 자유와 권리를 잠정적으로 정지할 수 있고, 정부나 법원의 권한에 관하여 특별한 조치를 할 수 있다.
③제1항과 제2항의 조치를 한 때에는 대통령은 지체없이 국회에 통고하여 승인을 얻어야 하며, 승인을 얻지 못한 때에는 그때부터 그 조치는 효력을 상실한다.
④제1항과 제2항의 조치는 그 목적을 달성할 수 있는 최단기간내에 한정되어야 하고, 그 원인이 소멸한 때에는 대통령은 지체없이 이를 해제하여야 한다.
⑤국회가 재적의원 과반수의 찬성으로 비상조치의 해제를 요구한 때에는 대통령은 이를 해제하여야 한다.

제52조 ①대통령은 전시·사변 또는 이에 준하는 국가비상사태에 있어서 병력으로써 군사상의 필요에 응하거나 공공의 안녕질서를 유지할 필요가 있을 때에는 법률이 정하는 바에 의하여 계엄을 선포할 수 있다.
②계엄은 비상계엄과 경비계엄으로 한다.
③비상계엄이 선포된 때에는 법률이 정하는 바에 의하여 영장제도, 언론·출판·집회·결사의 자유, 정부나 법원의 권한에 관하여 특별한 조치를 할 수 있다.
④계엄을 선포한 때에는 대통령은 지체없이 국회에 통고하여야 한다.
⑤국회가 재적의원 과반수의 찬성으로 계엄의 해제를 요구한 때에는 대통령은 이를 해제하여야 한다.

제53조 대통령은 헌법과 법률이 정하는 바에 의하여 공무원을 임명한다.

제54조 ①대통령은 법률이 정하는 바에 의하여 사면·감형·복권을 명할 수 있다.
②일반사면을 명하려면 국회의 동의를 얻어야 한다.
③사면·감형·복권에 관한 사항은 법률로 정한다.
제55조 대통령은 법률이 정하는 바에 의하여 훈장 기타의 영전을 수여한다.
제56조 대통령은 국회에 출석하여 발언하거나 서한으로 의견을 표시할 수 있다.
제57조 ①대통령은 국가의 안정 또는 국민전체의 이익을 위하여 필요하다고 판단할 상당한 이유가 있을 때에는 국회의장의 자문 및 국무회의의 심의를 거친 후 그 사유를 명시하여 국회를 해산할 수 있다. 다만, 국회가 구성된 후 1년 이내에는 해산할 수 없다.
②대통령은 같은 사유로 2차에 걸쳐 국회를 해산할 수 없다.
③국회가 해산된 경우 국회의원 총선거는 해산된 날로부터 30일 이후 60일 이내에 실시한다.
제58조 대통령의 국법상 행위는 문서로써 하며, 이 문서에는 국무총리와 관계 국무위원이 부서한다. 군사에 관한 것도 또한 같다.
제59조 대통령은 국무총리·국무위원·행정각부의 장 기타 법률이 정하는 공사의 직을 겸할 수 없다.
제60조 대통령은 내란 또는 외환의 죄를 범한 경우를 제외하고는 재직중 형사상의 소추를 받지 아니한다.
제61조 전직대통령의 신분과 예우에 관하여는 법률로 정한다.

제2절 행정부

제1관 국무총리와 국무위원

제62조 ①국무총리는 국회의 동의를 얻어 대통령이 임명한다.
②국무총리는 대통령을 보좌하고, 행정에 관하여 대통령의 명을 받아 행정각부를 통할한다.
③군인은 현역을 면한 후가 아니면 국무총리로 임명될 수 없다.
제63조 ①국무위원은 국무총리의 제청으로 대통령이 임명한다.
②국무위원은 국정에 관하여 대통령을 보좌하며, 국무회의의 구성원으로서 국정을 심의한다.

③국무총리는 국무위원의 해임을 대통령에게 건의할 수 있다.

④군인은 현역을 면한 후가 아니면 국무위원으로 임명될 수 없다.

제2관 국무회의

제64조 ①국무회의는 정부의 권한에 속하는 중요한 정책을 심의한다.

②국무회의는 대통령·국무총리와 15인 이상 30인 이하의 국무위원으로 구성한다.

③대통령은 국무회의의 의장이 되고, 국무총리는 부의장이 된다.

제65조 다음 사항은 국무회의의 심의를 거쳐야 한다.

1. 국정의 기본계획과 정부의 일반정책
2. 선전·강화 기타 중요한 대외정책
3. 헌법개정안·국민투표안·조약안·법률안과 대통령령안
4. 예산안·결산·국유재산처분의 기본계획·국가의 부담이 될 계약 기타 재정에 관한 중요사항
5. 대통령의 비상조치 또는 계엄과 그 해제
6. 군사에 관한 중요사항
7. 국회의 해산
8. 국회의 임시회 집회의 요구
9. 영전수여
10. 사면·감형과 복권
11. 행정각부간의 권한의 획정
12. 정부 안의 권한의 위임 또는 배정에 관한 기본계획
13. 국정처리상황의 평가·분석
14. 행정각부의 중요한 정책의 수립과 조정
15. 정당해산의 제소
16. 정부에 제출 또는 회부된 정부의 정책에 관계되는 청원의 심사
17. 합동참모의장·각군참모총장·검찰총장·국립대학교총장·대사 기타 법률에 정한 공무원과 국영기업체 관리자의 임명
18. 기타 대통령·국무총리 또는 국무위원이 제출한 사항

제66조 ①국정의 중요한 사항에 관한 대통령의 자문에 응하기 위하여 국가원로로 구성되는 국정자문회의를 둘 수 있다.

②국정자문회의의 의장은 직전대통령이 된다. 다만, 직전대통령이 없을 때에는 대통령이 지명한다.

③국정자문회의의 조직·직무범위 기타 필요한 사항은 법률로 정한다.

제67조 ①국가안전보장에 관련되는 대외정책·군사정책과 국내정책의 수립에 관하여 국무회의의 심의에 앞서 대통령의 자문에 응하기 위하여 국가안전보장회의를 둔다.

②국가안전보장회의는 대통령이 주재한다.

③국가안전보장회의의 조직·직무범위 기타 필요한 사항은 법률로 정한다.

제68조 ①평화통일정책의 수립에 관한 대통령의 자문에 응하기 위하여 평화통일정책자문회의를 둘 수 있다.

②평화통일정책자문회의의 조직·직무범위 기타 필요한 사항은 법률로 정한다.

제3관 행정각부

제69조 행정각부의 장은 국무위원 중에서 국무총리의 제청으로 대통령이 임명한다.

제70조 국무총리 또는 행정각부의 장은 소관사무에 관하여 법률이나 대통령령의 위임 또는 직권으로 총리령 또는 부령을 발할 수 있다.

제71조 행정각부의 설치·조직과 직무범위는 법률로 정한다.

제4관 감사원

제72조 국가의 세입·세출의 결산, 국가 및 법률에 정한 단체의 회계검사와 행정기관 및 공무원의 직무에 관한 감찰을 하기 위하여 대통령소속하에 감사원을 둔다.

제73조 ①감사원은 원장을 포함한 5인 이상 11인 이하의 감사위원으로 구성한다.

②원장은 국회의 동의를 얻어 대통령이 임명하고, 그 임기는 4년으로 하며, 1차에 한하여 중임할 수 있다.

③원장이 궐위된 경우에 임명된 후임자의 임기는 전임자의 잔임기간으로 한다.

④감사위원은 원장의 제청으로 대통령이 임명하고, 그 임기는 4년으로 하며, 1차에 한하여 중임할 수 있다.

第74조 감사원은 세입·세출의 결산을 매년 검사하여 대통령과 차년도 국회에 그 결과를 보고하여야 한다.

第75조 감사원의 조직·직무범위·감사위원의 자격·감사대상공무원의 범위 기타 필요한 사항은 법률로 정한다.

제4장 국회

第76조 입법권은 국회에 속한다.

第77조 ①국회는 국민의 보통·평등·직접·비밀선거에 의하여 선출된 의원으로 구성한다.

②국회의원의 수는 법률로 정하되, 200인 이상으로 한다.

③국회의원의 선거구와 비례대표제 기타 선거에 관한 사항은 법률로 정한다.

第78조 국회의원의 임기는 4년으로 한다.

第79조 국회의원은 법률이 정하는 직을 겸할 수 없다.

第80조 ①국회의원은 현행범인인 경우를 제외하고는 회기중 국회의 동의없이 체포 또는 구금되지 아니한다.

②국회의원이 회기전에 체포 또는 구금된 때에는 현행범인이 아닌 한 국회의 요구가 있으면 회기중 석방된다.

第81조 국회의원은 국회에서 직무상 행한 발언과 표결에 관하여 국회외에서 책임을 지지 아니한다.

第82조 ①국회의원은 청렴의 의무가 있다.

②국회의원은 국가이익을 우선하여 양심에 따라 직무를 행한다.

③국회의원은 그 지위를 남용하여 국가·공공단체 또는 기업체와의 계약이나 그 처분에 의하여 재산상의 권리·이익 또는 직위를 취득하거나 타인을 위하여 그 취득을 알선할 수 없다.

第83조 ①국회의 정기회는 법률이 정하는 바에 의하여 매년 1회 집회되며, 국회의 임시회는 대통령 또는 국회재적의원 3분의 1 이상의 요구에 의하여 집회된다.

②정기회의 회기는 90일을, 임시회의 회기는 30일을 초과할 수 없다.

③국회는 정기회·임시회를 합하여 년 150일을 초과하여 개회할 수 없다. 다만, 대통령이 집회를 요구한 임시회의 일수는 이에 산입하지 아니한다.

④대통령이 임시회의 집회를 요구할 때에는 기간과 집회요구의 이유를 명시하여야 한다.

⑤대통령의 요구에 의하여 집회된 임시회에서는 정부가 제출한 의안에 한하여 처리하며, 국회는 대통령이 집회요구시에 정한 기간에 한하여 개회한다.

제84조 국회는 의장 1인과 부의장 2인을 선거한다.

제85조 국회는 헌법 또는 법률에 특별한 규정이 없는 한 그 재적의원 과반수의 출석과 출석의원 과반수의 찬성으로 의결한다. 가부동수인 때에는 부결된 것으로 본다.

제86조 ①국회의 회의는 공개한다. 다만, 출석의원 과반수의 찬성이 있거나 의장이 국가의 안전보장을 위하여 필요하다고 인정할 때에는 공개하지 아니할 수 있다.

②공개하지 아니한 회의의 내용은 공표되어서는 아니된다.

제87조 국회에 제출된 법률안 기타의 의안은 회기중에 의결되지 못한 이유로 폐기되지 아니한다. 다만, 국회의원의 임기가 만료되거나 국회가 해산된 때에는 예외로 한다.

제88조 국회의원과 정부는 법률안을 제출할 수 있다.

제89조 ①국회에서 의결된 법률안은 정부에 이송되어 15일 이내에 대통령이 공포한다.

②법률안에 이의가 있을 때에는 대통령은 제1항의 기간내에 이의서를 붙여 국회로 환부하고, 그 재의를 요구할 수 있다. 국회의 폐회중에도 또한 같다.

③대통령은 법률안의 일부에 대하여 또는 법률안을 수정하여 재의를 요구할 수 없다.

④재의의 요구가 있을 때에는 국회는 재의에 붙이고, 재적의원 과반수의 출석과 출석의원 3분의 2 이상의 찬성으로 전과 같은 의결을 하면 그 법률안은

법률로서 확정된다.

⑤대통령이 제1항의 기간내에 공포나 재의의 요구를 하지 아니한 때에도 그 법률안은 법률로서 확정된다.

⑥대통령은 제4항과 제5항의 규정에 의하여 확정된 법률을 지체없이 공포하여야 한다. 제5항에 의하여 법률이 확정된 후 또는 제4항에 의한 확정법률이 정부에 이송된 후 5일 이내에 대통령이 공포하지 아니할 때에는 국회의장이 이를 공포한다.

⑦법률은 특별한 규정이 없는 한 공포한 날로부터 20일을 경과함으로써 효력을 발생한다.

第90조 ①국회는 국가의 예산안을 심의·확정한다.

②정부는 회계연도마다 예산안을 편성하여 회계연도 개시 90일 전까지 국회에 제출하고, 국회는 회계연도 개시 30일 전까지 이를 의결하여야 한다.

③새로운 회계연도가 개시될 때까지 예산안이 의결되지 못한 때에는 정부는 국회에서 예산안이 의결될 때까지 다음의 목적을 위한 경비는 전년도 예산에 준하여 집행할 수 있다.

1. 헌법이나 법률에 의하여 설치된 기관 또는 시설의 유지·운영
2. 법률상 지출의무의 이행
3. 이미 예산으로 승인된 사업의 계속

第91조 ①한 회계연도를 넘어 계속하여 지출할 필요가 있을 때에는 정부는 연한을 정하여 계속비로서 국회의 의결을 얻어야 한다.

②예비비는 총액으로 국회의 의결을 얻어야 한다. 예비비의 지출은 차기국회의 승인을 얻어야 한다.

第92조 정부는 예산에 변경을 가할 필요가 있을 때에는 추가경정예산안을 편성하여 국회에 제출할 수 있다.

第93조 국회는 정부의 동의없이 정부가 제출한 지출예산 각항의 금액을 증가하거나 새 비목을 설치할 수 없다.

第94조 국채를 모집하거나 예산 외에 국가의 부담이 될 계약을 체결하려 할 때에는 정부는 미리 국회의 의결을 얻어야 한다.

第95조 조세의 종목과 세율은 법률로 정한다.

제96조 ①국회는 상호원조 또는 안전보장에 관한 조약, 중요한 국제조직에 관한 조약, 우호통상항해조약, 주권의 제약에 관한 조약, 강화조약, 국가나 국민에게 중대한 재정적 부담을 지우는 조약 또는 입법사항에 관한 조약의 체결·비준에 대한 동의권을 가진다.

②선전포고, 국군의 외국에의 파견 또는 외국군대의 대한민국 영역 안에서의 주류에 대하여도 국회는 동의권을 가진다.

제97조 국회는 특정한 국정사안에 관하여 조사할 수 있으며, 그에 직접 관련된 서류의 제출, 증인의 출석과 증언이나 의견의 진술을 요구할 수 있다. 다만, 재판과 진행중인 범죄수사·소추에 간섭할 수 없다.

제98조 ①국무총리·국무위원 또는 정부위원은 국회나 그 위원회에 출석하여 국정처리상황을 보고하거나 의견을 진술하고 질문에 응답할 수 있다.

②국회나 그 위원회의 요구가 있을 때에는 국무총리·국무위원 또는 정부위원은 출석·답변하여야 하며, 국무총리 또는 국무위원이 출석요구를 받은 때에는 국무위원 또는 정부위원으로 하여금 출석·답변하게 할 수 있다.

제99조 ①국회는 국무총리 또는 국무위원에 대하여 개별적으로 그 해임을 의결할 수 있다. 다만, 국무총리에 대한 해임의결은 국회가 임명동의를 한 후 1년 이내에는 할 수 없다.

②제1항의 해임의결은 국회재적의원 3분의 1 이상의 발의에 의하여 국회재적의원 과반수의 찬성이 있어야 한다.

③제2항의 의결이 있을 때에는 대통령은 국무총리 또는 당해 국무위원을 해임하여야 한다. 다만, 국무총리에 대한 해임의결이 있을 때에는 대통령은 국무총리와 국무위원 전원을 해임하여야 한다.

제100조 ①국회는 법률에 저촉되지 아니하는 범위 안에서 의사와 내부규율에 관한 규칙을 제정할 수 있다.

②국회는 의원의 자격을 심사하며, 의원을 징계할 수 있다.

③의원을 제명하려면 국회재적의원 3분의 2 이상의 찬성이 있어야 한다.

④제2항과 제3항의 처분에 대하여는 법원에 제소할 수 없다.

제101조 ①대통령·국무총리·국무위원·행정각부의 장·헌법위원회 위원·법관·중앙선거관리위원회 위원·감사위원 기타 법률에 정한 공무원이 그 직무집행

에 있어서 헌법이나 법률을 위배한 때에는 국회는 탄핵의 소추를 의결할 수 있다.

②제1항의 탄핵소추는 국회재적의원 3분의 1 이상의 발의가 있어야 하며, 그 의결은 국회재적의원 과반수의 찬성이 있어야 한다. 다만, 대통령에 대한 탄핵소추는 국회재적의원 과반수의 발의와 국회재적의원 3분의 2 이상의 찬성이 있어야 한다.

③탄핵소추의 의결을 받은 자는 탄핵결정이 있을 때까지 그 권한행사가 정지된다.

④탄핵결정은 공직으로부터 파면함에 그친다. 그러나, 이에 의하여 민사상이나 형사상의 책임이 면제되지는 아니한다.

제5장 법원

제102조 ①사법권은 법관으로 구성된 법원에 속한다.

②법원은 최고법원인 대법원과 각급 법원으로 조직된다.

③법관의 자격은 법률로 정한다.

제103조 ①대법원에 부를 둘 수 있다.

②대법원에 행정·조세·노동·군사 등을 전담하는 부를 둘 수 있다.

③대법원에 대법원판사를 둔다. 다만, 법률이 정하는 바에 의하여 대법원판사가 아닌 법관을 둘 수 있다.

④대법원과 각급 법원의 조직은 법률로 정한다.

제104조 법관은 헌법과 법률에 의하여 그 양심에 따라 독립하여 심판한다.

제105조 ①대법원장은 국회의 동의를 얻어 대통령이 임명한다.

②대법원판사는 대법원장의 제청에 의하여 대통령이 임명한다.

③대법원장과 대법원판사가 아닌 법관은 대법원장이 임명한다.

제106조 ①대법원장의 임기는 5년으로 하며, 중임할 수 없다.

②대법원판사의 임기는 5년으로 하며, 법률이 정하는 바에 의하여 연임할 수 있다.

③대법원장과 대법원판사가 아닌 법관의 임기는 10년으로 하며, 법률이 정하는 바에 의하여 연임할 수 있다.

④법관의 정년은 법률로 정한다.

제107조 ①법관은 탄핵 또는 형벌에 의하지 아니하고는 파면되지 아니하며, 징계처분에 의하지 아니하고는 정직·감봉 또는 불리한 처분을 받지 아니한다.

②법관이 중대한 심신상의 장해로 직무를 수행할 수 없을 때에는 법률이 정하는 바에 의하여 퇴직하게 할 수 있다.

제108조 ①법률이 헌법에 위반되는 여부가 재판의 전제가 된 경우에 법원은 법률이 헌법에 위반되는 것으로 인정할 때에는 헌법위원회에 제청하여 그 결정에 의하여 재판한다.

②명령·규칙·처분이 헌법이나 법률에 위반되는 여부가 재판의 전제가 된 경우에는 대법원은 이를 최종적으로 심사할 권한을 가진다.

③재판의 전심절차로서 행정심판을 할 수 있다. 행정심판의 절차는 법률로 정하되, 사법절차가 준용되어야 한다.

제109조 대법원은 법률에 저촉되지 아니하는 범위 안에서 소송에 관한 절차, 법원의 내부규율과 사무처리에 관한 규칙을 제정할 수 있다.

제110조 재판의 심리와 판결은 공개한다. 다만, 심리는 국가의 안전보장 또는 안녕질서를 방해하거나 선량한 풍속을 해할 염려가 있을 때에는 법원의 결정으로 공개하지 아니할 수 있다.

제111조 ①군사재판을 관할하기 위하여 특별법원으로서 군법회의를 둘 수 있다.

②군법회의의 상고심은 대법원에서 관할한다.

③군법회의의 조직·권한 및 재판관의 자격은 법률로 정한다.

④비상계엄하의 군사재판은 군인·군무원의 범죄나 군사에 관한 간첩죄의 경우와, 초병·초소·유해음식물공급·포로에 관한 죄 중 법률에 정한 경우에 한하여 단심으로 할 수 있다.

제6장 헌법위원회

제112조 ①헌법위원회는 다음 사항을 심판한다.

1. 법원의 제청에 의한 법률의 위헌여부
2. 탄 핵

3. 정당의 해산

②헌법위원회는 9인의 위원으로 구성하며, 위원은 대통령이 임명한다.

③제2항의 위원 중 3인은 국회에서 선출하는 자를, 3인은 대법원장이 지명하는 자를 임명한다.

④헌법위원회의 위원장은 위원 중에서 대통령이 임명한다.

제113조 ①헌법위원회 위원의 임기는 6년으로 하며, 법률이 정하는 바에 의하여 연임할 수 있다.

②헌법위원회 위원은 정당에 가입하거나 정치에 관여할 수 없다.

③헌법위원회 위원은 탄핵 또는 형벌에 의하지 아니하고는 파면되지 아니한다.

④헌법위원회 위원의 자격은 법률로 정한다.

제114조 ①헌법위원회에서 법률의 위헌결정, 탄핵의 결정 또는 정당해산의 결정을 할 때에는 위원 6인 이상의 찬성이 있어야 한다.

②헌법위원회의 조직과 운영 기타 필요한 사항은 법률로 정한다.

제7장 선거관리

제115조 ①선거와 국민투표의 공정한 관리 및 정당에 관한 사무를 처리하기 위하여 선거관리위원회를 둔다.

②중앙선거관리위원회는 대통령이 임명하는 3인, 국회에서 선출하는 3인과 대법원장이 지명하는 3인의 위원으로 구성한다. 위원장은 위원 중에서 호선한다.

③위원의 임기는 5년으로 한다.

④위원은 정당에 가입하거나 정치에 관여할 수 없다.

⑤위원은 탄핵 또는 형벌에 의하지 아니하고는 파면되지 아니한다.

⑥중앙선거관리위원회는 법령의 범위 안에서 선거관리·국민투표관리 또는 정당사무에 관한 규칙을 제정할 수 있다.

⑦각급 선거관리위원회의 조직·직무범위 기타 필요한 사항은 법률로 정한다.

제116조 ①각급 선거관리위원회는 선거인명부의 작성등 선거사무에 관하여 관계 행정기관에 필요한 지시를 할 수 있다.

②제1항의 지시를 받은 당해 행정기관은 이에 응하여야 한다.

제117조 ①선거운동은 각급 선거관리위원회의 관리하에 법률이 정하는 범위 안에서 하되, 균등한 기회가 보장되어야 한다.

②선거에 관한 경비는 법률이 정하는 경우를 제외하고는 정당 또는 후보자에게 부담시킬 수 없다.

제8장 지방자치

제118조 ①지방자치단체는 주민의 복리에 관한 사무를 처리하고 재산을 관리하며, 법령의 범위 안에서 자치에 관한 규정을 제정할 수 있다.

②지방자치단체의 종류는 법률로 정한다.

제119조 ①지방자치단체에 의회를 둔다.

②지방의회의 조직·권한·의원선거와 지방자치단체의 장의 선임방법 기타 지방자치단체의 조직과 운영에 관한 사항은 법률로 정한다.

제9장 경제

제120조 ①대한민국의 경제질서는 개인의 경제상의 자유와 창의를 존중함을 기본으로 한다.

②국가는 모든 국민에게 생활의 기본적 수요를 충족시키는 사회정의의 실현과 균형있는 국민경제의 발전을 위하여 필요한 범위 안에서 경제에 관한 규제와 조정을 한다.

③독과점의 폐단은 적절히 규제·조정한다.

제121조 ①광물 기타 중요한 지하자원·수산자원·수력과 경제상 이용할 수 있는 자연력은 법률이 정하는 바에 의하여 일정한 기간 그 채취·개발 또는 이용을 특허할 수 있다.

②국토와 자원은 국가의 보호를 받으며, 국가는 그 균형있는 개발과 이용을 위하여 필요한 계획을 수립한다.

제122조 농지의 소작제도는 법률이 정하는 바에 의하여 금지된다. 다만, 농업생산성의 제고와 농지의 합리적인 이용을 위한 임대차 및 위탁경영은 법률이 정하는 바에 의하여 인정된다.

제123조 국가는 농지와 산지 기타 국토의 효율적이고 균형있는 이용·개발과 보전을 위하여 법률이 정하는 바에 의하여 그에 관한 필요한 제한과 의무를 과

할 수 있다.

제124조 ①국가는 농민·어민의 자조를 기반으로 하는 농어촌개발을 위하여 필요한 계획을 수립하며, 지역사회의 균형있는 발전을 기한다.

②국가는 중소기업의 사업활동을 보호·육성하여야 한다.

③국가는 농민·어민과 중소기업의 자조조직을 육성하여야 하며, 그 정치적 중립성을 보장한다.

제125조 국가는 건전한 소비행위를 계도하고 생산품의 품질향상을 촉구하기 위한 소비자보호운동을 법률이 정하는 바에 의하여 보장한다.

제126조 국가는 대외무역을 육성하며, 이를 규제·조정할 수 있다.

제127조 국방상 또는 국민경제상 긴절한 필요로 인하여 법률에 정한 경우를 제외하고는, 사영기업을 국유 또는 공유로 이전하거나 그 경영을 통제 또는 관리할 수 없다.

제128조 ①국가는 국민경제의 발전에 노력하고 과학기술을 창달·진흥하여야 한다.

②국가는 국가표준제도를 확립한다.

③대통령은 제1항의 목적을 달성하기 위하여 필요한 자문기구를 둘 수 있다.

제10장 헌법개정

제129조 ①헌법개정은 대통령 또는 국회재적의원 과반수의 발의로 제안된다.

②대통령의 임기연장 또는 중임변경을 위한 헌법개정은 그 헌법개정제안 당시의 대통령에 대하여는 효력이 없다.

제130조 제안된 헌법개정안은 대통령이 20일 이상의 기간 이를 공고하여야 한다.

제131조 ①국회는 헌법개정안이 공고된 날로부터 60일이내에 의결하여야 하며, 국회의 의결은 재적의원 3분의 2 이상의 찬성을 얻어야 한다.

②헌법개정안은 국회가 의결한 후 30일 이내에 국민투표에 붙여 국회의원선거권자 과반수의 투표와 투표자 과반수의 찬성을 얻어야 한다.

③헌법개정안이 제2항의 찬성을 얻은 때에는 헌법개정은 확정되며, 대통령은 즉시 이를 공포하여야 한다.

부칙 [제9호, 1980. 10. 27.]

제1조 이 헌법은 공포한 날로부터 시행한다.

제2조 이 헌법에 의한 최초의 대통령과 국회의원의 선거는 1981년 6월 30일까지 실시한다.

제3조 이 헌법시행 당시의 대통령의 임기는 이 헌법에 의한 최초의 대통령이 선출됨과 동시에 종료된다.

제4조 이 헌법시행과 동시에 이 헌법시행 당시의 통일주체국민회의는 폐지되고 그 대의원의 임기도 종료된다.

제5조 ①이 헌법시행 당시의 국회의원의 임기는 이 헌법시행과 동시에 종료된다.
②이 헌법에 의하여 선거된 최초의 국회의원의 임기는 국회의 최초의 집회일로부터 개시된다.

제6조 ①국가보위입법회의는 이 헌법에 의한 국회의 최초의 집회일 전일까지 존속하며, 이 헌법시행일로부터 이 헌법에 의한 국회의 최초의 집회일 전일까지 국회의 권한을 대행한다.

②국가보위입법회의는 각계의 대표자로 구성하되, 그 조직과 운영 기타 필요한 사항은 법률로 정한다.

③국가보위입법회의가 제정한 법률과 이에 따라 행하여진 재판 및 예산 기타 처분등은 그 효력을 지속하며, 이 헌법 기타의 이유로 제소하거나 이의를 할 수 없다.

④국가보위입법회의는 정치풍토의 쇄신과 도의정치의 구현을 위하여 이 헌법시행일 이전의 정치적 또는 사회적 부패나 혼란에 현저한 책임이 있는 자에 대한 정치활동을 규제하는 법률을 제정할 수 있다.

제7조 새로운 정치질서의 확립을 위하여 이 헌법시행과 동시에 이 헌법시행 당시의 정당은 당연히 해산된다. 다만, 늦어도 이 헌법에 의한 최초의 대통령선거일 3월 이전까지는 새로운 정당의 설립이 보장된다.

제8조 ①이 헌법에 의하여 선거방법이나 임명권자가 변경된 공무원과 대법원장·대법원판사·감사원장·감사위원·헌법위원회 위원은 이 헌법에 의하여 후임자가 선임될 때까지 그 직무를 행하며, 이 경우 전임자인 공무원의 임기는

후임자가 선임되는 전일까지로 한다.

②이 헌법 중 공무원의 임기 또는 중임제한에 관한 규정은 이 헌법에 의하여 그 공무원이 최초로 선출 또는 임명된 때로부터 적용한다.

제9조 이 헌법시행 당시의 법령과 조약은 이 헌법에 위배되지 아니하는 한 그 효력을 지속한다.

제10조 이 헌법에 의한 지방의회는 지방자치단체의 재정자립도를 감안하여 순차적으로 구성하되, 그 구성시기는 법률로 정한다.

헌법개정사

제8장

제6공화국 헌법

제8장 제6공화국 헌법

1. 정치 상황

제6공화국 헌법은 1987년 6월 민중항쟁으로 6·29선언에 의하여 여·야 간의 합의개헌이었다. 1987년 6월, 대통령직선제 개헌 등 민주화를 요구하며 전국적으로 전개된 대규모 시민 항쟁이 일어났다. 1985년 2·12총선에서 신한민주당이 승리한 것을 기점으로 대통령직선제 개헌 요구가 날로 커졌다. 1986년 개헌서명운동의 성과로 국회 내 개헌특위가 만들어졌지만, 여·야 간 개헌 협상은 난항을 거듭하였다. 이를 빌미로 1987년 4월 13일 전두환은 대통령 임기 내 개헌을 거부하고, 기존 제5공화국 헌법으로 차기 대통령 선거를 치르겠다는 이른바 호헌조치를 발표하였다.

전두환 정부가 이렇게 개헌 거부를 공식화한 상황에서 5월 18일 정의구현사제단이 지난 1987년 1월 발생한 박종철 고문치사 사건이 정권 차원에서 은폐·조작되었다는 사실을 폭로하였다. 많은 시민들이 크게 분노하였고, 야당과 민주화운동 진영은 전두환 정부에 정면으로 맞서기 위한 투쟁에 본격적으로 돌입하였다.

먼저 1987년 5월 27일 야당과 재야, 종교계 등이 힘을 모아 '민주헌법쟁취국민운동본부'을 조직하였다. 그리고 여당인 민주정의당에서 노태우를 대통령 후보로 지명하는 6월 10일에 맞춰 '고문살인 은폐규탄 및 호헌철폐 국민대회(6·10국민대회)'를 치르기로 결정하였다. 대학생들은 국본에 참여하지 않았지만 '서울지역대학생대표자협의회'를 중심으로 6·10국민대회에 호응하여 6월 초부터 각 대학별로 연일 집회와 시위를 벌였다.

그런데 6·10국민대회 하루 전날인 6월 9일 연세대 학생 이한열이 교문 앞에서 시위를 벌이다가 경찰이 쏜 최루탄에 맞아 피를 흘리며 쓰러졌다. 그는 곧 혼수상태에 빠졌다. 이 소식이 알려지자 학생들은 물론 시민들의 분노가 들끓었다. 이러한 분노 속에서 6·10국민대회가 열렸다. 경찰은 대규모 병력을 동원해 6·10국민대회가 열리는 성공회대성당을 원천 봉쇄하였다. 그 결과 6·10국민대회는 대회장에 미리 들어가 있던 소수의 인원만으로 진행되었다.

하지만 대회 예정 시간인 오후 6시 이전부터 서울 시내 곳곳에서 대학생들의 대규모 시위가 일어났고, 시민들도 다양한 방식으로 6·10국민대회와 학생 시위에 동참하였다. 이날 밤 늦게까지 시위를 벌이던 학생들은 명동성당으로 들어가 이후 5일 동안 농성을 계속하였다. 애초 계획된 것은 아니었지만 대학생들의 명동성당 농성은 6·10국민대회가 단발성 행사로 끝나지 않고 지속적인 저항으로 이어지는 계기가 되었다.

명동성당 농성을 거치며 항쟁은 전국적으로 확산되었다. 유월항쟁의 전국화 과정에는 일정한 패턴이 존재하였다. 6월 10일 서울 외에도 전국 주요 도시에서 동시다발적으로 시위가 벌어졌지만, 15일까지 항쟁의 중심은 6·10국민대회와 명동성당 농성이 전개된 서울이었다. 하지만 6월 15일경부터는 부산, 대전, 진주 등에서 격렬한 시위가 전개되었다. 그러다가 6월 20일부터 대규모 시위가 광주, 전주, 순천, 익산 등 호남 지방으로 옮겨졌다. 6·10국민대회 이후 약 20일 동안 전국 곳곳에서 매일 평균 100회 이상의 시위가 동시다발로 벌어졌다. 특히 6월 18일 '최루탄추방대회'와 6월 26일 '국민평화대행진'은 전국 곳곳에서 한꺼번에 1백만 명 이상이 참여하였다. 갈수록 참가 지역이 전국 곳곳으로 확산되어 대도시, 중소도시뿐만 아니라 농촌 지역의 군 단위에서도 시위가 일어났다. 6월 26일 하루에만 37~38개 시·군에서 시위가 동시에 벌어졌다. 유월항쟁에 참가한 연인원은 400~500만 명으로 추산된다.

반면 6월항쟁의 전국적 동시다발 시위는 경찰 병력을 분산시켰다. 분산된 경찰 병력으로는 여기저기서 터져 나오는 거센 시위의 물결을 막아 낼 수 없었다. 경찰이 시위 진압에 최루탄을 남발하면서 최루탄도 점차 고갈되기 시작하였다. 유월항쟁 기간 동안 경찰이 사용한 최루탄만 총 67만 발이 넘었다. 경찰력이 한계에 다다른 상황에서 전두환 정권이 기댈 수 있는 것은 군대의 힘밖에 없었다.

하지만 군대를 동원하였을 때 과연 군대가 전두환의 뜻대로 움직일지가 미지수였다. 또한 전두환 정권이 집권 내내 강조했던 88서울올림픽이 얼마 남지 않아 미국 등 국제사회의 이목이 집중된 상황에서 1980년 5월 광주민주화운동 때처럼 유혈 사태와 대량 학살을 반복하는 것은 큰 부담이었다. 무엇보다 군대를 동원하더라도 이러한 대규모 시민 항쟁을 진압할 수 있을지 확신할 수 없었다. 결국 경찰력으로 항쟁을 막기 힘들고, 군대 투입도 어렵다고 판단한 전두환 정권은 1987년 6월 29일 '6·29민주화선언'을 통해 대통령직선제 개헌 요구를 수용하였다. 그리고 그동안 의식불명 상태에 있었던 이한열이 7월 5일 끝내 사망하였다. 5일장 후 7월 9일 치러진 이한열의 노제에 100만 명의 인파가 모인 것을 끝으로 약 한 달 동안 지속된 유월항쟁은 마무리되었다.

2. 제9차 개정 헌법(1987년 10월 29일)

제9차 개헌[제12대 국회]은 국민투표(1987. 10. 29.)를 통하여 대통령 직선제 5년 단임, 대통령 권한의 약화, 국회해산권 삭제, 국정감사권 부활, 국회의 권한 강화, 사법권의 독립 강화, 헌법재판소 신설, 국민의 기본권 강화, 경제의 민주화를 지향하는 규정을 마련하였다. 1987년 6·29선언 후, 제6공화국 헌법의 등장은 전문개정으로 실질상 헌법세정에 해당한다고 볼 수 있다.

(1) 개정 이유

1987년 6월 항쟁의 성공으로 여야간 합의에 의하여 제9차 헌법개정을 이루게 되었다. 제9차 헌법 개정에 따라 국민의 직접 선거로 제13대 노태우, 제14대 김영삼, 제15대 김대중, 제16대 노무현, 제17대 이명박, 제18대 박근혜, 제19대 문재인, 제20대 윤석열을 대통령으로 선출하였다.

대한민국헌법

[시행 1988. 2. 25.] [헌법 제10호, 1987. 10. 29., 전부개정]

개정이유

우리는 1948년 7월 17일 대한민국정부수립의 기초가 된 헌법을 제정·공포한 이래 8차에 걸친 헌법개정을 경험하였다. 이제 제12대국회의 여·야의원은 지난 39년간 겪은 귀중한 헌정사적 교훈을 거울삼고 우리 국민의 창의와 근면으로 이룩한 경제성장과 더불어 꾸준히 변화·성숙되어 온 민주역량과 다양화된 민의를 폭넓게 수용하여 대한민국 헌정사의 새로운 장을 여는 합의개헌안을 제안함으로써, 국민 모두의 동의와 자발적 참여를 바탕으로 자유민주주의 이념과 체제를 더욱 확고히 계승·발전시키고 조국의 평화통일기반을 공고히 하여 세계 속에 웅비하는 2천 년대의 새 역사 창조에 획기적인 계기를 마련하고자 한다.

지난 제12대 총선 이후 우리 사회는 개헌문제를 둘러싸고 갈등과 대립 그리고 혼란을 거듭하기도 하였으나 마침내 국민대화합을 이룩하여 우리 역사상 처음으로 여·야 합의에 의하여 대통령직선제의 헌법개정안을 제안할 수 있게 되었다.

이 헌법개정안은 여·야 정당간에 합의된 내용을 기초로 하여 국회 내의 모든 교섭단체대표 등이 참여한 헌법개정특별위원회에서 만장일치로 기초·성안한 것을 그대로 제안하는 등 국민적 합의를 도출하는데 필요한 모든 절차를 거친 것으로써 참다운 민주화 시대의 전개를 향한 국민적 여망과 정치인의 시대적 사명이 함께 담긴 것이다.

이 헌법개정안의 주요내용은 다음과 같다.

첫째, 대통령직선제의 채택으로 국민의 직접선거에 의한 정부선택을 보장함과 아울러, 대통령단임제에 기한 평화적 정권교체의 전통을 계승 확립함으로써 민주국가발전의 기틀을 더욱 확고히 하였다.

둘째, 대통령의 비상조치권·국회해산권의 폐지를 통하여 대통령의 권한을 합리적으로 조정하고, 국정감사권을 부활하는 등 국민의 대표기관인 국회의 권한을 강화하여 그 기능을 활성화함으로써 국가권력의 균형과 조화를 도모하였으며, 법관의 임명절차 개선과 헌법재판소의 신설 등을 통하여 사법권의 독립을 실질적으로 보장하고 헌법의 실효성을 제고하였다.

셋째, 구속적부심사청구권의 전면보장, 형사보상제도의 확대, 범죄피해자에 대한 국가구조제 신설 등 국민의 신체와 생명에 대한 보호를 강화하고, 언론·출판·집회·결사에 대한 허가·검열의 금지등 표현의 권리를 최대한 보장하며, 근로3권의 실질적 보장과 최저임금제의 실시등 근로자의 인간다운 생활을 할 권리를 확충하여 기본적 인권을 신장하였다.

넷째, 경제질서에 관하여는 자유경제체제의 원리를 근간으로 하면서 적정한 소득의 분배, 지역경제의 균형발전, 중소기업과 농·어민 보호 등을 통하여 모든 국민의 복리를 증진시키고, 국민생활의 기본적 수요를 충족시키는 사회정의를 실현하도록 하였다.

[주요골자]

1. 대한민국임시정부의 법통과 불의에 항거한 4.19민주이념의 계승 및 조국의 민주개혁의 사명을 명시함(안 전문).
2. 재외국민에 대한 국가의 보호의무를 규정함(안 제2조 제2항).
3. 민주적 기본질서에 입각한 평화적 통일정책을 수립하여 추진하는 규정을 신설함(안 제4조).
4. 국군의 정치적 중립성 준수를 명시함(안 제5조 제2항).
5. 정당은 조직·활동 외에 그 목적도 민주적이여야 한다는 점을 명시하였으며, 정당의 해산은 헌법재판소의 심판에 따르도록 함(안 제8조 제2항 및 제4항).
6. 법률과 적법한 절차에 의하지 아니하고는 처벌·보안처분 또는 강제노역을 받지 아니하도록 하였으며, 체포·구속·압수·수색에는 적법한 절차에 따라 검사의 신청에 의하여 법관이 발부한 영장을 제시하도록 함(안 제12조 제1항 및 제3항).
7. 체포·구속시 그 이유와 변호인의 조력을 받을 권리를 고지할 의무 및 가족등에게 그 이유·일시·장소를 통지할 의무규정을 신설함(안 제12조 제5항).
8. 모든 구속자에 대하여 구속적부심사청구가 가능하도록 함(안 제12조 제6항).
9. 언론·출판에 대한 허가나 검열의 금지 및 집회·결사에 대한 허가금지 규정을 신설함(안 제21조 제2항).
10. 통신·방송의 시설기준과 신문의 기능보장에 필요한 사항을 법률로 정하도록 함(안 제21조 제3항).

11. 과학기술자의 권리를 법률로써 보호하도록 함(안 제22조 제2항).
12. 재산권의 수용등에 대하여 법률의 규정에 의한 정당한 보상을 지급하도록 함(안 제23조 제3항).
13. 군사시설에 관한 죄를 범한 민간인에 대하여는 군사법원의 재판관할에서 제외함(안 제27조 제2항).
14. 형사피해자는 법률이 정하는 바에 의하여 당해 사건의 재판절차에서 진술할 수 있도록 함(안 제27조 제5항).
15. 형사피의자로서 구금되었던 자가 법률이 정하는 부기소처분을 받은 경우에도 보상을 받을 수 있도록 형사보상제도를 확대함(안 제28조).
16. 타인의 범죄행위로 인하여 생명·신체에 피해를 받은 국민에 대한 국가구조제도를 신설함(안 제30조).
17. 대학의 자율성을 법률이 정하는 바에 의하여 보장함(안 제31조 제4항).
18. 근로자의 최저임금제를 실시하도록 함(안 제32조 제1항).
19. 여자의 근로는 특별한 보호를 받으며, 고용·임금 및 근로조건에 있어서 부당한 차별을 받지 아니하도록 함(안 제32조 제4항).
20. 단체행동권 행사의 법률유보조항을 삭제하고, 법률이 정하는 주요방위산업체에 종사하는 근로자의 단체행동권은 제한하거나 인정하지 아니할 수 있도록 함(안 제33조 제1항 및 제3항).
21. 국가는 여자의 복지와 권익향상을 위하여 노력하도록 하고, 노인과 청소년의 복지향상을 위한 정책을 실시할 의무 및 재해예방노력의무를 국가에 부과함(안 제34조 제3항·제4항 및 제6항).
22. 환경권 규정에 국민이 쾌적한 주거생활을 할 수 있도록 주택개발정책의 실시를 추가하여 규정함(안 제35조 제3항).
23. 혼인·가족·건강에 관한 권리에 모성보호 규정을 추가 함(안 제36조 제2항).
24. 국회임시회 소집요건을 "재적의원 3분의 1 이상"에서 "재적의원 4분의 1 이상"으로 완화하고, 정기회 회기를 "90日"에서 "100日"로 연장하였으며, 연간개회일수 제한 규정을 삭제하고, 대통령이 요구한 임시회에서의 처리요건 제한규정을 삭제함(안 제47조).

25. 국회는 국정을 감사하거나 특정한 국정사안에 대하여 조사할 수 있도록 국정감사권을 부활하고 국정감사 및 조사에 관한 절차는 법률로 정하도록 함(안 제61조).
26. 국회의 국무총리·국무위원에 대한 해임의결권을 해임건의권으로 변경함(안 제63조).
27. 대통령은 국민의 보통·평등·직접·비밀선거에 의하여 선출하도록 하고, 최고득표자가 2인 이상인 경우 국회의 재적의원 과반수가 출석한 공개회의에서 당선자를 결정하도록 하며, 대통령후보자가 1인일 때에는 선거권자 총수의 3분의 1이상 득표하여야 당선되도록 함(안 제67조 제1항·제2항 및 제3항).
28. 대통령의 피선거권이 있는 자는 국회의원의 피선거권이 있고 선거일 현재 40세에 달한 자로 함(안 제67조 제4항).
29. 대통령의 후임자선거는 임기만료 70일 내지 40일 전에 하되, 대통령이 궐위된 때에는 60일 이내에 하도록 함(안 제68조).
30. 대통령의 임기를 5년 단임으로 함(안 제70조).
31. 대통령의 비상조치권을 삭제하고, 긴급재정경제처분 및 명령권과 긴급명령권을 대통령에게 부여함(안 제76조).
32. 대통령의 국회해산권을 삭제함(현행 제57조).
33. 대통령의 권한조정에 따라 국무회의의 심의사항을 변경함(안 제89조).
34. "국정자문회의" "국가원로자문회의"로, "평화통일정책자문회의"는 "민주평화통일자문회의"로 명칭을 변경함(안 제90조 및 제92조).
35. 대통령의 자문기관으로 국민경제자문회의를 신설함(안 제93조).
36. "대법원판사"를 "대법관"으로 하고, 대법관은 대법원장의 제청으로 국회의 동의를 얻어 대통령이 임명하도록 함(안 제102조 제2항 및 제104조 제2항).
37. 일반법관은 대법관회의의 동의를 얻어 대법원장이 임명하도록 함(안 제104조 제3항).
38. 대법원장의 임기는 6년 단임으로 하며, 대법관의 임기는 6년으로 하고 연임할 수 있도록 함(안 제106조 제1항 및 제2항).

39. 법관은 탄핵 또는 금고 이상의 형의 선고 없이는 파면되지 아니하도록 함(안 제106조 제1항).
40. "군법회의"를 "군사법원"으로 명칭을 변경하고, 비상계엄하의 군사재판의 단심제에 있어서 사형을 선고한 경우는 제외함(안 제110조).
41. 헌법위원회를 폐지하고, 헌법재판소를 신설하여 법원의 제청에 의한 법률의 위헌여부심판, 탄핵의 심판, 정당의 해산심판 및 국가기관상호간 등의 권한쟁의에 관한 심판과 법률이 정하는 헌법소원에 관한 심판을 관장하도록 함(안 제111조 제1항).
42. 헌법재판소는 법관의 자격을 가진 9인의 재판관으로 구성하며. 대통령이 임명하되, 9인중 3인은 국회에서 선출하는 자를, 3인은 대법원장이 지명하는 자를 임명하고 헌법재판소의 장은 국회의 동의를 얻어 재판관 중에서 임명하도록 함(안 제111조 제2항·제3항 및 제4항).
43. 헌법재판소 재판관의 임기는 6년으로 하고 연임할 수 있도록 하며 정당가입을 금지하고, 탄핵 또는 금고 이상의 형의 선고 없이는 파면되지 아니하도록 함(안 제112조).
44. 헌법재판소에서 위헌판결, 탄핵결정, 정당해산의 결정 또는 헌법소원에 관한 인용결정을 함에는 6인 이상의 찬성을 요하도록 함(안 제113조 제1항).
45. 중앙선거관리위원회 위원의 임기를 현행 5년에서 6년으로 연장하고, 탄핵 또는 금고 이상의 형의 선고 없이는 파면되지 아니하도록 하며, 중앙선거관리위원회는 내부규율에 관한 규칙을 제정할 수 있도록 함(안 제114조 제3항·제5항 및 제6항).
46. 국가는 균형있는 국민경제의 성장 및 안정과 적정한 소득분배를 유지하고, 시장지배와 경제력의 남용을 방지하며, 경제주체간의 조화를 통한 경제의 민주화를 위하여 경제에 관한 규제와 조정을 할 수 있도록 함(안 제119조 제2항).
47. 국가는 농지에 관하여 경자유전의 원칙이 달성될 수 있도록 노력하여야 하며, 농지의 소작제도를 금지함(안 제121조 제1항).
48. 농업생산성 제고와 농지의 합리적 이용을 위하거나 불가피한 사정으로

발생하는 농지의 임대차와 위탁경영은 법률이 정하는 바에 의하여 인정함(안 제121조 제2항).

49. 국토는 국민 모두의 생산 및 생활의 기반이 된다는 것을 명시함(안 제122조).
50. 국가는 농업 및 어업을 보호·육성하기 위하여 농·어촌 종합개발과 그 지원등에 필요한 계획을 수립·시행하도록 함(안 제123조제1항).
51. 국가의 균형있는 지역경제육성의무를 신설함(안 제123조 제2항).
52. 국가는 농수산물의 수급균형과 유통구조의 개선에 노력하여 가격안정을 도모하도록 함(안 제123조 제4항).
53. 국가는 농·어민과 중소기업의 자조조직의 자율적 활동과 발전을 보장함(안 제123조 제5항).
54. 국가는 과학기술의 혁신과 정보 및 인력의 개발을 통하여 국민경제의 발전에 노력하도록 함(안 제127조 제1항).
55. 이 헌법의 시행일을 1988년2월25일로 하고, 이 헌법시행에 필요한 법률의 제정·개정과 대통령 및 국회의원의 선거 기타 이 헌법시행에 관한 준비는 이 헌법시행전에 할 수 있도록 함(안 부칙 제1조).
56. 이 헌법에 의한 최초의 대통령선거는 이 헌법시행일 40일 전까지 실시하며, 최초의 대통령의 임기는 이 헌법시행일로부터 개시함(안 부칙 제2조).
57. 이 헌법에 의한 최초의 국회의원선거는 이 헌법공포일로부터 6월 이내에 실시하며, 최초의 국회의원의 임기는 최초의 국회의원선거후 국회의 최초의 집회일로부터 개시하도록 하고 이 헌법공포 당시의 국회의원 임기는 최초의 국회의원선거후 이 헌법에 의한 국회의 최초의 집회일 전일까지로 함(안 부칙 제3조).
58. 이 헌법시행 당시의 공무원과 정부가 임명한 기업체의 임원은 이 헌법에 의하여 임명된 것으로 보고, 이 헌법에 의하여 선임방법이나 임명권자가 변경된 공무원과 대법원장 및 감사원장은 후임자가 선임될 때까지 그 직무를 행하며 그 임기는 후임자가 선임되는 전일까지로 하고, 이 헌법시행 당시의 대법원장과 대법원판사가 아닌 법관은 이 헌법에

의하여 임명된 것으로 보며, 이 헌법중 공무원의 임기 또는 중임제한에 관한 규정은 이 헌법에 의하여 그 공무원이 최초로 선출 또는 임명된 때로부터 적용하도록 함(안 부칙 제4조).

59. 이 헌법시행 당시의 법령과 조약은 이 헌법에 위배되지 아니하는 한 그 효력을 지속함(안 부칙 제5조).
60. 이 헌법에 의하여 새로 설치될 기관의 권한에 속하는 직무를 행하고 있는 기관은 새로운 기관이 설치될 때까지 존속하며 그 직무를 행하도록 함(안 부칙 제6조).

개정문

헌법 제129조제1항의 규정에 의하여 국회재적의원 과반수의 발의로 제안된 헌법개정안을 국무회의의 심의를 거쳐 헌법 제130조의 규정에 따라 이에 공고한다.

대통령	전두환 (인)
국무총리	김정렬
국무위원 경제기획원장관	정인용
국무위원 외무부장관	최광수
국무위원 내무부장관	이상희
국무위원 재무부장관	사공일
국무위원 법무부장관	정해창
국무위원 국방부장관	정호용
국무위원 문교부장관	서명원
국무위원 체육부장관	조상호
국무위원 농림수산부장관	김주호
국무위원 상공부장관	나웅배
국무위원 동력자원부장관	최창락
국무위원 건설부장관	이규효
국무위원 보건사회부장관	이해원

국무위원 노동부장관 이헌기
국무위원 교통부장관 차규헌
국무위원 체신부장관 오명
국무위원 문화공보부장관 이웅희
국무위원 총무처장관 장기오
국무위원 과학기술처장관 박긍식
국무위원 국토통일원장관 허문도
국무위원 정무장관(제1) 이종률

(2) 제9차 개정 헌법(1987년 10월 29일)

대한민국헌법

[시행 1988. 2. 25.] [헌법 제10호, 1987. 10. 29., 전부개정]

전문

유구한 역사와 전통에 빛나는 우리 대한국민은 3·1운동으로 건립된 대한민국임시정부의 법통과 불의에 항거한 4·19민주이념을 계승하고, 조국의 민주개혁과 평화적 통일의 사명에 입각하여 정의·인도와 동포애로써 민족의 단결을 공고히 하고, 모든 사회적 폐습과 불의를 타파하며, 자율과 조화를 바탕으로 자유민주적 기본질서를 더욱 확고히 하여 정치·경제·사회·문화의 모든 영역에 있어서 각인의 기회를 균등히 하고, 능력을 최고도로 발휘하게 하며, 자유와 권리에 따르는 책임과 의무를 완수하게 하여, 안으로는 국민생활의 균등한 향상을 기하고 밖으로는 항구적인 세계평화와 인류공영에 이바지함으로써 우리들과 우리들의 자손의 안전과 자유와 행복을 영원히 확보할 것을 다짐하면서 1948년 7월 12일에 제정되고 8차에 걸쳐 개정된 헌법을 이제 국회의 의결을 거쳐 국민투표에 의하여 개정한다.

1987년 10월 29일

제1장 총강

제1조 ①대한민국은 민주공화국이다.
②대한민국의 주권은 국민에게 있고, 모든 권력은 국민으로부터 나온다.

제2조 ①대한민국의 국민이 되는 요건은 법률로 정한다.

②국가는 법률이 정하는 바에 의하여 재외국민을 보호할 의무를 진다.

제3조 대한민국의 영토는 한반도와 그 부속도서로 한다.

제4조 대한민국은 통일을 지향하며, 자유민주적 기본질서에 입각한 평화적 통일정책을 수립하고 이를 추진한다.

제5조 ①대한민국은 국제평화의 유지에 노력하고 침략적 전쟁을 부인한다.

②국군은 국가의 안전보장과 국토방위의 신성한 의무를 수행함을 사명으로 하며, 그 정치적 중립성은 준수된다.

제6조 ①헌법에 의하여 체결·공포된 조약과 일반적으로 승인된 국제법규는 국내법과 같은 효력을 가진다.

②외국인은 국제법과 조약이 정하는 바에 의하여 그 지위가 보장된다.

제7조 ①공무원은 국민전체에 대한 봉사자이며, 국민에 대하여 책임을 진다.

②공무원의 신분과 정치적 중립성은 법률이 정하는 바에 의하여 보장된다.

제8조 ①정당의 설립은 자유이며, 복수정당제는 보장된다.

②정당은 그 목적·조직과 활동이 민주적이어야 하며, 국민의 정치적 의사형성에 참여하는데 필요한 조직을 가져야 한다.

③정당은 법률이 정하는 바에 의하여 국가의 보호를 받으며, 국가는 법률이 정하는 바에 의하여 정당운영에 필요한 자금을 보조할 수 있다.

④정당의 목적이나 활동이 민주적 기본질서에 위배될 때에는 정부는 헌법재판소에 그 해산을 제소할 수 있고, 정당은 헌법재판소의 심판에 의하여 해산된다.

제9조 국가는 전통문화의 계승·발전과 민족문화의 창달에 노력하여야 한다.

제2장 국민의 권리와 의무

제10조 모든 국민은 인간으로서의 존엄과 가치를 가지며, 행복을 추구할 권리를 가진다. 국가는 개인이 가지는 불가침의 기본적 인권을 확인하고 이를 보장할 의무를 진다.

제11조 ①모든 국민은 법 앞에 평등하다. 누구든지 성별·종교 또는 사회적 신분에 의하여 정치적·경제적·사회적·문화적 생활의 모든 영역에 있어서 차

별을 받지 아니한다.

②사회적 특수계급의 제도는 인정되지 아니하며, 어떠한 형태로도 이를 창설할 수 없다.

③훈장 등의 영전은 이를 받은 자에게만 효력이 있고, 어떠한 특권도 이에 따르지 아니한다.

第12조 ①모든 국민은 신체의 자유를 가진다. 누구든지 법률에 의하지 아니하고는 체포·구속·압수·수색 또는 심문을 받지 아니하며, 법률과 적법한 절차에 의하지 아니하고는 처벌·보안처분 또는 강제노역을 받지 아니한다.

②모든 국민은 고문을 받지 아니하며, 형사상 자기에게 불리한 진술을 강요당하지 아니한다.

③체포·구속·압수 또는 수색을 할 때에는 적법한 절차에 따라 검사의 신청에 의하여 법관이 발부한 영장을 제시하여야 한다. 다만, 현행범인인 경우와 장기 3년 이상의 형에 해당하는 죄를 범하고 도피 또는 증거인멸의 염려가 있을 때에는 사후에 영장을 청구할 수 있다.

④누구든지 체포 또는 구속을 당한 때에는 즉시 변호인의 조력을 받을 권리를 가진다. 다만, 형사피고인이 스스로 변호인을 구할 수 없을 때에는 법률이 정하는 바에 의하여 국가가 변호인을 붙인다.

⑤누구든지 체포 또는 구속의 이유와 변호인의 조력을 받을 권리가 있음을 고지받지 아니하고는 체포 또는 구속을 당하지 아니한다. 체포 또는 구속을 당한 자의 가족등 법률이 정하는 자에게는 그 이유와 일시·장소가 지체없이 통지되어야 한다.

⑥누구든지 체포 또는 구속을 당한 때에는 적부의 심사를 법원에 청구할 권리를 가진다.

⑦피고인의 자백이 고문·폭행·협박·구속의 부당한 장기화 또는 기망 기타의 방법에 의하여 자의로 진술된 것이 아니라고 인정될 때 또는 정식재판에 있어서 피고인의 자백이 그에게 불리한 유일한 증거일 때에는 이를 유죄의 증거로 삼거나 이를 이유로 처벌할 수 없다.

第13조 ①모든 국민은 행위시의 법률에 의하여 범죄를 구성하지 아니하는 행위로 소추되지 아니하며, 동일한 범죄에 대하여 거듭 처벌받지 아니한다.

②모든 국민은 소급입법에 의하여 참정권의 제한을 받거나 재산권을 박탈당하지 아니한다.

③모든 국민은 자기의 행위가 아닌 친족의 행위로 인하여 불이익한 처우를 받지 아니한다.

제14조 모든 국민은 거주·이전의 자유를 가진다.

제15조 모든 국민은 직업선택의 자유를 가진다.

제16조 모든 국민은 주거의 자유를 침해받지 아니한다. 주거에 대한 압수나 수색을 할 때에는 검사의 신청에 의하여 법관이 발부한 영장을 제시하여야 한다.

제17조 모든 국민은 사생활의 비밀과 자유를 침해받지 아니한다.

제18조 모든 국민은 통신의 비밀을 침해받지 아니한다.

제19조 모든 국민은 양심의 자유를 가진다.

제20조 ①모든 국민은 종교의 자유를 가진다.

②국교는 인정되지 아니하며, 종교와 정치는 분리된다.

제21조 ①모든 국민은 언론·출판의 자유와 집회·결사의 자유를 가진다.

②언론·출판에 대한 허가나 검열과 집회·결사에 대한 허가는 인정되지 아니한다.

③통신·방송의 시설기준과 신문의 기능을 보장하기 위하여 필요한 사항은 법률로 정한다.

④언론·출판은 타인의 명예나 권리 또는 공중도덕이나 사회윤리를 침해하여서는 아니된다. 언론·출판이 타인의 명예나 권리를 침해한 때에는 피해자는 이에 대한 피해의 배상을 청구할 수 있다.

제22조 ①모든 국민은 학문과 예술의 자유를 가진다.

②저작자·발명가·과학기술자와 예술가의 권리는 법률로써 보호한다.

제23조 ①모든 국민의 재산권은 보장된다. 그 내용과 한계는 법률로 정한다.

②재산권의 행사는 공공복리에 적합하도록 하여야 한다.

③공공필요에 의한 재산권의 수용·사용 또는 제한 및 그에 대한 보상은 법률로써 하되, 정당한 보상을 지급하여야 한다.

제24조 모든 국민은 법률이 정하는 바에 의하여 선거권을 가진다.

제25조 모든 국민은 법률이 정하는 바에 의하여 공무담임권을 가진다.

제26조 ①모든 국민은 법률이 정하는 바에 의하여 국가기관에 문서로 청원할 권리를 가진다.

②국가는 청원에 대하여 심사할 의무를 진다.

제27조 ①모든 국민은 헌법과 법률이 정한 법관에 의하여 법률에 의한 재판을 받을 권리를 가진다.

②군인 또는 군무원이 아닌 국민은 대한민국의 영역 안에서는 중대한 군사상 기밀·초병·초소·유독음식물공급·포로·군용물에 관한 죄중 법률이 정한 경우와 비상계엄이 선포된 경우를 제외하고는 군사법원의 재판을 받지 아니한다.

③모든 국민은 신속한 재판을 받을 권리를 가진다. 형사피고인은 상당한 이유가 없는 한 지체없이 공개재판을 받을 권리를 가진다.

④형사피고인은 유죄의 판결이 확정될 때까지는 무죄로 추정된다.

⑤형사피해자는 법률이 정하는 바에 의하여 당해 사건의 재판절차에서 진술할 수 있다.

제28조 형사피의자 또는 형사피고인으로서 구금되었던 자가 법률이 정하는 불기소처분을 받거나 무죄판결을 받은 때에는 법률이 정하는 바에 의하여 국가에 정당한 보상을 청구할 수 있다.

제29조 ①공무원의 직무상 불법행위로 손해를 받은 국민은 법률이 정하는 바에 의하여 국가 또는 공공단체에 정당한 배상을 청구할 수 있다. 이 경우 공무원 자신의 책임은 면제되지 아니한다.

②군인·군무원·경찰공무원 기타 법률이 정하는 자가 전투·훈련등 직무집행과 관련하여 받은 손해에 대하여는 법률이 정하는 보상 외에 국가 또는 공공단체에 공무원의 직무상 불법행위로 인한 배상은 청구할 수 없다.

제30조 타인의 범죄행위로 인하여 생명·신체에 대한 피해를 받은 국민은 법률이 정하는 바에 의하여 국가로부터 구조를 받을 수 있다.

제31조 ①모든 국민은 능력에 따라 균등하게 교육을 받을 권리를 가진다.

②모든 국민은 그 보호하는 자녀에게 적어도 초등교육과 법률이 정하는 교육을 받게 할 의무를 진다.

③의무교육은 무상으로 한다.

④교육의 자주성·전문성·정치적 중립성 및 대학의 자율성은 법률이 정하는

바에 의하여 보장된다.

⑤국가는 평생교육을 진흥하여야 한다.

⑥학교교육 및 평생교육을 포함한 교육제도와 그 운영, 교육재정 및 교원의 지위에 관한 기본적인 사항은 법률로 정한다.

第32조 ①모든 국민은 근로의 권리를 가진다. 국가는 사회적·경제적 방법으로 근로자의 고용의 증진과 적정임금의 보장에 노력하여야 하며, 법률이 정하는 바에 의하여 최저임금제를 시행하여야 한다.

②모든 국민은 근로의 의무를 진다. 국가는 근로의 의무의 내용과 조건을 민주주의원칙에 따라 법률로 정한다.

③근로조건의 기준은 인간의 존엄성을 보장하도록 법률로 정한다.

④여자의 근로는 특별한 보호를 받으며, 고용·임금 및 근로조건에 있어서 부당한 차별을 받지 아니한다.

⑤연소자의 근로는 특별한 보호를 받는다.

⑥국가유공자·상이군경 및 전몰군경의 유가족은 법률이 정하는 바에 의하여 우선적으로 근로의 기회를 부여받는다.

第33조 ①근로자는 근로조건의 향상을 위하여 자주적인 단결권·단체교섭권 및 단체행동권을 가진다.

②공무원인 근로자는 법률이 정하는 자에 한하여 단결권·단체교섭권 및 단체행동권을 가진다.

③법률이 정하는 주요방위산업체에 종사하는 근로자의 단체행동권은 법률이 정하는 바에 의하여 이를 제한하거나 인정하지 아니할 수 있다.

第34조 ①모든 국민은 인간다운 생활을 할 권리를 가진다.

②국가는 사회보장·사회복지의 증진에 노력할 의무를 진다.

③국가는 여자의 복지와 권익의 향상을 위하여 노력하여야 한다.

④국가는 노인과 청소년의 복지향상을 위한 정책을 실시할 의무를 진다.

⑤신체장애자 및 질병·노령 기타의 사유로 생활능력이 없는 국민은 법률이 정하는 바에 의하여 국가의 보호를 받는다.

⑥국가는 재해를 예방하고 그 위험으로부터 국민을 보호하기 위하여 노력하여야 한다.

제35조 ①모든 국민은 건강하고 쾌적한 환경에서 생활할 권리를 가지며, 국가와 국민은 환경보전을 위하여 노력하여야 한다.

②환경권의 내용과 행사에 관하여는 법률로 정한다.

③국가는 주택개발정책등을 통하여 모든 국민이 쾌적한 주거생활을 할 수 있도록 노력하여야 한다.

제36조 ①혼인과 가족생활은 개인의 존엄과 양성의 평등을 기초로 성립되고 유지되어야 하며, 국가는 이를 보장한다.

②국가는 모성의 보호를 위하여 노력하여야 한다.

③모든 국민은 보건에 관하여 국가의 보호를 받는다.

제37조 ①국민의 자유와 권리는 헌법에 열거되지 아니한 이유로 경시되지 아니한다.

②국민의 모든 자유와 권리는 국가안전보장·질서유지 또는 공공복리를 위하여 필요한 경우에 한하여 법률로써 제한할 수 있으며, 제한하는 경우에도 자유와 권리의 본질적인 내용을 침해할 수 없다.

제38조 모든 국민은 법률이 정하는 바에 의하여 납세의 의무를 진다.

제39조 ①모든 국민은 법률이 정하는 바에 의하여 국방의 의무를 진다.

②누구든지 병역의무의 이행으로 인하여 불이익한 처우를 받지 아니한다.

제3장 국회

제40조 입법권은 국회에 속한다.

제41조 ①국회는 국민의 보통·평등·직접·비밀선거에 의하여 선출된 국회의원으로 구성한다.

②국회의원의 수는 법률로 정하되, 200인 이상으로 한다.

③국회의원의 선거구와 비례대표제 기타 선거에 관한 사항은 법률로 정한다.

제42조 국회의원의 임기는 4년으로 한다.

제43조 국회의원은 법률이 정하는 직을 겸할 수 없다.

제44조 ①국회의원은 현행범인인 경우를 제외하고는 회기 중 국회의 동의없이 체포 또는 구금되지 아니한다.

②국회의원이 회기 전에 체포 또는 구금된 때에는 현행범인이 아닌 한 국회

의 요구가 있으면 회기 중 석방된다.

제45조 국회의원은 국회에서 직무상 행한 발언과 표결에 관하여 국회 외에서 책임을 지지 아니한다.

제46조 ①국회의원은 청렴의 의무가 있다.

②국회의원은 국가이익을 우선하여 양심에 따라 직무를 행한다.

③국회의원은 그 지위를 남용하여 국가·공공단체 또는 기업체와의 계약이나 그 처분에 의하여 재산상의 권리·이익 또는 직위를 취득하거나 타인을 위하여 그 취득을 알선할 수 없다.

제47조 ①국회의 정기회는 법률이 정하는 바에 의하여 매년 1회 집회되며, 국회의 임시회는 대통령 또는 국회재적의원 4분의 1 이상의 요구에 의하여 집회된다.

②정기회의 회기는 100일을, 임시회의 회기는 30일을 초과할 수 없다.

③대통령이 임시회의 집회를 요구할 때에는 기간과 집회요구의 이유를 명시하여야 한다.

제48조 국회는 의장 1인과 부의장 2인을 선출한다.

제49조 국회는 헌법 또는 법률에 특별한 규정이 없는 한 재적의원 과반수의 출석과 출석의원 과반수의 찬성으로 의결한다. 가부동수인 때에는 부결된 것으로 본다.

제50조 ①국회의 회의는 공개한다. 다만, 출석의원 과반수의 찬성이 있거나 의장이 국가의 안전보장을 위하여 필요하다고 인정할 때에는 공개하지 아니할 수 있다.

②공개하지 아니한 회의내용의 공표에 관하여는 법률이 정하는 바에 의한다.

제51조 국회에 제출된 법률안 기타의 의안은 회기 중에 의결되지 못한 이유로 폐기되지 아니한다. 다만, 국회의원의 임기가 만료된 때에는 그러하지 아니하다.

제52조 국회의원과 정부는 법률안을 제출할 수 있다.

제53조 ①국회에서 의결된 법률안은 정부에 이송되어 15일 이내에 대통령이 공포한다.

②법률안에 이의가 있을 때에는 대통령은 제1항의 기간내에 이의서를 붙여 국회로 환부하고, 그 재의를 요구할 수 있다. 국회의 폐회 중에도 또한 같다.

③대통령은 법률안의 일부에 대하여 또는 법률안을 수정하여 재의를 요구할 수 없다.

④재의의 요구가 있을 때에는 국회는 재의에 붙이고, 재적의원 과반수의 출석과 출석의원 3분의 2 이상의 찬성으로 전과 같은 의결을 하면 그 법률안은 법률로서 확정된다.

⑤대통령이 제1항의 기간 내에 공포나 재의의 요구를 하지 아니한 때에도 그 법률안은 법률로서 확정된다.

⑥대통령은 제4항과 제5항의 규정에 의하여 확정된 법률을 지체없이 공포하여야 한다. 제5항에 의하여 법률이 확정된 후 또는 제4항에 의한 확정법률이 정부에 이송된 후 5일 이내에 대통령이 공포하지 아니할 때에는 국회의장이 이를 공포한다.

⑦법률은 특별한 규정이 없는 한 공포한 날로부터 20일을 경과함으로써 효력을 발생한다.

제54조 ①국회는 국가의 예산안을 심의·확정한다.

②정부는 회계연도마다 예산안을 편성하여 회계연도 개시 90일 전까지 국회에 제출하고, 국회는 회계연도 개시 30일 전까지 이를 의결하여야 한다.

③새로운 회계연도가 개시될 때까지 예산안이 의결되지 못한 때에는 정부는 국회에서 예산안이 의결될 때까지 다음의 목적을 위한 경비는 전년도 예산에 준하여 집행할 수 있다.

1. 헌법이나 법률에 의하여 설치된 기관 또는 시설의 유지·운영
2. 법률상 지출의무의 이행
3. 이미 예산으로 승인된 사업의 계속

제55조 ①한 회계연도를 넘어 계속하여 지출할 필요가 있을 때에는 정부는 연한을 정하여 계속비로서 국회의 의결을 얻어야 한다.

②예비비는 총액으로 국회의 의결을 얻어야 한다. 예비비의 지출은 차기국회의 승인을 얻어야 한다.

제56조 정부는 예산에 변경을 가할 필요가 있을 때에는 추가경정예산안을 편성하여 국회에 제출할 수 있다.

제57조 국회는 정부의 동의 없이 정부가 제출한 지출예산 각항의 금액을 증가

하거나 새 비목을 설치할 수 없다.

제58조 국채를 모집하거나 예산 외에 국가의 부담이 될 계약을 체결하려 할 때에는 정부는 미리 국회의 의결을 얻어야 한다.

제59조 조세의 종목과 세율은 법률로 정한다.

제60조 ①국회는 상호원조 또는 안전보장에 관한 조약, 중요한 국제조직에 관한 조약, 우호통상항해조약, 주권의 제약에 관한 조약, 강화조약, 국가나 국민에게 중대한 재정적 부담을 지우는 조약 또는 입법사항에 관한 조약의 체결·비준에 대한 동의권을 가진다.

②국회는 선전포고, 국군의 외국에의 파견 또는 외국군대의 대한민국 영역안에서의 주류에 대한 동의권을 가진다.

제61조 ①국회는 국정을 감사하거나 특정한 국정사안에 대하여 조사할 수 있으며, 이에 필요한 서류의 제출 또는 증인의 출석과 증언이나 의견의 진술을 요구할 수 있다.

②국정감사 및 조사에 관한 절차 기타 필요한 사항은 법률로 정한다.

제62조 ①국무총리·국무위원 또는 정부위원은 국회나 그 위원회에 출석하여 국정처리상황을 보고하거나 의견을 진술하고 질문에 응답할 수 있다.

②국회나 그 위원회의 요구가 있을 때에는 국무총리·국무위원 또는 정부위원은 출석·답변하여야 하며, 국무총리 또는 국무위원이 출석요구를 받은 때에는 국무위원 또는 정부위원으로 하여금 출석·답변하게 할 수 있다.

제63조 ①국회는 국무총리 또는 국무위원의 해임을 대통령에게 건의할 수 있다.

②제1항의 해임건의는 국회재적의원 3분의 1 이상의 발의에 의하여 국회재적의원 과반수의 찬성이 있어야 한다.

제64조 ①국회는 법률에 저촉되지 아니하는 범위 안에서 의사와 내부규율에 관한 규칙을 제정할 수 있다.

②국회는 의원의 자격을 심사하며, 의원을 징계할 수 있다.

③의원을 제명하려면 국회재적의원 3분의 2 이상의 찬성이 있어야 한다.

④제2항과 제3항의 처분에 대하여는 법원에 제소할 수 없다.

제65조 ①대통령·국무총리·국무위원·행정각부의 장·헌법재판소 재판관·법관·중앙선거관리위원회 위원·감사원장·감사위원 기타 법률이 정한 공무원

이 그 직무집행에 있어서 헌법이나 법률을 위배한 때에는 국회는 탄핵의 소추를 의결할 수 있다.

②제1항의 탄핵소추는 국회재적의원 3분의 1 이상의 발의가 있어야 하며, 그 의결은 국회재적의원 과반수의 찬성이 있어야 한다. 다만, 대통령에 대한 탄핵소추는 국회재적의원 과반수의 발의와 국회재적의원 3분의 2 이상의 찬성이 있어야 한다.

③탄핵소추의 의결을 받은 자는 탄핵심판이 있을 때까지 그 권한행사가 정지된다.

④탄핵결정은 공직으로부터 파면함에 그친다. 그러나, 이에 의하여 민사상이나 형사상의 책임이 면제되지는 아니한다.

제4장 정부

제1절 대통령

제66조 ①대통령은 국가의 원수이며, 외국에 대하여 국가를 대표한다.

②대통령은 국가의 독립·영토의 보전·국가의 계속성과 헌법을 수호할 책무를 진다.

③대통령은 조국의 평화적 통일을 위한 성실한 의무를 진다.

④행정권은 대통령을 수반으로 하는 정부에 속한다.

제67조 ①대통령은 국민의 보통·평등·직접·비밀선거에 의하여 선출한다.

②제1항의 선거에 있어서 최고득표자가 2인 이상인 때에는 국회의 재적의원 과반수가 출석한 공개회의에서 다수표를 얻은 자를 당선자로 한다.

③대통령후보자가 1인일 때에는 그 득표수가 선거권자 총수의 3분의 1 이상이 아니면 대통령으로 당선될 수 없다.

④대통령으로 선거될 수 있는 자는 국회의원의 피선거권이 있고 선거일 현재 40세에 달하여야 한다.

⑤대통령의 선거에 관한 사항은 법률로 정한다.

제68조 ①대통령의 임기가 만료되는 때에는 임기만료 70일 내지 40일 전에 후임자를 선거한다.

②대통령이 궐위된 때 또는 대통령 당선자가 사망하거나 판결 기타의 사유로

그 자격을 상실한 때에는 60일 이내에 후임자를 선거한다.

제69조 대통령은 취임에 즈음하여 다음의 선서를 한다.

"나는 헌법을 준수하고 국가를 보위하며 조국의 평화적 통일과 국민의 자유와 복리의 증진 및 민족문화의 창달에 노력하여 대통령으로서의 직책을 성실히 수행할 것을 국민 앞에 엄숙히 선서합니다."

제70조 대통령의 임기는 5년으로 하며, 중임할 수 없다.

제71조 대통령이 궐위되거나 사고로 인하여 직무를 수행할 수 없을 때에는 국무총리, 법률이 정한 국무위원의 순서로 그 권한을 대행한다.

제72조 대통령은 필요하다고 인정할 때에는 외교·국방·통일 기타 국가안위에 관한 중요정책을 국민투표에 붙일 수 있다.

제73조 대통령은 조약을 체결·비준하고, 외교사절을 신임·접수 또는 파견하며, 선전포고와 강화를 한다.

제74조 ①대통령은 헌법과 법률이 정하는 바에 의하여 국군을 통수한다.

②국군의 조직과 편성은 법률로 정한다.

제75조 대통령은 법률에서 구체적으로 범위를 정하여 위임받은 사항과 법률을 집행하기 위하여 필요한 사항에 관하여 대통령령을 발할 수 있다.

제76조 ①대통령은 내우·외환·천재·지변 또는 중대한 재정·경제상의 위기에 있어서 국가의 안전보장 또는 공공의 안녕질서를 유지하기 위하여 긴급한 조치가 필요하고 국회의 집회를 기다릴 여유가 없을 때에 한하여 최소한으로 필요한 재정·경제상의 처분을 하거나 이에 관하여 법률의 효력을 가지는 명령을 발할 수 있다.

②대통령은 국가의 안위에 관계되는 중대한 교전상태에 있어서 국가를 보위하기 위하여 긴급한 조치가 필요하고 국회의 집회가 불가능한 때에 한하여 법률의 효력을 가지는 명령을 발할 수 있다.

③대통령은 제1항과 제2항의 처분 또는 명령을 한 때에는 지체없이 국회에 보고하여 그 승인을 얻어야 한다.

④제3항의 승인을 얻지 못한 때에는 그 처분 또는 명령은 그때부터 효력을 상실한다. 이 경우 그 명령에 의하여 개정 또는 폐지되었던 법률은 그 명령이 승인을 얻지 못한 때부터 당연히 효력을 회복한다.

⑤대통령은 제3항과 제4항의 사유를 지체없이 공포하여야 한다.

제77조 ①대통령은 전시·사변 또는 이에 준하는 국가비상사태에 있어서 병력으로써 군사상의 필요에 응하거나 공공의 안녕질서를 유지할 필요가 있을 때에는 법률이 정하는 바에 의하여 계엄을 선포할 수 있다.

②계엄은 비상계엄과 경비계엄으로 한다.

③비상계엄이 선포된 때에는 법률이 정하는 바에 의하여 영장제도, 언론·출판·집회·결사의 자유, 정부나 법원의 권한에 관하여 특별한 조치를 할 수 있다.

④계엄을 선포한 때에는 대통령은 지체없이 국회에 통고하여야 한다.

⑤국회가 재적의원 과반수의 찬성으로 계엄의 해제를 요구한 때에는 대통령은 이를 해제하여야 한다.

제78조 대통령은 헌법과 법률이 정하는 바에 의하여 공무원을 임면한다.

제79조 ①대통령은 법률이 정하는 바에 의하여 사면·감형 또는 복권을 명할 수 있다.

②일반사면을 명하려면 국회의 동의를 얻어야 한다.

③사면·감형 및 복권에 관한 사항은 법률로 정한다.

제80조 대통령은 법률이 정하는 바에 의하여 훈장 기타의 영전을 수여한다.

제81조 대통령은 국회에 출석하여 발언하거나 서한으로 의견을 표시할 수 있다.

제82조 대통령의 국법상 행위는 문서로써 하며, 이 문서에는 국무총리와 관계 국무위원이 부서한다. 군사에 관한 것도 또한 같다.

제83조 대통령은 국무총리·국무위원·행정각부의 장 기타 법률이 정하는 공사의 직을 겸할 수 없다.

제84조 대통령은 내란 또는 외환의 죄를 범한 경우를 제외하고는 재직 중 형사상의 소추를 받지 아니한다.

제85조 전직대통령의 신분과 예우에 관하여는 법률로 정한다.

제2절 행정부

제1관 국무총리와 국무위원

제86조 ①국무총리는 국회의 동의를 얻어 대통령이 임명한다.

②국무총리는 대통령을 보좌하며, 행정에 관하여 대통령의 명을 받아 행정각

부를 통할한다.

③군인은 현역을 면한 후가 아니면 국무총리로 임명될 수 없다.

제87조 ①국무위원은 국무총리의 제청으로 대통령이 임명한다.

②국무위원은 국정에 관하여 대통령을 보좌하며, 국무회의의 구성원으로서 국정을 심의한다.

③국무총리는 국무위원의 해임을 대통령에게 건의할 수 있다.

④군인은 현역을 면한 후가 아니면 국무위원으로 임명될 수 없다.

제2관 국무회의

제88조 ①국무회의는 정부의 권한에 속하는 중요한 정책을 심의한다.

②국무회의는 대통령·국무총리와 15인 이상 30인 이하의 국무위원으로 구성한다.

③대통령은 국무회의의 의장이 되고, 국무총리는 부의장이 된다.

제89조 다음 사항은 국무회의의 심의를 거쳐야 한다.

1. 국정의 기본계획과 정부의 일반정책
2. 선전·강화 기타 중요한 대외정책
3. 헌법개정안·국민투표안·조약안·법률안 및 대통령령안
4. 예산안·결산·국유재산처분의 기본계획·국가의 부담이 될 계약 기타 재정에 관한 중요사항
5. 대통령의 긴급명령·긴급재정경제처분 및 명령 또는 계엄과 그 해제
6. 군사에 관한 중요사항
7. 국회의 임시회 집회의 요구
8. 영전수여
9. 사면·감형과 복권
10. 행정각부간의 권한의 획정
11. 정부 안의 권한의 위임 또는 배정에 관한 기본계획
12. 국정처리상황의 평가·분석
13. 행정각부의 중요한 정책의 수립과 조정
14. 정당해산의 제소

15. 정부에 제출 또는 회부된 정부의 정책에 관계되는 청원의 심사
16. 검찰총장·합동참모의장·각군참모총장·국립대학교총장·대사 기타 법률이 정한 공무원과 국영기업체관리자의 임명
17. 기타 대통령·국무총리 또는 국무위원이 제출한 사항

제90조 ①국정의 중요한 사항에 관한 대통령의 자문에 응하기 위하여 국가원로로 구성되는 국가원로자문회의를 둘 수 있다.
②국가원로자문회의의 의장은 직전대통령이 된다. 다만, 직전대통령이 없을 때에는 대통령이 지명한다.
③국가원로자문회의의 조직·직무범위 기타 필요한 사항은 법률로 정한다.

제91조 ①국가안전보장에 관련되는 대외정책·군사정책과 국내정책의 수립에 관하여 국무회의의 심의에 앞서 대통령의 자문에 응하기 위하여 국가안전보장회의를 둔다.
②국가안전보장회의는 대통령이 주재한다.
③국가안전보장회의의 조직·직무범위 기타 필요한 사항은 법률로 정한다.

제92조 ①평화통일정책의 수립에 관한 대통령의 자문에 응하기 위하여 민주평화통일자문회의를 둘 수 있다.
②민주평화통일자문회의의 조직·직무범위 기타 필요한 사항은 법률로 정한다.

제93조 ①국민경제의 발전을 위한 중요정책의 수립에 관하여 대통령의 자문에 응하기 위하여 국민경제자문회의를 둘 수 있다.
②국민경제자문회의의 조직·직무범위 기타 필요한 사항은 법률로 정한다.

제3관 행정각부

제94조 행정각부의 장은 국무위원 중에서 국무총리의 제청으로 대통령이 임명한다.

제95조 국무총리 또는 행정각부의 장은 소관사무에 관하여 법률이나 대통령령의 위임 또는 직권으로 총리령 또는 부령을 발할 수 있다.

제96조 행정각부의 설치·조직과 직무범위는 법률로 정한다.

제4관 감사원

제97조 국가의 세입·세출의 결산, 국가 및 법률이 정한 단체의 회계검사와 행정기관 및 공무원의 직무에 관한 감찰을 하기 위하여 대통령 소속하에 감사원을 둔다.

제98조 ①감사원은 원장을 포함한 5인 이상 11인 이하의 감사위원으로 구성한다.

②원장은 국회의 동의를 얻어 대통령이 임명하고, 그 임기는 4년으로 하며, 1차에 한하여 중임할 수 있다.

③감사위원은 원장의 제청으로 대통령이 임명하고, 그 임기는 4년으로 하며, 1차에 한하여 중임할 수 있다.

제99조 감사원은 세입·세출의 결산을 매년 검사하여 대통령과 차년도국회에 그 결과를 보고하여야 한다.

제100조 감사원의 조직·직무범위·감사위원의 자격·감사대상공무원의 범위 기타 필요한 사항은 법률로 정한다.

제5장 법원

제101조 ①사법권은 법관으로 구성된 법원에 속한다.

②법원은 최고법원인 대법원과 각급법원으로 조직된다.

③법관의 자격은 법률로 정한다.

제102조 ①대법원에 부를 둘 수 있다.

②대법원에 대법관을 둔다. 다만, 법률이 정하는 바에 의하여 대법관이 아닌 법관을 둘 수 있다.

③대법원과 각급법원의 조직은 법률로 정한다.

제103조 법관은 헌법과 법률에 의하여 그 양심에 따라 독립하여 심판한다.

제104조 ①대법원장은 국회의 동의를 얻어 대통령이 임명한다.

②대법관은 대법원장의 제청으로 국회의 동의를 얻어 대통령이 임명한다.

③대법원장과 대법관이 아닌 법관은 대법관회의의 동의를 얻어 대법원장이 임명한다.

제105조 ①대법원장의 임기는 6년으로 하며, 중임할 수 없다.

②대법관의 임기는 6년으로 하며, 법률이 정하는 바에 의하여 연임할 수 있다.

③대법원장과 대법관이 아닌 법관의 임기는 10년으로 하며, 법률이 정하는 바에 의하여 연임할 수 있다.

④법관의 정년은 법률로 정한다.

제106조 ①법관은 탄핵 또는 금고 이상의 형의 선고에 의하지 아니하고는 파면되지 아니하며, 징계처분에 의하지 아니하고는 정직·감봉 기타 불리한 처분을 받지 아니한다.

②법관이 중대한 심신상의 장해로 직무를 수행할 수 없을 때에는 법률이 정하는 바에 의하여 퇴직하게 할 수 있다.

제107조 ①법률이 헌법에 위반되는 여부가 재판의 전제가 된 경우에는 법원은 헌법재판소에 제청하여 그 심판에 의하여 재판한다.

②명령·규칙 또는 처분이 헌법이나 법률에 위반되는 여부가 재판의 전제가 된 경우에는 대법원은 이를 최종적으로 심사할 권한을 가진다.

③재판의 전심절차로서 행정심판을 할 수 있다. 행정심판의 절차는 법률로 정하되, 사법절차가 준용되어야 한다.

제108조 대법원은 법률에 저촉되지 아니하는 범위 안에서 소송에 관한 절차, 법원의 내부규율과 사무처리에 관한 규칙을 제정할 수 있다.

제109조 재판의 심리와 판결은 공개한다. 다만, 심리는 국가의 안전보장 또는 안녕질서를 방해하거나 선량한 풍속을 해할 염려가 있을 때에는 법원의 결정으로 공개하지 아니할 수 있다.

제110조 ①군사재판을 관할하기 위하여 특별법원으로서 군사법원을 둘 수 있다.

②군사법원의 상고심은 대법원에서 관할한다.

③군사법원의 조직·권한 및 재판관의 자격은 법률로 정한다.

④비상계엄하의 군사재판은 군인·군무원의 범죄나 군사에 관한 간첩죄의 경우와 초병·초소·유독음식물공급·포로에 관한 죄 중 법률이 정한 경우에 한하여 단심으로 할 수 있다. 다만, 사형을 선고한 경우에는 그러하지 아니하다.

제6장 헌법재판소

제111조 ①헌법재판소는 다음 사항을 관장한다.

1. 법원의 제청에 의한 법률의 위헌여부 심판
2. 탄핵의 심판
3. 정당의 해산 심판
4. 국가기관 상호간, 국가기관과 지방자치단체간 및 지방자치단체 상호간의 권한쟁의에 관한 심판
5. 법률이 정하는 헌법소원에 관한 심판

②헌법재판소는 법관의 자격을 가진 9인의 재판관으로 구성하며, 재판관은 대통령이 임명한다.

③제2항의 재판관중 3인은 국회에서 선출하는 자를, 3인은 대법원장이 지명하는 자를 임명한다.

④헌법재판소의 장은 국회의 동의를 얻어 재판관 중에서 대통령이 임명한다.

제112조 ①헌법재판소 재판관의 임기는 6년으로 하며, 법률이 정하는 바에 의하여 연임할 수 있다.

②헌법재판소 재판관은 정당에 가입하거나 정치에 관여할 수 없다.

③헌법재판소 재판관은 탄핵 또는 금고 이상의 형의 선고에 의하지 아니하고는 파면되지 아니한다.

제113조 ①헌법재판소에서 법률의 위헌결정, 탄핵의 결정, 정당해산의 결정 또는 헌법소원에 관한 인용결정을 할 때에는 재판관 6인 이상의 찬성이 있어야 한다.

②헌법재판소는 법률에 저촉되지 아니하는 범위 안에서 심판에 관한 절차, 내부규율과 사무처리에 관한 규칙을 제정할 수 있다.

③헌법재판소의 조직과 운영 기타 필요한 사항은 법률로 정한다.

제7장 선거관리

제114조 ①선거와 국민투표의 공정한 관리 및 정당에 관한 사무를 처리하기 위하여 선거관리위원회를 둔다.

②중앙선거관리위원회는 대통령이 임명하는 3인, 국회에서 선출하는 3인과 대법원장이 지명하는 3인의 위원으로 구성한다. 위원장은 위원 중에서 호선한다.

③위원의 임기는 6년으로 한다.

④위원은 정당에 가입하거나 정치에 관여할 수 없다.

⑤위원은 탄핵 또는 금고 이상의 형의 선고에 의하지 아니하고는 파면되지 아니한다.

⑥중앙선거관리위원회는 법령의 범위 안에서 선거관리·국민투표관리 또는 정당사무에 관한 규칙을 제정할 수 있으며, 법률에 저촉되지 아니하는 범위 안에서 내부규율에 관한 규칙을 제정할 수 있다.

⑦각급 선거관리위원회의 조직·직무범위 기타 필요한 사항은 법률로 정한다.

제115조 ①각급 선거관리위원회는 선거인명부의 작성 등 선거사무와 국민투표사무에 관하여 관계 행정기관에 필요한 지시를 할 수 있다.

②제1항의 지시를 받은 당해 행정기관은 이에 응하여야 한다.

제116조 ①선거운동은 각급 선거관리위원회의 관리하에 법률이 정하는 범위 안에서 하되, 균등한 기회가 보장되어야 한다.

②선거에 관한 경비는 법률이 정하는 경우를 제외하고는 정당 또는 후보자에게 부담시킬 수 없다.

제8장 지방자치

제117조 ①지방자치단체는 주민의 복리에 관한 사무를 처리하고 재산을 관리하며, 법령의 범위 안에서 자치에 관한 규정을 제정할 수 있다.

②지방자치단체의 종류는 법률로 정한다.

제118조 ①지방자치단체에 의회를 둔다.

②지방의회의 조직·권한·의원선거와 지방자치단체의 장의 선임방법 기타 지방자치단체의 조직과 운영에 관한 사항은 법률로 정한다.

제9장 경제

제119조 ①대한민국의 경제질서는 개인과 기업의 경제상의 자유와 창의를 존중함을 기본으로 한다.

②국가는 균형있는 국민경제의 성장 및 안정과 적정한 소득의 분배를 유지하고, 시장의 지배와 경제력의 남용을 방지하며, 경제주체간의 조화를 통한 경제의 민주화를 위하여 경제에 관한 규제와 조정을 할 수 있다.

제120조 ①광물 기타 중요한 지하자원·수산자원·수력과 경제상 이용할 수 있는 자연력은 법률이 정하는 바에 의하여 일정한 기간 그 채취·개발 또는 이용을 특허할 수 있다.

②국토와 자원은 국가의 보호를 받으며, 국가는 그 균형있는 개발과 이용을 위하여 필요한 계획을 수립한다.

제121조 ①국가는 농지에 관하여 경자유전의 원칙이 달성될 수 있도록 노력하여야 하며, 농지의 소작제도는 금지된다.

②농업생산성의 제고와 농지의 합리적인 이용을 위하거나 불가피한 사정으로 발생하는 농지의 임대차와 위탁경영은 법률이 정하는 바에 의하여 인정된다.

제122조 국가는 국민 모두의 생산 및 생활의 기반이 되는 국토의 효율적이고 균형있는 이용·개발과 보전을 위하여 법률이 정하는 바에 의하여 그에 관한 필요한 제한과 의무를 과할 수 있다.

제123조 ①국가는 농업 및 어업을 보호·육성하기 위하여 농·어촌종합개발과 그 지원등 필요한 계획을 수립·시행하여야 한다.

②국가는 지역간의 균형있는 발전을 위하여 지역경제를 육성할 의무를 진다.

③국가는 중소기업을 보호·육성하여야 한다.

④국가는 농수산물의 수급균형과 유통구조의 개선에 노력하여 가격안정을 도모함으로써 농·어민의 이익을 보호한다.

⑤국가는 농·어민과 중소기업의 자조조직을 육성하여야 하며, 그 자율적 활동과 발전을 보장한다.

제124조 국가는 건전한 소비행위를 계도하고 생산품의 품질향상을 촉구하기 위한 소비자보호운동을 법률이 정하는 바에 의하여 보장한다.

제125조 국가는 대외무역을 육성하며, 이를 규제·조정할 수 있다.

제126조 국방상 또는 국민경제상 긴절한 필요로 인하여 법률이 정하는 경우를 제외하고는, 사영기업을 국유 또는 공유로 이전하거나 그 경영을 통제 또는 관리할 수 없다.

제127조 ①국가는 과학기술의 혁신과 정보 및 인력의 개발을 통하여 국민경제의 발전에 노력하여야 한다.

②국가는 국가표준제도를 확립한다.

③대통령은 제1항의 목적을 달성하기 위하여 필요한 자문기구를 둘 수 있다.

제10장 헌법개정

제128조 ①헌법개정은 국회재적의원 과반수 또는 대통령의 발의로 제안된다.

②대통령의 임기연장 또는 중임변경을 위한 헌법개정은 그 헌법개정 제안 당시의 대통령에 대하여는 효력이 없다.

제129조 제안된 헌법개정안은 대통령이 20일 이상의 기간 이를 공고하여야 한다.

제130조 ①국회는 헌법개정안이 공고된 날로부터 60일 이내에 의결하여야 하며, 국회의 의결은 재적의원 3분의 2 이상의 찬성을 얻어야 한다.

②헌법개정안은 국회가 의결한 후 30일 이내에 국민투표에 붙여 국회의원선거권자 과반수의 투표와 투표자 과반수의 찬성을 얻어야 한다.

③헌법개정안이 제2항의 찬성을 얻은 때에는 헌법개정은 확정되며, 대통령은 즉시 이를 공포하여야 한다.

부칙 [제10호, 1987. 10. 29.

제1조 이 헌법은 1988년 2월 25일부터 시행한다. 다만, 이 헌법을 시행하기 위하여 필요한 법률의 제정·개정과 이 헌법에 의한 대통령 및 국회의원의 선거 기타 이 헌법시행에 관한 준비는 이 헌법시행 전에 할 수 있다.

제2조 ①이 헌법에 의한 최초의 대통령선거는 이 헌법시행일 40일 전까지 실시한다.

②이 헌법에 의한 최초의 대통령의 임기는 이 헌법시행일로부터 개시한다.

제3조 ①이 헌법에 의한 최초의 국회의원선거는 이 헌법공포일로부터 6월 이내에 실시하며, 이 헌법에 의하여 선출된 최초의 국회의원의 임기는 국회의원선거후 이 헌법에 의한 국회의 최초의 집회일로부터 개시한다.

②이 헌법공포 당시의 국회의원의 임기는 제1항에 의한 국회의 최초의 집회일 전일까지로 한다.

제4조 ①이 헌법시행 당시의 공무원과 정부가 임명한 기업체의 임원은 이 헌법에 의하여 임명된 것으로 본다. 다만, 이 헌법에 의하여 선임방법이나 임명권자가 변경된 공무원과 대법원장 및 감사원장은 이 헌법에 의하여 후임자가 선임될 때까지 그 직무를 행하며, 이 경우 전임자인 공무원의 임기는 후임자

가 선임되는 전일까지로 한다.

②이 헌법시행 당시의 대법원장과 대법원판사가 아닌 법관은 제1항 단서의 규정에 불구하고 이 헌법에 의하여 임명된 것으로 본다.

③이 헌법 중 공무원의 임기 또는 중임제한에 관한 규정은 이 헌법에 의하여 그 공무원이 최초로 선출 또는 임명된 때로부터 적용한다.

제5조 이 헌법시행 당시의 법령과 조약은 이 헌법에 위배되지 아니하는 한 그 효력을 지속한다.

제6조 이 헌법시행 당시에 이 헌법에 의하여 새로 설치될 기관의 권한에 속하는 직무를 행하고 있는 기관은 이 헌법에 의하여 새로운 기관이 설치될 때까지 존속하며 그 직무를 행한다.

제9장

최근 헌법 개정 논의

제9장 최근 헌법 개정 논의

1. 제10차 헌법 개정 논의

지난 대통령 선거 때 '몇 년까지 헌법을 개정하겠다'는 이야기가 나오면서 개헌논의가 사회적 관심으로 많이 부각되었다. 헌법개정 논의에 대해 모든 국민이 헌법개정의 올바른 방향을 제시하고 적극적으로 '참여민주주의 실현을 위한 헌법개정운동'을 전개해야 할 것으로 보인다. 1948년 이후 1987년까지 9차례에 걸친 헌법개정이 있었다. 단순히 보면 4년 또는 5년에 한번 정도는 헌법개정이 이루어졌던 것이다. 물론 그 중에는 군사독재나 장기집권을 추구하기 위해 권력자가 주도한 개헌이 많았다.

우리가 채택하여 실시하고 있는 대통령제가 만들어 내고 있는 어느 정당의 대통령은 국민적 통합을 이루기보다는 특정 이념과 정파를 대표하는 수장이라는 이미지가 더 크기에 국론분열의 한 원인이기도 하다. 그래서 나라의 경영이 어려울 때마다 수시로 등장하는 것이 권력구조개편문제이다. 현행 헌법 5년 단임 대통령제를 4년 중임 대통령제로 개헌하고 총선과 대선을 한데 묶어서 실시하자는 것은 2008년에 많이 국민들의 입에 회자되는 순수한 권력구조 개편논의이다. 이후 2017년에서도 헌법 개정에 대한 논의가 한국헌법학회와 국회 차원에서 활발히 전개되면서 집권 여당 정부에서도 헌법 개정안을 발의하게 되었다.

2. 대통령의 제안 이유(원문)

대한민국헌법 개정안

제출연월일 : 2018. 3. 26.

제 출 자 : 대통령

제안이유

헌법은 국민의 삶을 담는 그릇이다. 1987년 6월 항쟁을 통해 대한민국 헌법을 바꾼 지 벌써 30년이 넘었다. 그동안 국제통화기금(IMF) 외환위기, 세월호 참사 등을 거치면서 국가의 책임과 역할, 국민의 권리에 대한 국민의 생각은 크게 달라졌고, 새로운 대한민국을 요구하는 국민의 목소리는 더욱 커졌다. 30년이 지난 헌법으로는 국민의 뜻을 따라갈 수 없다.

이제 국민의 뜻에 따라 새로운 대한민국의 운영 틀을 마련해야 한다. 국가의 존재 이유를 묻는 질문에 답변해야 하고, 국민 모두가 어디서나 차별받지 않고 골고루 잘 살 수 있게 해 달라는 요구에 응해야 한다. 헌법 개정을 통해 국민의 뜻을 헌법적으로 구현하여 나라다운 나라를 만들어야 한다.

우리와 미래 세대가 살아갈 대한민국은 국민의 자유와 안전, 인간다운 삶을 보장해 주는 나라, 국민의 참여와 의사가 반영되는 나라, 더 정의롭고 공정한, 그리고 중앙과 지방이 함께 잘 사는 나라여야 한다.

1987년 헌법 개정 시 채택한 대통령 5년 단임제는 장기간의 군사독재 경험을 반영한 선택이었다. 그러나 우리 국민은 촛불시민혁명을 통해 대한민국 민주주의의 역량을 입증했다. 이제 국민 역량을 바탕으로 변화하는 환경 속에서 장기적 국가과제를 일관성과 연속성을 갖고 추진하기 위해 대통령 4년 연임제를 채택할 때가 되었다.

국민의 뜻과 시대정신을 반영하기 위해 이 헌법 개정안에는 다음과 같은 내용을 담았다.

첫째, 기본권과 국민주권을 확대·강화하였다. 기본권 주체를 확대하고 공무원을 포함한 노동자의 권리를 강화하였다. 생명권과 안전권, 알권리, 자기정보통제권, 사회보장을 받을 권리 및 성별·장애 등에 따른 차별개선에 노력할 국가의 의무 등을 신설하는 한편, 사회적 약자의 권리를 강화하여 인간으로서의 존엄성을 존중받을 수 있도록 하였다. 또한 국민발안제와 국민소환제를 도입하여 직접 민주제를 대폭 확대하였다.

둘째, 대한민국의 지속가능한 성장을 위해 지방자치를 강화하였다. 지방정부에 자주조직권을 부여하고, 자치행정권, 자치입법권을 강화하는 한편, 자치재정권을 보장하였다. 그리고 지방자치에서 실질적 민주주의가 실현될 수 있도록 지방정부의 자치권이 주민으로부터 나온다는 것을 명시하고, 주민이 지방정부를 조직하고 운영하는 데 참여할 권리를 가진다는 점을 명확히 하였으며, 주민발안, 주민투표, 주민소환 제도의 헌법적 근거를 신설하였다.

셋째, 경제질서와 관련해 불평등과 불공정을 시정하고자 하였다. 경제주체 간의 상생을 강조하고 토지공개념의 내용을 분명히 하는 한편, 국가에 농어민 지원, 사회적 경제 진흥, 소비자운동, 기초 학문 장려 등의 의무를 부과하였다.

넷째, 정치개혁을 위해 선거연령을 18세로 낮추고, 국회의원 선거의 비례성 원칙을 헌법에 명시하였으며, 선거운동의 자유를 최대한 보장하였다. 그리고 대통령의 국가원수로서의 지위를 삭제하고, 예산법률주의를 도입하는 등 대통령의 권한을 분산하고 국회의 권한을 강화하였다. 책임정치 구현과 안정된 국정운영을 위해 대통령 4년 연임제를 채택하였다.

다섯째, 사법제도를 개선하였다. 대법원장의 인사권을 분산하고 절차적 통제를 강화하였으며 국민의 재판 참여가 가능하도록 하여 사법의 민주화가 이루어질 수 있게 하였다. 평시 군사재판과 비상계엄하의 단심제를 폐지함으로써 국민의 기본권이 침해되지 않도록 하였다. 법관 자격을 요구하는 규정을 삭제하여 헌법재판소 재판관 구성을 다양화할 수 있도록 함으로써 사회 각계각층의 입장이 재판에 균형 있게 반영될 수 있게 하였다.

국민의 뜻과 힘으로 시작된 새로운 대한민국의 여정에 헌법 개정은 필수적인 과정이다. 보다 정의로운 대한민국, 나라다운 나라를 만들자는 국민의 요구를 더 이상 미룰 수 없다. 나아가 지금 대통령 4년 연임제가 채택되면 4년 후부터 대통령선거와 지방선거를 함께 치를 수 있다. 이렇게 되면 대통령 임기 중 치르는 전국선거를 줄여 국력낭비를 막을 수 있다.

이에 헌법 개정안을 발의하고 국회와 국민의 판단을 구하고자 한다.

3. 주요내용

가. 전문에 헌법적 의미를 갖는 역사적 사건과 사회적 가치 명시(안 전문)

대한민국이 추구하는 가치와 지향을 분명히 할 수 있도록 헌법적 의의를 갖는 중요한 역사적 사건과 사회적 가치를 명시할 필요가 있는바, 민주화 운동 과정에서 중요한 의미를 가지는 4·19혁명, 부마민주항쟁과 5·18민주화운동, 6·10항쟁의 민주이념을 계승한다는 점을 분명히 밝히고, 자치와 분권, 지역 간 균형발전 및 자연과의 공존 등 중요한 사회적 가치를 명시함.

나. 지방분권국가 지향성 명시(안 제1조 제3항)

제1조에 '대한민국은 지방분권국가를 지향한다'는 내용을 신설하여 대한민국 국가운영의 기본방향이 지방분권에 있음을 분명히 하고, 향후 입법과 정부 정책의 준거로 삼도록 함.

다. 수도 조항 신설(안 제3조 제2항)

1) 헌법재판소는 수도에 관한 사항을 관습헌법에 속하는 것으로 보면서 수도이전을 위해서는 헌법 개정이 필요하다고 판시함.

2) 국가기능의 분산이나 정부부처의 재배치 등의 필요가 있고, 나아가 수도 이전의 필요성도 대두될 수 있으므로 수도에 관한 사항을 법률로 정하도록 헌법에 명시함.

라. 공무원의 정치적 중립성 및 공정성·청렴성 의무(안 제7조 제3항 및 제4항)

1) 현행 규정은 공무원의 정치적 기본권을 지나치게 제한하거나 공무원을 정치적으로 이용하는 근거로 악용되어 온 문제가 있으므로, 공무원은 직무를 수행할 때 정치적 중립을 지키도록 함으로써 직무와 관련 없는 사항에 대해서는 공무원의 정치적 기본권을 보장함.

2) 공무원은 재직 중은 물론 퇴직 후에도 공무원의 직무상 공정성과 청렴성을 훼손해서는 안 된다는 점을 명시함.

마. 정당의 자유 강화 및 국고보조제도의 보완(안 제8조 제2항 및 제3항)

1) 현행 규정은 정당이 국민의 정치적 의사형성에 참여하는데 필요한 조직을 갖추도록 함으로써 소수정당, 신생정당, 풀뿌리 지역정당의 등장을 가로막는 기능을 하고 있는바, 정당의 조직요건을 폐지하여 정당의 자유를 보다 두텁게 보장함.

2) 정당에 대한 국고보조제도가 정치자금 형성을 둘러싼 정치적 부패를 방지하고 소수정당 등의 정치활동을 지원하려는 취지가 있음에도 불구하고 실제 운영과정에서 거대정당에 유리하게 운영될 소지가 있으므로 정당에 대한 국고보조는 '정당한 목적과 공정한 기준'으로 운영되어야 한다는 점을 명시함.

바. 문화국가 및 다문화사회 지향(안 제9조)

사회변화와 다문화·다민족 시대를 맞아 전통문화의 계승 및 민족문화 창달 노력 의무도 그에 맞추어 합리적으로 개정할 필요가 있으므로 시대적으로 적절하지 않다고 지적되어 온 '민족문화의 창달' 대신, 국가가 문화의 자율성 및 다양성을 증진할 의무를 규정하는 한편, 전통문화는 발전적으로 계승하기 위하여 노력해야 한다는 점을 명시함.

사. 기본권의 주체 확대

1) 세계화가 진전된 우리 사회의 변화가 반영될 수 있도록 천부인권적 성격을 가진 기본권의 주체를 각각 국민에서 사람으로 확대할 필요가 있음.

2) 일부 기본권의 주체를 국민에서 사람으로 확대함에 따라 제2장의 제목을 '국민의 권리와 의무'에서 '기본적 권리와 의무'로 변경함(안 제2장의 제목).

3) 인간의 존엄성, 행복추구권, 평등권, 신체의 자유, 이중처벌 및 연좌제 금지, 사생활의 자유, 양심의 자유, 종교의 자유, 학문·예술의 자유, 청원권, 재판청구권의 주체를 '국민'에서 '사람'으로 변경함(안 제10조, 제11조 제1항, 제13조 제1항·제2항, 제14조 제1항·제3항, 제17조 제1항·제2항, 제18조, 제19조, 제23조 제1항, 제27조 제1항 및 제28조 제1항).

4) 신설되는 기본권으로서 생명권 및 자기정보통제권의 주체를 사람으로 규정함(안 제12조 및 제22조 제2항).

5) 기본권의 주체를 '국민'에서 '사람'으로 변경한 기본권을 제한하는 경우에도 기본권 제한의 한계에 관한 제40조의 규정이 일반원칙으로 적용될 수 있도록 함(안 제40조 제1항 및 제2항).

아. 평등권 강화(안 제11조 제1항 및 제2항)

1) 사회 통합과 정의를 실현하기 위해 평등권을 보다 강화할 필요가 있는

바, 현행 헌법에 규정된 차별금지 사유인 '성별, 종교 또는 사회적 신분' 외에 '장애, 연령, 인종, 지역'을 추가함.

2) 평등권을 보다 실질적으로 실현할 수 있도록 국가에 성별 또는 장애 등으로 인한 차별상태를 시정하고 실질적 평등을 실현하기 위해 노력할 의무를 지움으로써 여성우대 정책과 같은 적극적 차별해소 정책이 헌법적으로 정당화될 수 있는 근거를 마련함.

자. 새로운 기본권의 신설

1) 생명권 및 신체와 정신이 훼손당하지 않을 권리는 인간의 존엄과 가치의 본질임에도 불구하고 학설과 판례로 인정될 뿐 우리 헌법에 명시되지 않아 왔으므로 이를 명시적으로 규정함(안 제12조).

2) 정보화 사회로 빠르게 진전되고 있는 현실을 고려하여 알권리 및 자기정보통제권을 명시적으로 확인함으로써 이에 대한 보장을 강화하고, 정보기본권 보장을 위한 핵심적인 사항으로서 정보의 독점과 격차로 인한 폐해에 대해서는 국가가 예방 및 시정을 위해 노력하도록 함(안 제22조).

3) 사회보장을 국가의 시혜적 의무에서 국민의 기본적 권리로 변경하여, 모든 사회구성원이 기초생활을 유지하지 못하는 위험으로부터 해방되어 존엄과 가치를 지키면서 건강하고 쾌적한 삶을 누릴 수 있도록 사회보장을 받을 권리를 신설함(안 제35조 제2항).

4) 인구감소가 사회문제로 대두됨에 따라 임신·출산·양육을 가정에만 맡길 것이 아니라 국가적 차원에서 장려할 필요가 있으므로, 국민이 임신·출산·양육과 관련하여 국가의 지원을 받을 권리가 있음을 명시함(안 제35조 제3항).

5) 주거권을 신설하여 모든 국민이 쾌적하고 안정적인 주거생활을 할 권리를 갖도록 함(안 제35조 제4항).

6) 건강권을 신설하여 건강에 관한 권리 보장을 높이고, 국가에 질병 예방과 보건의료 제도 개선을 위해 노력할 의무를 지움(안 제35조 제5항).

7) 현행 규정은 어린이, 청소년, 노인 및 장애인 등 사회적 약자에 대해 복지정책의 대상이나 보호 대상으로만 규정하고 있으나, 이들 또한 독립된 인격주체로 존중하는 한편, 우리 사회의 일원으로 다양한 영역에서 동등한 권리를

가진다는 점을 분명히 함(안 제36조).

8) 안전권을 신설하여 모든 국민은 안전하게 살 권리를 가진다는 점을 밝히고, 국가는 재해를 예방하고 그 위험으로부터 사람을 보호할 의무를 진다는 점을 명시함(안 제37조).

차. 영장신청 주체 개정 및 사법절차적 권리 확대(안 제13조 제3항부터 제5항까지 및 제17조 제2항)

1) 영장신청 주체는 헌법에 규정할 사항이 아니라 법률로 규정할 사항으로 보고 있는 다수 입법례에 따라 영장신청의 주체를 검사로 한정하고 있는 부분을 삭제함.

2) 현행 규정은 국선변호인 선정 대상에 형사피고인만 인정하고 있어 기본권 보장에 미흡하다는 지적이 있으므로 국선변호인 선정 대상에 형사피의자를 추가함.

3) 체포 또는 구속을 당하는 자에게 '체포 또는 구속의 이유'와 '변호인의 도움을 받을 권리' 외에 '불리한 진술을 강요당하지 않을 권리'도 함께 고지하도록 함으로써 사법절차상 국민의 권리를 강화함.

카. 직업의 자유 명확화(안 제16조)

현행 헌법상 직업선택의 자유는 그 명칭에도 불구하고 직업선택의 자유뿐만 아니라 직업활동 또는 직업수행의 자유도 포함하는 것으로 해석되고 있으므로 이를 명확히 함.

타. 사생활 영역에 관한 기본권 규정의 정비(안 제17조)

주거의 자유, 사생활의 자유 및 통신의 자유는 사생활 영역에 관한 기본권으로서 체계상 하나의 조문에 규정되는 것이 적절하므로 이를 하나의 조문으로 규정함.

파. 표현의 자유 및 집회·결사의 자유 강화(안 제20조 및 제21조)

1) 언론·출판의 자유와 집회·결사의 자유는 기본권의 주체와 성격이 같지 않음에도 불구하고 하나의 조문에서 규정하고 있어 체계적이지 않으므로, 이를

각각 분리하여 별도의 조문으로 규정하고, 표현의 자유를 명시함.

2) 현행 규정은 통신·방송의 시설기준에 필요한 사항을 법률로 정하도록 하고 있어 언론·출판의 활동을 위축시키는 결과를 초래한다는 지적이 있으므로 이를 삭제함.

3) 언론·출판이 타인의 명예나 권리를 침해한 경우에는 피해자가 이에 대한 배상 외에 정정을 청구할 수 있도록 함.

하. 대학의 자치 보장(안 제23조 제2항)

초·중등교육과 다른 대학의 특수성을 고려하여 현행 헌법의 대학의 자율성에 관한 규정을 대학의 자치로 강화하여 이를 학문과 예술의 자유를 정한 조문에 함께 규정함.

거. 선거권, 공무담임권 및 청원권 강화(안 제25조부터 제27조까지)

1) 현행 규정은 선거권, 공무담임권 및 청원권을 법률로 정하는 바에 따라 해당 기본권을 보장하는 방식으로 하고 있어 기본권 보장의 범위가 입법재량 행사에 따라 축소될 수 있는 문제가 있으므로 선거권, 공무담임권 및 청원권이 보장됨을 명시하되 그 구체적인 사항을 법률로 정하도록 변경함으로써 해당 기본권 보장이 강화될 수 있도록 함.

2) 선거연령은 국민의 참정권의 핵심에 해당하는 사항인바, 경제협력개발기구(OECD) 34개국의 선거연령, 7차례의 선거연령 인하에 관한 헌법소원, 국가인권위원회의 선거연령 규정에 관한 검토 결정 등을 종합하여 18세 이상 국민의 선거권을 헌법이 직접 보장한다고 명시함으로써 최소한 18세 이상 국민에게는 헌법이 직접 선거권을 부여하고 18세 미만의 국민에 대해서는 입법 목적에 따라 국회가 법률로써 선거권을 제한할 수 있도록 하여 국민의 선거 주권을 강화함.

3) 현행 규정은 국민이 청원할 때에는 문서로 하도록 함으로써 정보화 사회로 진전되고 있는 현실을 반영하지 못하고 있으므로 이를 삭제하여 다양한 방식의 청원을 허용하는 한편, 국가에 청원에 대한 심사결과 통지의무를 지워 청원권을 실질적으로 보장함.

너. 재판청구권 강화(안 제28조, 제110조 제1항 및 부칙 제6조)

1) 현행 규정은 '헌법과 법률이 정한 법관'에 의하여 재판을 받도록 함으로써 시민의 사법참여에 장애가 되고 있으므로 이를 '헌법과 법률에 따라 법원의 재판'을 받을 권리로 변경하여 현행의 국민참여재판은 물론 배심제와 참심제가 도입될 수 있는 가능성을 열어 둠.

2) 군인 또는 군무원이 아닌 국민에 대한 군사재판권이 지나치게 넓다는 지적이 있으므로, 군인 또는 군무원이 아닌 국민은 원칙적으로 군사재판을 받지 않는다는 점을 분명히 밝히되, 비상계엄이 선포되고 일정한 요건에 해당하는 경우에만 군사재판을 받도록 함.

3) 재판절차에서 신속한 재판뿐만 아니라 공정한 재판을 받을 권리를 명시함으로써 국민의 재판청구권을 실질적으로 보장함.

4) 국민의 재판청구권 보장을 강화하기 위해 군사법원은 비상계엄 선포 시 또는 국외 파병 시에만 둘 수 있도록 함.

5) 국민의 재판청구권을 현저하게 제한하며 남용 위험성이 있다는 비판이 제기되었던 비상계엄하의 단심제를 폐지함.

6) 헌법 시행 당시 군사법원에 계속 중인 사건으로 군사법원의 관할에서 제외되는 사건은 법원으로 이관된 것으로 보고 이미 행해진 소송행위의 효력은 영향을 받지 않도록 함.

더. 군인 등의 국가배상청구권 제한 폐지(현행 제29조 제2항 삭제)

현행 규정은 군인·경찰 등 특수한 신분관계에 있는 사람에 대해 국가배상청구권을 제한함으로써 군인 등에 대해 불합리한 차별을 하고 있으므로 이를 폐지함.

러. 교육을 받을 권리 강화(안 제32조 제1항 및 제2항)

1) 모든 국민은 능력뿐만 아니라 개인의 적성에 따라 교육받을 권리를 가진다는 점을 분명하게 밝힘으로써 교육을 받을 권리를 보장할 때 고려되어야 하는 요소를 추가함.

2) 모든 국민은 보호하는 자녀뿐만 아니라 자녀 아닌 아동에 대해서도 초

등교육과 법률로 정하는 교육을 받게 할 의무를 지도록 함으로써 아동의 교육받을 권리를 두텁게 보장함.

머. 노동자의 권리 강화(안 제33조 및 제34조)

1) 노동자에 대한 정당한 대우를 통하여 양극화를 해소하고 지속가능한 성장을 위해 노동자의 기본권을 획기적으로 강화할 필요가 있으므로, 이와 같은 관점에서 노동자의 권리를 대폭 강화함.

2) 일본 제국주의 및 군사독재 시대에 사용되어 온 '근로'라는 용어를 '노동'으로 바꾸고, 헌법적 의무로 보기 어려운 '근로의 의무'를 삭제함.

3) 국가에 동일한 가치의 노동에 대해서는 동일한 수준의 임금이 지급되도록 노력할 의무를 지우는 한편, 최저임금제 시행 의무를 강조함.

4) 노동조건의 결정 과정에서 힘의 균형이 이루어지도록 노사 대등 결정의 원칙을 명시함.

5) 임신·출산·육아는 여성만이 아닌, 여성과 남성 모두의 일이므로 모든 국민은 고용·임금 및 그 밖의 노동조건에서 임신·출산·육아 등으로 부당한 차별을 받지 않도록 하는 한편, 현실적으로 임신·출산·육아의 직접 당사자가 여성인 것을 고려하여 국가로 하여금 여성의 노동을 보호하는 정책을 시행하도록 함.

6) 우선적으로 노동의 기회를 부여받는 대상에 현행 규정의 국가유공자·상이군경 및 전몰군경의 유가족 외에 의사자의 유가족을 추가함.

7) 모든 국민이 인간다운 삶을 누릴 수 있도록 일과 생활의 균형을 위한 국가의 정책 시행 의무를 규정함.

8) 노동자가 노동조건의 개선뿐만 아니라 그 권익을 보호하기 위해 단체행동을 할 권리를 가진다는 점을 분명히 밝힘.

9) 공무원에게도 원칙적으로 노동3권을 인정하면서 현역 군인 등 법률로 정한 예외적인 경우에만 제한할 수 있도록 함.

10) 법률로 정하는 주요 방위산업체에 종사하는 노동자의 단체행동권은 '필요한 경우에만' 법률로 제한하거나 인정하지 않을 수 있도록 하여 단체행동권 제한의 비례성을 강화함.

버. 환경 보호 및 동물보호 정책의 시행 의무(안 제38조 제2항 및 제3항)

환경 보전, 미래 세대를 고려한 지속가능성의 가치와 동물 보호는 국제규범이나 인류가 공유해야 할 보편가치로 정착되고 있으므로 이러한 시대변화를 반영하여 국가와 국민은 지속가능한 발전이 가능하도록 환경을 보호할 의무를 지고, 국가는 동물 보호를 위한 정책을 수립하여 시행하도록 함.

서. 국방의 의무를 이행하는 국민의 인권 보장(안 제42조 제2항)

군인 등 국방의 의무를 이행하는 국민의 경우 군인이라는 지위 등을 이유로 기본권 보장이 미흡한 경우가 많았으므로 국가에 국방의 의무를 이행하는 국민의 인권을 보장하기 위한 정책을 시행할 의무를 지움.

어. 국회의원 선거의 비례성 원칙 명시(안 제44조 제3항)

1) 현재의 지역구 국회의원 선거방식인 소선거구 다수대표제는 많은 사표를 발생시켜 국회의 국민 대표성을 제대로 반영하지 못하고 있음.

2) 선거구 등 국회의원 선거에 관한 사항은 현행 헌법과 같이 법률로 정하도록 하되, '국회의 의석은 투표자의 의사에 비례하여 배분해야 한다'는 선거의 비례성 원칙을 명시함.

저. 국회의원에 대한 국민소환제 및 국민발안제 도입(안 제45조 제2항 및 제56조)

1) 권력의 감시자 및 입법자로서 직접 참여하고자 하는 국민의 요구를 반영하여 국민이 국회의원을 소환하고 직접 법률안을 발의할 수 있도록 하는 등 직접 민주제를 대폭 확대하여 대의민주주의를 보완함.

2) 다만, 국회에서 사회적 합의를 통해 구체적인 내용을 정할 수 있도록 국민소환과 국민발안의 요건과 절차 등 구체적인 사항은 법률로 정하도록 함.

처. 정부의 법률안 제출권에 대한 국회의 통제 강화(안 제55조 제2항)

정부의 법률안 제출권은 유지하되, 국회의 입법 통제를 강화하기 위해 국회의원 10명 이상의 동의를 받아 국회에 법률안을 제출할 수 있도록 함.

커. 국가자치분권회의의 신설 등 중앙과 지방의 소통 강화(안 제55조 제3항 및 제97조)

1) 입법과정에서 지방의 의견이 반영될 수 있도록 지방자치와 관련된 법률안에 대해서는 국회의장이 지방정부에 이를 통보하도록 하고, 지방정부가 이에 대해 의견을 제시할 수 있도록 함.

2) 중앙과 지방 간의 소통과 협력체계를 구축하고, 지방의 실질적인 국정참여를 확대하기 위해 대통령, 국무총리, 법률로 정하는 국무위원과 지방행정부의 장으로 구성되는 국가자치분권회의를 심의기구로 신설함.

3) 국가자치분권회의는 중앙행정부와 지방행정부 간 협력을 추진하고 지방자치와 지역 간 균형발전에 관련되는 중요 정책을 심의함.

터. 국회의 예산심의권 강화(안 제58조)

1) 국회의 재정 통제 강화와 행정부의 예산 집행 책임 강화를 위해 예산법률주의를 도입함.

2) 정부에서 예산안을 편성하여 국회에 제출하면 국회는 예산안을 심의하여 예산법률로 확정하도록 하되, 세부적인 내용은 법률로 정하도록 함.

3) 국회의 충분한 예산심의 기간 확보를 위해 정부의 예산안 국회 제출시기를 현행 '회계연도 개시 90일 전까지'에서 '회계연도 개시 120일 전까지'로 앞당김.

퍼. 조약체결에 대한 국회 동의권 강화(안 제64조 제1항 제8호)

국회가 체결·비준에 동의권을 갖는 대상 조약에 '법률로 정하는 조약'을 추가하여 국회 동의 대상 조약을 법률로 확대할 수 있도록 함.

허. 제4장의 편제 개선(안 제4장 제1절부터 제4절까지)

1) 대통령은 행정부의 수반임에도 종전 제4장에서는 제1절의 제목을 대통령으로, 제2절의 제목을 행정부로 각각 규정하고 있었음.

2) 대통령이 행정부와 별개의 존재가 아니라는 것을 나타내기 위해 제4장 제2절의 제목 행정부를 삭제하고, 같은 절 제1관부터 제3관까지의 규정을 각각

제4장제2절부터 제4절까지로 변경 규정함.

3) 안 제4장 제3절(종전의 제4장 제2절 제2관)에 국가자치분권회의 규정이 마련됨에 따라, 제4장 제3절의 제목을 국무회의에서 국무회의와 국가자치분권회의로 변경함.

4) 종전의 제목이 국무회의인 제4장 제2절 제2관에서 규정하던 대통령 자문기구에 관한 규정을 대통령에 관한 절인 같은 장 제1절로 이관하여 규정함.

고. 대통령의 국가원수 지위 폐지(안 제70조 제1항)

대통령의 국가원수로서의 지위는 대통령이 다른 헌법기관을 초월한 우월적 지위에 있는 것으로 인식되어 제왕적 대통령의 근거로 작용될 우려가 있으므로 대통령의 국가원수 지위를 삭제하는 한편, 외국에 대해 국가를 대표하도록 하던 것을 국내외에 관계없이 국가를 대표하도록 변경함.

노. 대통령 선거 결선투표제 도입 및 피선거연령 삭제(안 제71조 및 제72조 제3항)

1) 국민의 지지율에 관계없이 상대 후보자보다 한 표라도 더 받은 사람이 대통령으로 당선되는 상대적 다수대표제의 문제점을 개선하고 대통령 선거에서 민주적 정당성을 높이기 위해 결선투표제도를 도입하고, 결선투표는 임기만료 등으로 인한 첫 대통령 선거일부터 14일 이내에 실시하도록 함.

2) 결선투표 실시 전에 결선투표의 당사자가 사퇴·사망하여 최고득표자가 없게 된 경우 재선거를 실시하고, 최고득표자 1명만 남게 된 경우 최고득표자가 당선자가 됨.

3) 대통령 피선거연령을 삭제하여 40세 미만이라도 국회의원으로 선출될 수 있는 사람은 대통령 선거에 출마할 수 있도록 함.

도. 대통령 선서내용 수정(안 제73조)

대통령 취임 시의 선서내용 중 '민족문화의 창달'을 '문화의 창달'로 변경함으로써 민족문화뿐만 아니라 다양한 문화를 발전시켜 나갈 수 있도록 함.

로. 대통령 임기 조정 및 1회 연임 허용(안 제74조 및 부칙 제3조)

1) 대통령 단임제의 문제점을 치유하고 안정된 국정 운영의 기반을 마련하

기 위해 현행 5년의 대통령 임기를 4년으로 하되, 대통령이 다음 선거에서 다시 선출되는 경우에 한정하여 한 차례만 더 대통령직을 수행할 수 있도록 함.

2) 대통령 임기 조정 및 연임에 관한 개정 헌법 규정이 이 헌법의 개정을 제안한 당시의 대통령에게는 적용되지 않음을 명확하게 하기 위해 해당 대통령의 임기는 2022년 5월 9일까지로 하며, 중임할 수 없도록 규정함.

모. 대통령 권한대행 제도 개선(안 제75조 및 제96조 제4호)

1) 종전에 대통령 권한대행 사유로 규정하고 있던 '사고' 외에 '질병'을 명시하여, 대통령 권한대행의 개시 여부에 대한 해석상 혼란을 줄이는 한편, 권한대행 사유로 질병, 사고 외에 '등'을 추가함으로써 전형적인 사고에 포함하기 어려운 직무수행 불가능 원인이 발생한 경우에도 대통령 권한대행이 개시될 수 있도록 함.

2) 대통령이 사임하고자 하는 경우나 질병, 사고 등으로 직무를 더 이상 수행할 수 없는 상태로서 의사표시를 할 수 있는 경우에는 권한대행자에게 서면으로 그 사정을 통보하도록 하여 예견가능성을 확보할 수 있도록 함.

3) 질병이 위중한 경우 등 대통령이 스스로 의사표시를 할 수 없거나 의사표시를 할 수 있음에도 하지 않은 경우에는 국무총리로 하여금 국무회의의 심의를 거쳐 헌법수호기관인 헌법재판소에 권한대행의 개시 등에 대한 판단을 신청하도록 하고, 헌법재판소의 최종적인 판단에 따르도록 함.

4) 대통령이 스스로 복귀의사를 표시하면 권한대행은 종료되고 대통령으로 복귀하는 것을 원칙으로 하되, 대통령의 직무 수행 가능 여부에 대한 다툼이 있을 때에는 대통령 본인, 재적 국무위원 3분의 2 이상 또는 국회의장이 신청하여 헌법재판소에서 결정하도록 함.

5) 대통령 권한대행자로서 그 직을 수행하고 있는 동안에는 대통령 선거에 출마할 수 없도록 하여 맡은 바 직무를 충실하게 수행할 수 있도록 함.

보. 특별사면에 대한 절차적 통제 강화(안 제83조)

대통령이 특별사면을 명하려면 사면위원회의 심사를 거치도록 함으로써 일반사면 외에 특별사면에 대해서도 대통령의 자의적 사면권 행사가 이루어지지 않도록 절차적 통제 규정을 헌법상 명문화함.

소. 국가원로자문회의 폐지(현행 제90조 삭제)

국가원로자문회의는 1989년 3월에 폐지되어 현재는 헌법에 형식상의 근거만 있어서 실제 존재하지 않는 국가원로자문회의를 폐지함.

오. 국무총리의 행정통할상 자율권 강화(안 제93조)

국무총리의 행정통할상 자율권을 보장하기 위해 행정각부를 통할하는 데에 있어 대통령의 명을 받도록 하는 부분을 삭제함.

조. 배심재판 등의 근거 마련(안 제101조 제1항)

배심재판 등의 근거를 마련하기 위해 국민은 법률로 정하는 바에 따라 배심 또는 그 밖의 방법으로 재판에 참여할 수 있도록 규정함.

초. 대법원 조직 개편(안 제102조 제1항)

사건의 전문화, 복잡화 추세와 대법관 증원 수요에 실효성 있게 대응할 수 있도록 대법원에 일반재판부와 전문재판부를 둘 수 있도록 함.

코. 대법원장 인사 권한 조정 및 대법관·일반 법관 임명절차 개선(안 제104조 제2항부터 제5항까지)

1) 대법원장에게 집중된 인사권한을 합리적으로 조정하기 위해 대법관은 대법관추천위원회의 추천을 거쳐 대법원장의 제청으로 국회의 동의를 받아 대통령이 임명하도록 함.

2) 대법관추천위원회는 대통령이 지명하는 3명, 대법원장이 지명하는 3명, 법관회의가 선출하는 3명의 위원으로 구성하도록 함.

3) 일반 법관은 법관인사위원회의 제청으로 대법관회의의 동의를 받아 대법원장이 임명하도록 함.

4) 대법관추천위원회 및 법관인사위원회의 조직과 운영 등 구체적인 사항은 법률로 정하도록 함.

토. 일반 법관 임기제 폐지(현행 제105조 제3항 삭제)

법관의 신분 보장을 강화하고 재판의 독립성과 중립성을 제고하기 위해 일반 법관의 임기제(10년, 연임)를 폐지함.

포. 법관 징계 종류 추가(안 제106조 제1항)

법관의 임기제 폐지를 보완하여 법관의 책임성을 담보하기 위해 법관의 징계 종류에 해임을 추가함.

호. 대법원 심사 대상 추가(안 제107조 제2항)

1) 지방의회가 제정하는 조례와 지방행정부의 장이 정하는 자치규칙의 헌법 또는 법률 위반 여부가 재판의 전제가 된 경우에는 대법원에 최종적인 심사 권한이 있음을 명시함.

2) 행정재판권이 사법권의 한 내용이라는 해석이 확고한 상황에서 처분의 최종 심사권이 대법원에 있다고 규정할 실익이 없어 그 심사대상에서 처분을 삭제함.

구. 헌법재판소 관장 사항 추가 등(안 제111조 제1항 제6호 및 제7호)

1) 대통령 권한대행의 개시 및 대통령의 직무 수행 가능 여부에 대한 판단을 헌법재판소에서 관장하도록 함에 따라 관장 사항에 추가함.

2) 향후 헌법재판소의 심판 수요에 효율적으로 대응할 수 있도록 관장 사항에 법률로 정하는 사항에 관한 심판을 추가하여 법률로 헌법재판소의 관장 사항을 확대할 수 있도록 함.

누. 헌법재판소 재판관 자격 개방 및 구성방식 변경(안 제111조 제2항·제3항 및 부칙 제5조 제2항)

1) 헌법재판소가 다양한 배경을 가진 인사로 구성될 수 있도록 하여 정책재판기관으로서의 기능을 강화하기 위해 헌법재판소 재판관의 자격 요건인 법관의 자격을 삭제함.

2) 대법원장의 인사권한을 합리적으로 조정하기 위해 헌법재판관 중 대법

원장이 지명하던 3명을 대법관회의에서 선출하도록 함.

3) 개정 헌법 시행 당시 대법원장의 지명으로 임명된 헌법재판소 재판관은 대법관회의에서 선출되어 임명된 것으로 봄.

두. 헌법재판소의 장 선임방법 변경(안 제111조 제4항)

1) 대통령의 권한을 합리적으로 분산하고 헌법재판소의 독립성을 강화하기 위해 대통령이 국회 동의를 받아 임명하던 헌법재판소의 장을 재판관 중에서 호선하도록 함.

2) 이로써 헌법재판소의 장의 임기는 헌법재판관의 잔여 임기에 한정되므로 헌법재판소의 장의 임기에 대한 그 동안의 해석상 논란을 해소함.

루. 감사원의 독립기관화(안 제114조부터 제117조까지 및 부칙 제5조 제3항)

1) 감사원의 직무상 독립성을 강화하기 위해 현행 헌법 제4장제2절 행정부의 제4관에서 규정하던 감사원 규정을 제7장으로 편제를 달리하여 독립기관으로 규정하고, 감사원은 독립하여 직무를 수행하도록 헌법상 명문화함.

2) 감사원은 원장을 포함한 9명의 감사위원으로 구성하며, 감사위원은 대통령이 임명하도록 하되, 그 중 3명은 국회에서 선출하고, 3명은 대법관회의에서 선출하도록 함으로써 감사원 구성에서 국가권력 간의 균형을 도모함.

3) 감사원장은 감사위원 중에서 국회의 동의를 받아 대통령이 임명하도록 함으로써 독립기관의 장으로서 민주적 정당성을 제고하는 한편, 대통령의 인사권을 합리적으로 조정함.

4) 감사위원의 임기를 대법관이나 헌법재판소 재판관과 동일하게 6년으로 하되, 감사위원으로 재직 중인 사람을 감사원장으로 임명하는 경우 감사원장의 임기를 둘러싼 해석상 논란을 없애기 위해 해당 감사원장의 임기는 감사위원으로서 남은 기간으로 명확히 규정함.

5) 감사원의 정치적 중립성을 확보하기 위해 헌법적 중립의무를 부과하고, 감사원 구성원의 신분상의 독립을 위해 감사위원은 탄핵되거나 금고 이상의 형을 선고받지 않고는 파면되지 않도록 함.

6) 감사원은 감사에 관한 절차, 감사원의 내부 규율과 감사사무 처리에 관

한 규칙을 제정할 수 있도록 헌법상 명문으로 규정하여 감사원 조직운영상의 자율권을 보장함.

7) 감사원을 헌법상 독립기관화함에 따라, 개정 헌법 시행 당시 감사원장, 감사위원은 개정 헌법에 따라 감사원장, 감사위원이 임명될 때까지 직무를 수행하며, 임기는 개정 헌법에 따라 감사원장, 감사위원이 임명된 날의 전날까지로 함.

무. 중앙선거관리위원회 위원 구성방식 변경(안 제118조 제2항 및 부칙 제5조 제4항)

1) 중앙선거관리위원회 위원 9명 중 종전에 대법원장이 지명하던 3명은 대법원장의 인사권을 축소하기 위해 대법관회의에서 선출하도록 하고, 그 외에 6명은 종전과 같이 대통령이 3명을 임명하고, 국회가 3명을 선출하도록 함.

2) 개정 헌법 시행 당시 대법원장이 지명한 중앙선거관리위원회 위원은 대법관회의에서 선출한 것으로 봄.

부. 선거운동의 자유 보장(안 제120조 제1항)

그간 균등한 기회 보장을 앞세워 선거운동을 지나치게 규제한 측면이 있었다는 점에 대한 반성적 고려에서, 선거운동은 누구나 자유롭게 할 수 있도록 하고, 후보자 간 공정한 기회를 보장하기 위해 필요한 경우에만 법률로 제한할 수 있도록 함.

수. 지방정부에 대한 주민참여 강화(안 제121조 제1항 및 제3항)

1) 실질적 지방민주주의의 실현을 위해 지방정부의 자치권이 주민으로부터 나온다는 것을 명시하고, 주민이 지방정부를 조직하고 운영하는 데 참여할 권리를 가짐을 명확히 함.

2) 주민들이 직접 지방정부의 부패와 독주를 견제할 수 있도록 주민발안, 주민투표 및 주민소환의 헌법적 근거를 신설함.

우. 지방정부에 관한 주요 사항의 법률 유보(안 제121조 제2항)

지방정부의 종류, 구역 등 지방정부에 관한 주요 사항을 법률로 정하도록 하여 국회가 시대 상황에 맞추어 지방정부의 종류와 구역 등을 탄력적으로 정할 수 있도록 함.

주. 보충성의 원칙 명시(안 제121조 제4항)

지방정부의 자치권을 실질적으로 보장하여 지방정부가 지역주민의 삶과 직결된 문제를 결정하는 지방분권이 확립될 수 있도록 국가와 지방정부 간, 지방정부 상호 간 사무의 배분은 주민에게 가까운 지방정부가 우선한다는 보충성 원칙에 따라 법률로 정하도록 함.

추. 지방정부 등 명칭 변경 및 자주조직권 부여(안 제122조 제2항)

1) 중앙과 지방이 종속적·수직적 관계가 아닌 독자적·수평적 관계라는 것이 분명히 드러날 수 있도록 '지방자치단체'를 '지방정부'로, 지방자치단체의 집행기관 명칭을 '지방행정부'로 함.

2) 지방의회의 구성 방법, 지방행정부의 유형, 지방행정부의 장의 선임 방법 등 지방정부의 조직과 운영에 관한 기본적인 사항은 지방정부에 관한 주요 사항이기도 하므로 안 제121조제2항과 같이 법률로 정하도록 하되, 지방정부가 스스로 적합한 조직을 구성할 수 있도록 구체적인 내용은 조례로 정하도록 함.

쿠. 자치입법권 강화(안 제123조)

1) 지역의 특색에 맞게 정책을 시행할 수 있는 기반을 마련하기 위해 지방정부의 자치입법권이 보다 폭넓게 보장되도록 '법령의 범위 안에서' 조례를 제정할 수 있도록 하던 것을 '법률에 위반되지 않는 범위에서' 조례를 제정할 수 있도록 자치입법권을 확대함.

2) 다만, 주민의 기본권이 침해되지 않도록 법률의 위임이 있는 경우에만 조례로 권리를 제한하거나 의무를 부과할 수 있도록 함.

3) 지방행정부의 장도 법률 또는 조례를 집행하기 위해 필요한 사항과 법률 또는 조례에서 구체적으로 범위를 정하여 위임받은 사항에 관하여 자치규칙을 정할 수 있도록 함.

투. 자치재정권 보장 및 재정조정제도 신설(안 제124조)

1) 정책시행과 재원조달의 불일치로 인하여 중앙정부와 지방정부가 서로에게 재정 부담을 떠넘기는 문제를 해결하기 위해 지방정부는 자치사무의 수행에 필요한 경비를 스스로 부담하고, 국가 또는 다른 지방정부가 위임한 사무를 집행하는 경우 그 비용은 위임하는 국가 또는 다른 지방정부가 부담하도록 함.

2) 실질적 지방자치에 필수적인 재정확보를 위해 법률에 위반되지 않는 범위에서 자치세의 종목과 세율, 징수 방법 등에 관한 조례를 제정할 수 있도록 하여 안 제123조제1항 단서에 대한 특별규정을 둠으로써 지방정부의 자치재정권을 보장하고, 조세로 조성된 재원은 국가와 지방정부의 사무 부담 범위에 부합하게 배분하도록 함.

3) 한편, 이러한 자치재정권 보장이 지방정부의 재정을 악화시키거나 지역 간 재정격차 확대를 초래하지 않도록 국가와 지방정부 간, 지방정부 상호 간의 재정조정에 대한 헌법적 근거를 마련함.

퓨. 경제민주화의 강화(안 제125조 및 제130조)

1) 경제민주화는 경제주체 간의 조화뿐만 아니라 상생을 통해서도 실현될 수 있으므로 경제민주화 조항에 '상생'을 추가함.

2) 골목상권 보호와 재래시장 활성화 등 소상공인의 보호가 주요 현안이 되고 있는 상황을 고려하여 중소기업의 개념에 포함되어 있던 소상공인을 별도로 분리하여 보호·육성 대상으로 명시함.

3) 양극화 해소, 일자리 창출 등 공동의 이익과 사회적 가치의 실현을 위해 상호협력과 사회연대를 바탕으로 경제활동이 이루어지는 사회적 경제가 활성화될 수 있도록 국가에 사회적 경제의 진흥 의무를 부과함.

후. 국토와 자원의 지속가능성 확보 의무 강화(안 제126조)

1) 국가가 국토와 자원의 이용·개발과 보전을 위하여 필요한 계획을 수립할 때 미래 세대의 이용가능성 등을 고려하도록 국가의 계획 수립 목적에 지속가능성에 관한 내용을 추가함.

2) 해양자원, 산림자원, 풍력 등은 원칙적으로 국가의 보호를 받으면서 제

한적으로 특허될 수 있는 자원과 자연력에 포함됨을 추가로 명시함.

ㄱ. 토지공개념의 강화(안 제128조 제2항)

1) 토지공개념은 해석상 인정되고 있으나, 개발이익환수 등 토지공개념과 관련된 정책에 대해 끊임없이 논란이 있어 왔음.

2) 사회적 불평등 심화 문제를 해소하기 위해 토지의 공공성과 합리적 사용을 위하여 필요한 경우에만 법률로써 특별한 제한이나 의무를 부과할 수 있도록 토지공개념의 내용을 명시함.

ㄴ. 농어업의 공익적 기능 명시(안 제129조)

식량의 안정적 공급과 생태 보전 등 농어업이 갖는 공익적 기능을 명시하고, 국가가 이러한 공익적 기능을 바탕으로 농어촌의 지속가능한 발전과 농어민의 삶의 질 향상을 위한 지원 등에 대한 계획을 수립·시행하도록 함.

ㄷ. 소비자의 권리 강화(안 제131조)

기업에 비해 상대적으로 취약한 소비자의 권익을 위해 소비자의 권리를 국가가 보장하도록 하고, 국가가 보호하는 소비자보호운동을 보다 폭넓은 개념인 소비자운동으로 변경함.

ㄹ. 기초 학문의 장려(안 제134조 제1항)

그동안 비교적 취약했던 기초 학문 분야를 강화하기 위해 국가에 기초 학문 장려 의무를 부과함.

ㅁ. 헌법의 한글화 및 알기 쉬운 헌법

1) 알기 쉬운 법령 만들기 사업을 통하여 거의 모든 법령이 한글화되고 사회 각 분야에서도 문서를 알기 쉽게 쓰도록 장려되고 있는데도 대한민국의 가치와 질서를 상징하는 최고법이면서 최고의 공문서인 헌법이 여전히 한자로 표기되어 있는 것은 물론, 어렵고 고루한 한자어와 일본식 문투의 문장이 많이 사용되고 있음.

2) 「국어기본법」 제14조에 따르면, 국가기관은 공문서를 일반 국민이 알기

쉬운 용어와 문장으로 써야 하며, 어문규범에 맞추어 한글로 작성하도록 되어 있고, 「행정효율과 협업 촉진에 관한 규정」 제7조에 따르면 공문서는 어문규정에 맞게 한글로 작성하되 뜻을 정확하게 전달하기 위해 필요한 경우에는 괄호 안에 한자 등을 함께 적을 수 있도록 되어 있으므로, 현행 헌법을 이와 같은 법령의 취지에 맞춰 한글화하고 알기 쉽게 고칠 필요가 있음.

3) 한자로 적혀 있는 헌법을 전부 한글화하면서 가능한 한 능동형의 자연스러운 문장이 되게 하고, '않는다', '해야 한다' 등의 준말을 사용하여 친숙한 문장이 되도록 함.

4) '證據湮滅의 염려'를 '증거를 없앨 염려'로, '助力'을 '도움'으로 바꾸는 등 한자어는 가능하면 우리말로 풀어 쓰면서 '영전(榮典)', '의사자(義死者)', '부서(副署)' 등 어렵거나 이중적 의미를 가질 수 있는 일부 한자어는 한자를 괄호 안에 함께 적음.

5) '의하여'를 '따라'로, '에 있어서'를 '에서'로 하거나 습관적으로 쓰이는 '인하여'를 최대한 배제하고 '國民全體에 대한 奉仕者이며'와 같은 명사형 문투 대신 '국민 전체에게 봉사하며'와 같은 동사형 문투를 사용하는 등 일본식의 문투를 편하고 활력 있는 우리 식의 문투로 바꿈.

6) 법령용어로서 의미가 굳어지거나 변경할 경우 의미가 바뀌거나 해석에 혼란을 가져올 수 있는 부분들은 현행을 존중하는 등 최대한 현실적인 수준에서 한글화와 알기 쉬운 헌법이 되게 함.

브. 시행일 및 시행 전 사전준비 등(안 부칙 제1조 및 제2조)

1) 기본권 강화, 지방분권 확대 등이 즉시 적용되도록 개정 헌법은 공포한 날부터 시행하도록 함. 다만, 법률이 제정·개정되지 않으면 실현될 수 없는 규정은 그 법률이 시행되는 때부터 시행하도록 하되, 입법의 지연으로 해당 규정의 시행이 무한정 지연되는 것을 방지하기 위하여 늦어도 2020년 5월 30일에는 해당 규정이 시행되도록 함.

2) 개정 헌법을 시행하기 위해 필요한 법률의 제정, 개정, 그 밖에 개정 헌법의 시행에 필요한 준비를 시행 전에도 할 수 있도록 함.

3) 개정 헌법이 시행되기 전까지는 그에 해당하는 종전의 규정을 적용하도

록 함.

ㅅ. 대통령 선거와 지방선거 동시 실시(안 부칙 제4조)

빈번한 전국선거로 인한 국력 낭비를 방지하고, 국회의원 선거가 중간평가의 역할을 하는 보다 합리적인 정치제도를 마련하기 위해, 2018년 6월 13일에 실시하는 지방선거와 그 보궐선거 등으로 선출된 지방의회 의원과 지방자치단체의 장의 임기를 2022년 3월 31일까지로 하고, 그 후임자에 관한 선거는 대통령 선거와 동시에 실시하도록 함.

4. 제10차 개정안(원문)

헌법 제 호

대한민국헌법 개정안

대한민국헌법 전부를 다음과 같이 개정한다.

대한민국 헌법

전문

유구한 역사와 전통에 빛나는 우리 대한국민은 3·1운동으로 건립된 대한민국임시정부의 법통과 불의에 항거한 4·19혁명, 부마민주항쟁과 5·18민주화운동, 6·10항쟁의 민주이념을 계승하고, 조국의 민주개혁과 평화 통일의 사명을 바탕으로 정의·인도와 동포애로써 민족의 단결을 공고히 하고, 모든 사회적 폐습과 불의를 타파하며, 자치와 분권을 강화하고, 자율과 조화를 바탕으로 자유민주적 기본질서를 더욱 확고히 하여 정치·경제·사회·문화의 모든 영역에서 개개인의 기회를 균등히 하고, 능력을 최고도로 발휘하게 하며, 자유와 권리에 따르는 책임과 의무를 완수하게 하여, 안으로는 국민생활의 균등한 향상과 지역 간 균형발전을 도모하고 밖으로는 항구적인 세계평화와 인류공영에 이바지함으로써 자연과의 공존 속에서 우리들과 미래 세대의 안전과 자유와 행복을 영원히 확보할 것을 다짐하면서 1948년 7월 12일에 제정되고 9차에 걸쳐 개정된 헌법을 이제 국회의 의결을 거쳐 국민투표에 의하여 개정한다.

제1장 총강

제1조 ①대한민국은 민주공화국이다.

②대한민국의 주권은 국민에게 있고, 모든 권력은 국민으로부터 나온다.

③ 대한민국은 지방분권국가를 지향한다.

제2조 ①대한민국의 국민이 되는 요건은 법률로 정한다.

②국가는 법률로 정하는 바에 따라 재외국민을 보호할 의무를 진다.

제3조 ①대한민국의 영토는 한반도와 그 부속도서(附屬島嶼)로 한다.

②대한민국의 수도(首都)에 관한 사항은 법률로 정한다.

제4조 대한민국은 통일을 지향하며, 자유민주적 기본질서에 바탕을 둔 평화 통일 정책을 수립하여 추진한다.

제5조 ①대한민국은 국제평화를 유지하기 위하여 노력하고 침략적 전쟁을 부인한다.

②국군은 국가의 안전보장과 국토방위의 신성한 의무를 수행함을 사명으로 하며 그 정치적 중립성은 준수된다.

제6조 ①헌법에 따라 체결·공포된 조약과 일반적으로 승인된 국제법규는 국내법과 같은 효력을 가진다.

②외국인에게는 국제법과 조약으로 정하는 바에 따라 그 지위를 보장한다.

제7조 ①공무원은 국민 전체에게 봉사하며, 국민에 대하여 책임을 진다.

②공무원의 신분은 법률로 정하는 바에 따라 보장된다.

③공무원은 직무를 수행할 때 정치적 중립을 지켜야 한다.

④공무원은 재직 중은 물론 퇴직 후에도 공무원의 직무상 공정성과 청렴성을 훼손해서는 안 된다.

제8조①정당은 자유롭게 설립할 수 있으며, 복수정당제는 보장된다.

②정당은 그 목적·조직과 활동이 민주적이어야 한다.

③정당은 법률로 정하는 바에 따라 국가의 보호를 받으며, 국가는 정당한 목적과 공정한 기준으로 법률로 정하는 바에 따라 정당운영에 필요한 자금을 보조할 수 있다.

④정부는 정당의 목적이나 활동이 민주적 기본질서에 위반될 때에는 헌법재판소에 정당의 해산을 제소할 수 있고, 제소된 정당은 헌법재판소의 심판에

따라 해산된다.

제9조 국가는 문화의 자율성과 다양성을 증진하고, 전통문화를 발전적으로 계승하기 위하여 노력해야 한다.

제2장 기본적 권리와 의무

제10조 모든 사람은 인간으로서 존엄과 가치를 가지며, 행복을 추구할 권리를 가진다. 국가는 개인이 가지는 불가침의 기본적 인권을 확인하고 보장할 의무를 진다.

제11조 ①모든 사람은 법 앞에 평등하다. 누구도 성별·종교·장애·연령·인종·지역 또는 사회적 신분을 이유로 정치적·경제적·사회적·문화적 생활의 모든 영역에서 차별을 받아서는 안 된다.

②국가는 성별 또는 장애 등으로 인한 차별상태를 시정하고 실질적 평등을 실현하기 위하여 노력해야 한다.

③사회적 특수계급 제도는 인정되지 않으며, 어떠한 형태로도 창설할 수 없다.

④훈장을 비롯한 영전(榮典)은 받은 자에게만 효력이 있고, 어떠한 특권도 따르지 않는다.

제12조 모든 사람은 생명권을 가지며, 신체와 정신을 훼손당하지 않을 권리를 가진다.

제13조 ①모든 사람은 신체의 자유를 가진다. 누구도 법률에 따르지 않고는 체포·구속·압수·수색 또는 심문을 받지 않으며, 법률과 적법한 절차에 따르지 않고는 처벌·보안처분 또는 강제노역을 받지 않는다.

②누구도 고문당하지 않으며, 형사상 자기에게 불리한 진술을 강요당하지 않는다.

③체포·구속이나 압수·수색을 하려 할 때에는 적법한 절차에 따라 청구되고 법관이 발부한 영장을 제시해야 한다. 다만, 현행범인인 경우와 장기 3년 이상의 형에 해당하는 죄를 범하고 도피하거나 증거를 없앨 염려가 있는 경우 사후에 영장을 청구할 수 있다.

④누구나 체포 또는 구속을 당한 경우 즉시 변호인의 도움을 받을 권리를 가진다. 형사피의자 또는 형사피고인이 스스로 변호인을 구할 수 없을 때에는

법률로 정하는 바에 따라 국가가 변호인을 선임하여 도움을 받도록 해야 한다.
⑤체포나 구속의 이유, 변호인의 도움을 받을 권리와 자기에게 불리한 진술을 강요당하지 않을 권리가 있음을 고지받지 않고는 누구도 체포나 구속을 당하지 않는다. 체포나 구속을 당한 사람의 가족 등 법률로 정하는 사람에게는 그 이유와 일시·장소를 지체 없이 통지해야 한다.
⑥체포나 구속을 당한 사람은 법원에 그 적부(適否)의 심사를 청구할 권리를 가진다.
⑦고문·폭행·협박·부당한 장기간의 구속 또는 기망(欺罔), 그 밖의 방법으로 말미암아 자의(自意)로 진술하지 않은 것으로 인정되는 피고인의 자백, 또는 정식재판에서 자기에게 불리한 유일한 증거가 되는 피고인의 자백은 유죄의 증거로 삼을 수 없으며, 그런 자백을 이유로 처벌할 수도 없다.

제14조 ①누구도 행위 시의 법률에 따라 범죄를 구성하지 않는 행위로 소추되지 않으며, 동일한 범죄로 거듭 처벌받지 않는다.
②모든 국민은 소급입법(遡及立法)으로 참정권을 제한받거나 재산권을 박탈당하지 않는다.
③누구도 자기의 행위가 아닌 친족의 행위로 불이익한 처우를 받지 않는다.

제15조 모든 국민은 거주·이전의 자유를 가진다.

제16조 모든 국민은 직업의 자유를 가진다.

제17조 ①모든 사람은 사생활의 비밀과 자유를 침해받지 않는다.
②모든 사람은 주거의 자유를 침해받지 않는다. 주거에 대한 압수나 수색을 하려 할 때에는 적법한 절차에 따라 청구되고 법관이 발부한 영장을 제시해야 한다.
③모든 국민은 통신의 비밀을 침해받지 않는다.

제18조 모든 사람은 양심의 자유를 가진다.

제19조 ①모든 사람은 종교의 자유를 가진다.
②국교는 인정되지 않으며, 종교와 정치는 분리된다.

제20조 ①언론·출판 등 표현의 자유는 보장되며, 이에 대한 허가나 검열은 금지된다.
②통신·방송·신문의 기능을 보장하기 위하여 필요한 사항은 법률로 정한다.

③언론·출판은 타인의 명예나 권리 또는 공중도덕이나 사회윤리를 침해해서는 안 된다. 언론·출판이 타인의 명예나 권리를 침해한 경우 피해자는 이에 대한 배상·정정을 청구할 수 있다.

제21조 집회·결사의 자유는 보장되며, 이에 대한 허가는 금지된다.

제22조 ①모든 국민은 알권리를 가진다.

②모든 사람은 자신에 관한 정보를 보호받고 그 처리에 관하여 통제할 권리를 가진다.

③국가는 정보의 독점과 격차로 인한 폐해를 예방하고 시정하기 위하여 노력해야 한다.

제23조 ①모든 사람은 학문과 예술의 자유를 가진다.

②대학의 자치는 보장된다.

③저작자, 발명가, 과학기술자와 예술가의 권리는 법률로써 보호한다.

제24조 ①모든 국민의 재산권은 보장된다. 그 내용과 한계는 법률로 정한다.

②재산권은 공공복리에 적합하도록 행사해야 한다.

③공공필요에 의한 재산권의 수용·사용 또는 제한 및 그 보상에 관한 사항은 법률로 정하되, 정당한 보상을 해야 한다.

제25조 모든 국민은 선거권을 가진다. 선거권 행사의 요건과 절차 등 구체적인 사항은 법률로 정하고, 18세 이상 국민의 선거권을 보장한다.

제26조 모든 국민은 공무담임권을 가진다. 구체적인 사항은 법률로 정한다.

제27조 ①모든 사람은 국가기관에 청원할 권리를 가진다. 구체적인 사항은 법률로 정한다.

②국가는 청원을 심사하여 통지할 의무를 진다.

제28조 ①모든 사람은 헌법과 법률에 따라 법원의 재판을 받을 권리를 가진다.

②군인·군무원이 아닌 사람은 군사법원의 재판을 받지 않는다. 다만, 대한민국의 영역 안에서 비상계엄이 선포되어 군사법원을 두는 경우 중대한 군사상 기밀, 초병(哨兵), 초소, 유독음식물 공급, 포로, 군용물(軍用物)에 관한 죄 중 법률로 정한 죄를 범한 사람은 예외로 한다.

③모든 국민은 재판을 공정하고 신속하게 받을 권리를 가진다. 형사피고인은 상당한 이유가 없으면 지체 없이 공개 재판을 받을 권리를 가진다.

④형사피고인은 유죄 판결이 확정될 때까지는 무죄로 추정한다.

⑤형사피해자는 법률로 정하는 바에 따라 해당 사건의 재판절차에서 진술할 수 있다.

제29조 형사피의자 또는 형사피고인으로서 구금되었던 사람이 법률이 정하는 불기소처분이나 무죄판결을 받은 경우 법률로 정하는 바에 따라 국가에 정당한 보상을 청구할 수 있다.

제30조 공무원의 직무상 불법행위로 손해를 입은 국민은 법률로 정하는 바에 따라 국가 또는 공공단체에 정당한 배상을 청구할 수 있다. 이 경우 공무원 자신의 책임은 면제되지 않는다.

제31조 타인의 범죄행위로 생명·신체에 대한 피해를 입은 국민은 법률로 정하는 바에 따라 국가로부터 구조를 받을 수 있다.

제32조 ①모든 국민은 능력과 적성에 따라 균등하게 교육을 받을 권리를 가진다.

②모든 국민은 보호하는 자녀 또는 아동에게 적어도 초등교육과 법률로 정하는 교육을 받게 할 의무를 진다.

③의무교육은 무상으로 한다.

④교육의 자주성·전문성 및 정치적 중립성은 법률로 정하는 바에 따라 보장된다.

⑤국가는 평생교육을 진흥해야 한다.

⑥학교교육·평생교육을 포함한 교육 제도와 그 운영, 교육재정, 교원의 지위에 관한 기본 사항은 법률로 정한다.

제33조 ①모든 국민은 일할 권리를 가지며, 국가는 고용의 안정과 증진을 위한 정책을 시행해야 한다.

②국가는 적정임금을 보장하기 위하여 노력해야 하며, 법률로 정하는 바에 따라 최저임금제를 시행해야 한다.

③국가는 동일한 가치의 노동에 대해서는 동일한 수준의 임금이 지급되도록 노력해야 한다.

④노동조건은 노동자와 사용자가 동등한 지위에서 자유의사에 따라 결정하되, 그 기준은 인간의 존엄성을 보장하도록 법률로 정한다.

⑤모든 국민은 고용·임금 및 그 밖의 노동조건에서 임신·출산·육아 등으로

부당하게 차별을 받지 않으며, 국가는 이를 위해 여성의 노동을 보호하는 정책을 시행해야 한다.

⑥연소자(年少者)의 노동은 특별한 보호를 받는다.

⑦국가유공자·상이군경 및 전몰군경(戰歿軍警)·의사자(義死者)의 유가족은 법률로 정하는 바에 따라 우선적으로 노동의 기회를 부여받는다.

⑧국가는 모든 국민이 일과 생활을 균형 있게 할 수 있도록 정책을 시행해야 한다.

第34조 ①노동자는 자주적인 단결권과 단체교섭권을 가진다.

②노동자는 노동조건의 개선과 그 권익의 보호를 위하여 단체행동권을 가진다.

③현역 군인 등 법률로 정하는 공무원의 단결권, 단체교섭권과 단체행동권은 법률로 정하는 바에 따라 제한하거나 인정하지 않을 수 있다.

④법률로 정하는 주요 방위산업체에 종사하는 노동자의 단체행동권은 필요한 경우에만 법률로 정하는 바에 따라 제한하거나 인정하지 않을 수 있다.

第35조 ①모든 국민은 인간다운 생활을 할 권리를 가진다.

②모든 국민은 장애·질병·노령·실업·빈곤 등으로 초래되는 사회적 위험으로부터 벗어나 적정한 삶의 질을 유지할 수 있도록 사회보장을 받을 권리를 가진다.

③모든 국민은 임신·출산·양육과 관련하여 국가의 지원을 받을 권리를 가진다.

④모든 국민은 쾌적하고 안정적인 주거생활을 할 권리를 가진다.

⑤모든 국민은 건강하게 살 권리를 가진다. 국가는 질병을 예방하고 보건의료제도를 개선하기 위하여 노력해야 하며, 이에 필요한 사항은 법률로 정한다.

第36조 ①어린이와 청소년은 독립된 인격주체로서 존중과 보호를 받을 권리를 가진다.

②노인은 존엄한 삶을 누리고 정치적·경제적·사회적·문화적 생활에 참여할 권리를 가진다.

③장애인은 존엄하고 자립적인 삶을 누리며, 모든 영역에서 동등한 기회를 가지고 참여할 권리를 가진다.

第37조 ①모든 국민은 안전하게 살 권리를 가진다.

②국가는 재해를 예방하고 그 위험으로부터 사람을 보호해야 한다.

제38조 ①모든 국민은 건강하고 쾌적한 환경에서 생활할 권리를 가진다. 구체적인 내용은 법률로 정한다.

②국가와 국민은 지속가능한 발전이 가능하도록 환경을 보호해야 한다.

③국가는 동물 보호를 위한 정책을 시행해야 한다.

제39조 혼인과 가족생활은 개인의 존엄과 양성의 평등을 바탕으로 성립되고 유지되어야 하며, 국가는 이를 보장한다.

제40조 ①자유와 권리는 헌법에 열거되지 않았다는 이유로 경시되지 않는다.

②모든 자유와 권리는 국가안전보장·질서유지 또는 공공복리를 위하여 필요한 경우에만 법률로써 제한할 수 있으며, 제한하는 경우에도 자유와 권리의 본질적인 내용을 침해할 수 없다.

제41조 모든 국민은 법률로 정하는 바에 따라 납세의 의무를 진다.

제42조 ①모든 국민은 법률로 정하는 바에 따라 국방의 의무를 진다.

②국가는 국방의 의무를 이행하는 국민의 인권을 보장하기 위한 정책을 시행해야 한다.

③누구도 병역의무의 이행으로 불이익한 처우를 받지 않는다.

제3장 국회

제43조 입법권은 국회에 있다.

제44조 ①국회는 국민이 보통·평등·직접·비밀 선거로 선출한 국회의원으로 구성한다.

②국회의원의 수는 법률로 정하되, 200명 이상으로 한다.

③국회의원의 선거구와 비례대표제, 그 밖에 선거에 관한 사항은 법률로 정하되, 국회의 의석은 투표자의 의사에 비례하여 배분해야 한다.

제45조 ①국회의원의 임기는 4년으로 한다.

②국민은 국회의원을 소환할 수 있다. 소환의 요건과 절차 등 구체적인 사항은 법률로 정한다.

제46조 국회의원은 법률로 정하는 직(職)을 겸할 수 없다.

제47조 ①국회의원은 현행범인인 경우를 제외하고는 회기 동안 국회의 동의 없이 체포되거나 구금되지 않는다.

②국회의원이 회기 전에 체포되거나 구금된 경우 현행범인이 아닌 한 국회의 요구가 있으면 회기 동안 석방된다.

제48조 국회의원은 국회에서 직무상 발언하거나 표결한 것에 관하여 국회 밖에서 책임을 지지 않는다.

제49조 ①국회의원은 청렴해야 할 의무를 진다.

②국회의원은 국가이익을 우선하여 양심에 따라 직무를 수행한다.

③국회의원은 그 지위를 남용하여 국가·공공단체 또는 기업체와의 계약이나 그 처분에 의하여 재산상의 권리·이익 또는 직위를 취득하거나 타인을 위하여 그 취득을 알선할 수 없다.

제50조 ①국회의 정기회는 법률로 정하는 바에 따라 매년 1회 열며, 국회의 임시회는 대통령 또는 국회 재적의원 4분의 1 이상의 요구로 연다.

②정기회의 회기는 100일을, 임시회의 회기는 30일을 초과할 수 없다.

③대통령이 임시회를 요구하는 경우 기간과 이유를 명시해야 한다.

제51조 국회는 의장 1명과 부의장 2명을 선출한다.

제52조 국회는 헌법 또는 법률에 특별한 규정이 없으면 재적의원 과반수의 출석과 출석의원 과반수의 찬성으로 의결한다. 가부동수일 때에는 부결된 것으로 본다.

제53조 ①국회의 회의는 공개한다. 다만, 출석의원 과반수의 찬성이 있거나 국회의장이 국가의 안전보장을 위하여 필요하다고 인정할 때에는 공개하지 않을 수 있다.

②공개하지 않은 회의 내용의 공표에 관하여는 법률로 정한다.

제54조 국회에 제출된 법률안, 그 밖의 의안은 회기 동안에 의결되지 못한 이유로 폐기되지 않는다. 다만, 국회의원의 임기가 만료된 경우에는 폐기된다.

제55조 ①국회의원은 법률안을 제출할 수 있다.

②정부는 국회의원 10명 이상의 동의를 받아 법률안을 제출할 수 있다.

③법률안이 지방자치와 관련되는 경우 국회의장은 지방정부에 이를 통보해야 하며, 해당 지방정부는 그 법률안에 대하여 의견을 제시할 수 있다. 구체적인 사항은 법률로 정한다.

제56조 국민은 법률안을 발의할 수 있다. 발의의 요건과 절차 등 구체적인 사항

은 법률로 정한다.

제57조 ①국회에서 의결된 법률안은 정부에 이송된 날부터 15일 이내에 대통령이 공포한다.

②대통령은 법률안에 이의가 있을 때에는 제1항의 기간 안에 이의서를 붙여 국회로 돌려보내고, 재의를 요구할 수 있다. 국회의 폐회 중에도 또한 같다.

③대통령은 법률안의 일부에 대하여 또는 법률안을 수정하여 재의를 요구할 수 없다.

④국회는 대통령의 재의 요구가 있을 때에는 재의에 부치고, 재적의원 과반수의 출석과 출석의원 3분의 2 이상의 찬성으로 전과 같은 의결을 하면 그 법률안은 법률로 확정된다.

⑤대통령이 제1항의 기간 안에 공포나 재의 요구를 하지 않은 경우에도 그 법률안은 법률로 확정된다.

⑥대통령은 제4항에 따라 확정된 법률은 정부에 이송된 지 5일 이내에, 제5항에 따라 확정된 법률은 지체 없이 공포하여야 한다. 다만, 대통령이 공포하지 않으면 국회의장이 공포한다.

⑦법률은 특별한 규정이 없으면 공포한 날부터 20일이 지나면 효력이 생긴다.

제58조 ①국회는 국가의 예산안을 심의하여 예산법률로 확정한다.

②정부는 회계연도마다 예산안을 편성하여 회계연도 개시 120일 전까지 국회에 제출하고, 국회는 회계연도 개시 30일 전까지 예산법률안을 의결해야 한다.

③새로운 회계연도가 개시될 때까지 예산법률이 효력을 발생하지 못한 경우 정부는 예산법률이 효력을 발생할 때까지 다음의 목적을 위한 경비를 전년도 예산법률에 준하여 집행할 수 있다.

1. 헌법이나 법률에 따라 설치한 기관이나 시설의 유지·운영
2. 법률로 정하는 지출 의무의 실행
3. 이미 예산법률로 승인된 사업의 계속

④예산안의 심의와 예산법률안의 의결 등에 필요한 사항은 법률로 정한다.

제59조 ①한 회계연도를 넘어 계속하여 지출할 필요가 있는 경우 정부는 연한(年限)을 정하여 계속비로서 국회의 의결을 거쳐야 한다.

②예비비는 총액으로 국회의 의결을 거쳐야 한다. 예비비의 지출은 차기 국

회의 승인을 받아야 한다.

第60조 정부는 예산법률을 개정할 필요가 있는 경우 추가경정예산안을 편성하여 국회에 제출할 수 있다.

第61조 국회는 정부의 동의 없이 정부가 제출한 지출예산 각항의 금액을 늘리거나 새 비목(費目)을 설치할 수 없다.

第62조 국채를 모집하거나 예산법률 외에 국가의 부담이 될 계약을 맺으려면 정부는 미리 국회의 의결을 거쳐야 한다.

第63조 조세의 종목과 세율은 법률로 정한다.

第64조 ①국회는 다음 조약의 체결·비준에 대한 동의권을 가진다.

1. 상호원조나 안전보장에 관한 조약
2. 중요한 국제조직에 관한 조약
3. 우호통상항해조약
4. 주권의 제약에 관한 조약
5. 강화조약(講和條約)
6. 국가나 국민에게 중대한 재정 부담을 지우는 조약
7. 입법사항에 관한 조약
8. 그 밖에 법률로 정하는 조약

②국회는 선전포고, 국군의 외국 파견 또는 외국 군대의 대한민국 영역 내 주류(駐留)에 대한 동의권을 가진다.

第65조 ①국회는 국정을 감사하거나 특정한 국정사안에 대하여 조사할 수 있으며, 이에 필요한 서류의 제출, 증인의 출석, 증언, 의견의 진술을 요구할 수 있다.

②국정감사와 국정조사의 절차, 그 밖에 필요한 사항은 법률로 정한다.

第66조 ①국무총리·국무위원 또는 정부위원은 국회나 그 위원회에 출석하여 국정 처리 상황을 보고하거나 의견을 진술하고 질문에 응답할 수 있다.

②국회나 그 위원회에서 요구하면 국무총리·국무위원 또는 정부위원은 출석하여 답변해야 한다. 다만, 국무총리나 국무위원이 출석 요구를 받은 경우 국무위원이나 정부위원으로 하여금 출석·답변하게 할 수 있다.

第67조 ①국회는 국무총리나 국무위원의 해임을 대통령에게 건의할 수 있다.

②제1항의 해임건의를 하려면 국회 재적의원 3분의 1 이상이 발의하고 국회 재적의원 과반수가 찬성해야 한다.

제68조 ①국회는 법률에 위반되지 않는 범위에서 의사와 내부 규율에 관한 규칙을 제정할 수 있다.

②국회는 국회의원의 자격을 심사하며, 국회의원을 징계할 수 있다.

③국회의원을 제명하려면 국회 재적의원 3분의 2 이상이 찬성해야 한다.

④제2항과 제3항의 처분에 대해서는 법원에 제소할 수 없다.

제69조 ①대통령, 국무총리, 국무위원, 행정각부의 장, 헌법재판소 재판관, 법관, 중앙선거관리위원회 위원, 감사원장, 감사위원, 그 밖에 법률로 정하는 공무원이 직무를 집행하면서 헌법이나 법률을 위반한 경우 국회는 탄핵의 소추를 의결할 수 있다.

②제1항의 탄핵소추를 하려면 국회 재적의원 3분의 1 이상이 발의하고 국회 재적의원 과반수가 찬성해야 한다. 다만, 대통령에 대한 탄핵소추는 국회 재적의원 과반수가 발의하고 국회 재적의원 3분의 2 이상이 찬성해야 한다.

③탄핵소추의 의결을 받은 사람은 탄핵심판이 있을 때까지 권한을 행사하지 못한다.

④탄핵결정은 공직에서 파면하는 데 그친다. 그러나 파면되더라도 민사상 또는 형사상 책임이 면제되지는 않는다.

제4장 정부

제1절 대통령

제70조 ①대통령은 국가를 대표한다.

②대통령은 국가의 독립과 계속성을 유지하고, 영토를 보전하며, 헌법을 수호할 책임과 의무를 진다.

③대통령은 조국의 평화 통일을 위하여 성실히 노력할 의무를 진다.

④행정권은 대통령을 수반으로 하는 행정부에 있다.

제71조 ①대통령은 국민의 보통·평등·직접·비밀 선거로 선출한다.

②제1항의 선거에서 유효투표 총수의 과반수를 얻은 사람을 당선자로 한다.

③제2항의 당선자가 없을 때에는 최고득표자가 1명이면 최고득표자와 그 다

음 순위 득표자에 대하여, 최고득표자가 2명 이상이면 최고득표자 전원에 대하여 결선투표를 실시하고, 그 결과 다수득표자를 당선자로 한다. 결선투표에서 최고득표자가 2명 이상일 때에는 국회 재적의원 과반수가 출석한 공개회의에서 다수표를 얻은 사람을 당선자로 한다.

④제3항에 따른 결선투표 실시 전에 결선투표의 당사자가 사퇴·사망하여 최고득표자가 없게 된 경우 재선거를 실시하고, 최고득표자 1명만 남게 된 경우 최고득표자가 당선자가 된다.

⑤대통령 후보자가 1명인 경우 선거권자 총수의 3분의 1 이상을 득표하지 않으면 대통령으로 당선될 수 없다.

⑥대통령으로 선거될 수 있는 사람은 국회의원의 피선거권이 있어야 한다.

⑦대통령 선거에 관한 사항은 법률로 정한다.

第72조 ①대통령의 임기가 만료되는 경우 임기만료 70일 전부터 40일 전 사이에 후임자를 선거한다.

②대통령이 궐위(闕位)된 경우 또는 대통령 당선자가 사망하거나 판결, 그 밖의 사유로 그 자격을 상실한 경우 60일 이내에 후임자를 선거한다.

③ 결선투표는 제1항 및 제2항에 따른 첫 선거일부터 14일 이내에 실시한다.

第73조 대통령은 취임에 즈음하여 다음의 선서를 한다.

"나는 헌법을 준수하고 국가를 지키며 조국의 평화 통일과 국민의 자유와 복리의 증진 및 문화의 창달에 노력하여 대통령으로서 맡은 직책을 성실히 수행할 것을 국민 앞에 엄숙히 선서합니다."

第74조 대통령의 임기는 4년으로 하되, 연이어 선출되는 경우에만 한 번 중임할 수 있다.

第75조 ①대통령이 궐위되거나 질병·사고 등으로 직무를 수행할 수 없는 경우 국무총리, 법률로 정한 국무위원의 순서로 그 권한을 대행한다.

②대통령이 사임하려고 하거나 질병·사고 등으로 직무를 수행할 수 없는 경우 대통령은 그 사정을 국회의장과 제1항에 따라 권한대행을 할 사람에게 서면으로 미리 통보해야 한다.

③제2항의 서면 통보가 없는 경우 권한대행의 개시 여부에 대한 최종적인 판단은 국무총리가 국무회의의 심의를 거쳐 헌법재판소에 신청하여 그 결정에

따른다.

④권한대행의 지위는 대통령이 복귀 의사를 서면으로 통보한 때에 종료된다. 다만, 복귀한 대통령의 직무 수행 가능 여부에 대한 다툼이 있을 때에는 대통령, 재적 국무위원 3분의 2 이상 또는 국회의장이 헌법재판소에 신청하여 그 결정에 따른다.

⑤제1항에 따라 대통령의 권한을 대행하는 사람은 그 직을 유지하는 한 대통령 선거에 입후보할 수 없다.

⑥대통령의 권한대행에 관하여 필요한 사항은 법률로 정한다.

제76조 대통령은 필요하다고 인정할 경우 외교·국방·통일, 그 밖에 국가안위에 관한 중요 정책을 국민투표에 부칠 수 있다.

제77조 대통령은 조약을 체결·비준하고, 외교사절을 신임·접수 또는 파견하며, 선전포고와 강화를 한다.

제78조 ①대통령은 헌법과 법률로 정하는 바에 따라 국군을 통수한다.

②국군의 조직과 편성은 법률로 정한다.

제79조 대통령은 법률에서 구체적으로 범위를 정하여 위임받은 사항과 법률을 집행하는 데 필요한 사항에 관하여 대통령령을 발(發)할 수 있다.

제80조 ①대통령은 내우외환, 천재지변 또는 중대한 재정·경제상의 위기에 국가의 안전보장이나 공공의 안녕질서를 유지하기 위하여 긴급한 조치가 필요하고 국회의 집회를 기다릴 여유가 없을 때에만 최소한으로 필요한 재정·경제상의 처분을 하거나 이에 관하여 법률의 효력을 가지는 명령을 발할 수 있다.

②대통령은 국가의 안위에 관계되는 중대한 교전 상태에서 국가를 보위하기 위하여 긴급한 조치가 필요함에도 국회의 집회가 불가능한 경우에만 법률의 효력을 가지는 명령을 발할 수 있다.

③대통령은 제1항과 제2항의 처분이나 명령을 한 경우 지체 없이 국회에 보고하여 승인을 받아야 한다.

④제3항의 승인을 받지 못한 때에는 그 처분이나 명령은 그 때부터 효력을 상실한다. 이 경우 그 명령에 따라 개정되었거나 폐지되었던 법률은 그 명령이 승인을 받지 못한 때부터 당연히 효력을 회복한다.

⑤대통령은 제3항과 제4항의 사유를 지체 없이 공포해야 한다.

第81조 ①대통령은 전시·사변 또는 이에 준하는 국가비상사태에 병력으로써 군사상의 필요에 응하거나 공공의 안녕질서를 유지할 필요가 있을 때에는 법률로 정하는 바에 따라 계엄을 선포할 수 있다.

②계엄은 비상계엄과 경비계엄으로 구분한다.

③비상계엄이 선포된 경우 법률로 정하는 바에 따라 영장제도, 언론·출판·집회·결사의 자유, 정부나 법원의 권한에 관하여 특별한 조치를 할 수 있다.

④계엄을 선포한 경우 대통령은 지체 없이 국회에 통고해야 한다.

⑤국회가 재적의원 과반수의 찬성으로 계엄의 해제를 요구하면 대통령은 계엄을 해제해야 한다.

第82조 대통령은 헌법과 법률로 정하는 바에 따라 공무원을 임면(任免)한다.

第83조 ①대통령은 법률로 정하는 바에 따라 사면·감형 또는 복권을 명할 수 있다.

②일반사면을 명하려면 국회의 동의를 받아야 하고, 특별사면을 명하려면 사면위원회의 심사를 거쳐야 한다.

③사면·감형과 복권에 관한 사항은 법률로 정한다.

第84조 대통령은 법률로 정하는 바에 따라 훈장을 비롯한 영전을 수여한다.

第85조 대통령은 국회에 출석하여 발언하거나 문서로 의견을 표시할 수 있다.

第86조 대통령의 국법상 행위는 문서로써 하며, 이 문서에는 국무총리와 관계 국무위원이 부서(副署)한다. 군사에 관한 것도 또한 같다.

第87조 대통령은 국무총리, 국무위원, 행정각부의 장, 그 밖에 법률로 정하는 공사(公私)의 직을 겸할 수 없다.

第88조 대통령은 내란 또는 외환의 죄를 범한 경우를 제외하고는 재직 중 형사상의 소추를 받지 않는다.

第89조 전직 대통령의 신분과 예우에 관한 사항은 법률로 정한다.

第90조 ①국가안전보장에 관련되는 대외정책·군사정책과 국내정책의 수립에 관하여 국무회의의 심의에 앞서 대통령의 자문에 응하게 하기 위하여 국가안전보장회의를 둔다.

②국가안전보장회의는 대통령이 주재한다.

③국가안전보장회의의 조직, 직무 범위, 그 밖에 필요한 사항은 법률로 정한다.

제91조 ①평화 통일 정책의 수립에 관한 대통령의 자문에 응하게 하기 위하여 민주평화통일자문회의를 둘 수 있다.

②민주평화통일자문회의의 조직, 직무 범위, 그 밖에 필요한 사항은 법률로 정한다.

제92조 ①국민경제의 발전을 위한 중요정책의 수립에 관하여 대통령의 자문에 응하게 하기 위하여 국민경제자문회의를 둘 수 있다.

②국민경제자문회의의 조직, 직무 범위, 그 밖에 필요한 사항은 법률로 정한다.

제2절 국무총리와 국무위원

제93조 ①국무총리는 국회의 동의를 받아 대통령이 임명한다.

②국무총리는 대통령을 보좌하며, 행정각부를 통할한다.

③현역 군인은 국무총리로 임명될 수 없다.

제94조 ①국무위원은 국무총리의 제청으로 대통령이 임명한다.

②국무위원은 국정에 관하여 대통령을 보좌하며, 국무회의의 구성원으로서 국정을 심의한다.

③국무총리는 국무위원의 해임을 대통령에게 건의할 수 있다.

④현역 군인은 국무위원으로 임명될 수 없다.

제3절 국무회의와 국가자치분권회의

제95조 ①국무회의는 정부의 권한에 속하는 중요한 정책을 심의한다.

②국무회의는 대통령·국무총리와 15명 이상 30명 이하의 국무위원으로 구성한다.

③대통령은 국무회의의 의장이 되고, 국무총리는 부의장이 된다.

제96조 다음 사항은 국무회의의 심의를 거쳐야 한다.

1. 국정의 기본계획과 정부의 일반 정책
2. 선전(宣戰), 강화, 그 밖에 중요한 대외 정책
3. 헌법 개정안, 국민투표안, 조약안, 법률안 및 대통령령안
4. 대통령 권한대행의 개시 여부에 대한 판단의 신청
5. 예산안, 결산, 국유재산 처분의 기본계획, 국가에 부담이 될 계약, 그 밖에 재정에 관한 중요 사항

6. 대통령의 긴급명령, 긴급재정경제처분 및 명령, 계엄의 선포와 해제
7. 군사에 관한 중요 사항
8. 국회의 임시회 요구
9. 영전 수여
10. 사면·감형과 복권
11. 행정각부 간의 권한 획정
12. 정부 안의 권한 위임 또는 배정에 관한 기본계획
13. 국정 처리 상황의 평가·분석
14. 행정각부의 중요 정책 수립과 조정
15. 정당 해산의 제소
16. 정부에 제출되거나 회부된 정부 정책에 관계되는 청원의 심사
17. 검찰총장, 합동참모의장, 각군참모총장, 국립대학교 총장, 대사, 그 밖에 법률로 정한 공무원과 국영기업체 관리자의 임명
18. 그 밖에 대통령·국무총리나 국무위원이 제출한 사항

제97조 ①정부와 지방정부 간 협력을 추진하고 지방자치와 지역 간 균형 발전에 관련되는 중요 정책을 심의하기 위하여 국가자치분권회의를 둔다.
②국가자치분권회의는 대통령, 국무총리, 법률로 정하는 국무위원과 지방행정부의 장으로 구성한다.
③대통령은 국가자치분권회의의 의장이 되고, 국무총리는 부의장이 된다.
④국가자치분권회의의 조직과 운영 등 구체적인 사항은 법률로 정한다.

제4절 행정각부

제98조 행정각부의 장은 국무위원 중에서 국무총리의 제청으로 대통령이 임명한다.

제99조 국무총리 또는 행정각부의 장은 소관 사무에 관하여 법률이나 대통령령의 위임 또는 직권으로 총리령 또는 부령을 발할 수 있다.

제100조 행정각부의 설치·조직과 직무 범위는 법률로 정한다.

제5장 법원

제101조 ①사법권은 법관으로 구성된 법원에 있다. 국민은 법률로 정하는 바에

따라 배심 또는 그 밖의 방법으로 재판에 참여할 수 있다.
②법원은 최고법원인 대법원과 각급 법원으로 조직한다.
③법관의 자격은 법률로 정한다.

제102조 ①대법원에 일반재판부와 전문재판부를 둘 수 있다.
②대법원에 대법관을 둔다. 다만, 법률로 정하는 바에 따라 대법관이 아닌 법관을 둘 수 있다.
③대법원과 각급 법원의 조직은 법률로 정한다.

제103조 법관은 헌법과 법률에 의하여 그 양심에 따라 독립하여 심판한다.

제104조 ①대법원장은 국회의 동의를 받아 대통령이 임명한다.
②대법관은 대법관추천위원회의 추천을 거쳐 대법원장 제청으로 국회의 동의를 받아 대통령이 임명한다.
③대법관추천위원회는 대통령이 지명하는 3명, 대법원장이 지명하는 3명, 법률로 정하는 법관회의에서 선출하는 3명의 위원으로 구성한다.
④대법원장·대법관이 아닌 법관은 법관인사위원회의 제청으로 대법관회의의 동의를 받아 대법원장이 임명한다.
⑤대법관추천위원회 및 법관인사위원회의 조직과 운영 등 구체적인 사항은 법률로 정한다.

제105조 ①대법원장의 임기는 6년으로 하며, 중임할 수 없다.
②대법관의 임기는 6년으로 하며, 법률로 정하는 바에 따라 연임할 수 있다.
③법관의 정년은 법률로 정한다.

제106조 ①법관은 탄핵되거나 금고 이상의 형을 선고받지 않고는 파면되지 않으며, 징계처분에 의하지 않고는 해임, 정직, 감봉, 그 밖의 불리한 처분을 받지 않는다.
②법관이 중대한 심신상의 장해로 직무를 수행할 수 없을 때에는 법률로 정하는 바에 따라 퇴직하게 할 수 있다.

제107조 ①법률이 헌법에 위반되는지가 재판의 전제가 된 경우 법원은 헌법재판소에 제청하여 그 심판에 따라 재판한다.
②명령·규칙·조례 또는 자치규칙이 헌법이나 법률에 위반되는지가 재판의 전제가 된 경우 대법원은 이를 최종적으로 심사할 권한을 가진다.

③재판의 전심절차로서 행정심판을 할 수 있다. 행정심판의 절차는 법률로 정하되, 사법절차가 준용되어야 한다.

제108조 대법원은 법률에 위반되지 않는 범위에서 소송에 관한 절차, 법원의 내부 규율과 사무 처리에 관한 규칙을 제정할 수 있다.

제109조 재판의 심리와 판결은 공개한다. 다만, 심리는 국가의 안전보장 또는 안녕질서를 방해하거나 선량한 풍속을 해칠 염려가 있을 때에는 법원의 결정으로 공개하지 않을 수 있다.

제110조 ①비상계엄 선포 시 또는 국외파병 시의 군사재판을 관할하기 위하여 특별법원으로서 군사법원을 둘 수 있다.

②군사법원의 상고심은 대법원에서 관할한다.

③군사법원의 조직·권한 및 재판관의 자격은 법률로 정한다.

제6장 헌법재판소

제111조 ①헌법재판소는 다음 사항을 관장한다.

1. 법원의 제청에 의한 법률의 위헌 여부 심판
2. 탄핵의 심판
3. 정당의 해산 심판
4. 국가기관 상호 간, 국가기관과 지방정부 간, 지방정부 상호 간의 권한쟁의에 관한 심판
5. 법률로 정하는 헌법소원에 관한 심판
6. 대통령 권한대행의 개시 또는 대통령의 직무 수행 가능 여부에 관한 심판
7. 그 밖에 법률로 정하는 사항에 관한 심판

②헌법재판소는 9명의 재판관으로 구성하며, 재판관은 대통령이 임명한다.

③제2항의 재판관 중 3명은 국회에서 선출하는 사람을, 3명은 대법관회의에서 선출하는 사람을 임명한다.

④헌법재판소의 장은 재판관 중에서 호선한다.

제112조 ①헌법재판소 재판관의 임기는 6년으로 하며, 법률로 정하는 바에 따라 연임할 수 있다.

②헌법재판소 재판관은 정당에 가입하거나 정치에 관여할 수 없다.

③ 헌법재판소 재판관은 탄핵되거나 금고 이상의 형을 선고받지 않고는 파면되지 않는다.

제113조 ①헌법재판소에서 법률의 위헌결정, 탄핵의 결정, 정당해산의 결정 또는 헌법소원에 관한 인용결정을 할 때에는 재판관 6명 이상이 찬성해야 한다.

②헌법재판소는 법률에 위반되지 않는 범위에서 심판에 관한 절차, 내부 규율과 사무 처리에 관한 규칙을 제정할 수 있다.

③헌법재판소의 조직과 운영, 그 밖에 필요한 사항은 법률로 정한다.

제7장 감사원

제114조 ①국가의 세입·세출의 결산, 국가·지방정부 및 법률로 정하는 단체의 회계검사, 법률로 정하는 국가·지방정부의 기관 및 공무원의 직무에 관한 감찰을 하기 위하여 감사원을 둔다.

②감사원은 독립하여 직무를 수행한다.

제115조 ①감사원은 원장을 포함한 9명의 감사위원으로 구성하며, 감사위원은 대통령이 임명한다.

②제1항의 감사위원 중 3명은 국회에서 선출하는 사람을, 3명은 대법관회의에서 선출하는 사람을 임명한다.

③감사원장은 감사위원 중에서 국회의 동의를 받아 대통령이 임명한다.

④감사원장과 감사위원의 임기는 6년으로 한다. 다만, 감사위원으로 재직 중인 사람이 감사원장으로 임명되는 경우 그 임기는 감사위원 임기의 남은 기간으로 한다.

⑤감사위원은 정당에 가입하거나 정치에 관여할 수 없다.

⑥감사위원은 탄핵되거나 금고 이상의 형을 선고받지 않고는 파면되지 않는다.

제116조 감사원은 세입·세출의 결산을 매년 검사하여 대통령과 다음 연도 국회에 그 결과를 보고해야 한다.

제117조 ①감사원은 법률에 위반되지 않는 범위에서 감사에 관한 절차, 감사원의 내부 규율과 감사사무 처리에 관한 규칙을 제정할 수 있다.

②감사원의 조직, 직무 범위, 감사위원의 자격, 감사 대상 공무원의 범위, 그 밖에 필요한 사항은 법률로 정한다.

제8장 선거관리위원회

제118조 ①선거관리위원회는 다음 사무를 관장한다.

1. 국가와 지방정부의 선거에 관한 사무
2. 국민발안, 국민투표, 국민소환의 관리에 관한 사무
3. 정당과 정치자금에 관한 사무
4. 주민발안, 주민투표, 주민소환의 관리에 관한 사무
5. 그 밖에 법률로 정하는 사무

②중앙선거관리위원회는 대통령이 임명하는 3명, 국회에서 선출하는 3명, 대법관회의에서 선출하는 3명의 위원으로 구성한다. 위원장은 위원 중에서 호선한다.

③위원의 임기는 6년으로 한다.

④위원은 정당에 가입하거나 정치에 관여할 수 없다.

⑤위원은 탄핵되거나 금고 이상의 형을 선고받지 않고는 파면되지 않는다.

⑥중앙선거관리위원회는 법률에 위반되지 않는 범위에서 소관 사무의 처리와 내부 규율에 관한 규칙을 제정할 수 있다.

⑦각급 선거관리위원회의 조직, 직무 범위, 그 밖에 필요한 사항은 법률로 정한다.

제119조 ①각급 선거관리위원회는 선거인 명부의 작성 등 선거사무와 국민투표사무에 관하여 관계 행정기관에 필요한 지시를 할 수 있다.

②제1항의 지시를 받은 행정기관은 지시에 따라야 한다.

제120조 ①누구나 자유롭게 선거운동을 할 수 있다. 다만, 후보자 간 공정한 기회를 보장하기 위하여 필요한 경우에만 법률로써 제한할 수 있다.

②선거에 관한 경비는 법률로 정하는 경우를 제외하고는 정당이나 후보자에게 부담시킬 수 없다.

제9장 지방자치

제121조 ①지방정부의 자치권은 주민으로부터 나온다. 주민은 지방정부를 조직하고 운영하는 데 참여할 권리를 가진다.

②지방정부의 종류와 구역 등 지방정부에 관한 주요 사항은 법률로 정한다.

③주민발안, 주민투표 및 주민소환에 관하여 그 대상, 요건 등 기본적인 사항은 법률로 정하고, 구체적인 내용은 조례로 정한다.

④국가와 지방정부 간, 지방정부 상호 간 사무의 배분은 주민에게 가까운 지방정부가 우선한다는 원칙에 따라 법률로 정한다.

제122조 ①지방정부에 주민이 보통·평등·직접·비밀 선거로 구성하는 지방의회를 둔다.

②지방의회의 구성 방법, 지방행정부의 유형, 지방행정부의 장의 선임 방법 등 지방정부의 조직과 운영에 관한 기본적인 사항은 법률로 정하고, 구체적인 내용은 조례로 정한다.

제123조 ①지방의회는 법률에 위반되지 않는 범위에서 주민의 자치와 복리에 필요한 사항에 관하여 조례를 제정할 수 있다. 다만, 권리를 제한하거나 의무를 부과하는 경우 법률의 위임이 있어야 한다.

②지방행정부의 장은 법률 또는 조례를 집행하기 위하여 필요한 사항과 법률 또는 조례에서 구체적으로 범위를 정하여 위임받은 사항에 관하여 자치규칙을 정할 수 있다.

제124조 ①지방정부는 자치사무의 수행에 필요한 경비를 스스로 부담한다. 국가 또는 다른 지방정부가 위임한 사무를 집행하는 경우 그 비용은 위임하는 국가 또는 다른 지방정부가 부담한다.

②지방의회는 법률에 위반되지 않는 범위에서 자치세의 종목과 세율, 징수 방법 등에 관한 조례를 제정할 수 있다.

③조세로 조성된 재원은 국가와 지방정부의 사무 부담 범위에 부합하게 배분해야 한다.

④국가와 지방정부 간, 지방정부 상호 간에 법률로 정하는 바에 따라 적정한 재정조정을 시행한다.

제10장 경제

제125조 ①대한민국의 경제 질서는 개인과 기업의 경제상의 자유와 창의를 존중함을 기본으로 한다.

②국가는 균형 있는 국민경제의 성장 및 안정과 적정한 소득의 분배를 유지

하고, 시장의 지배와 경제력의 남용을 방지하며, 경제 주체 간의 상생과 조화를 통한 경제의 민주화를 실현하기 위하여 경제에 관한 규제와 조정을 할 수 있다.

③국가는 지역 간의 균형 있는 발전을 위하여 지역경제를 육성할 의무를 진다.

제126조 ①국가는 국토와 자원을 보호해야 하며, 지속가능하고 균형 있는 이용·개발과 보전을 위하여 필요한 계획을 수립·시행한다.

②광물을 비롯한 중요한 지하자원, 해양수산자원, 산림자원, 수력과 풍력 등 경제적으로 이용할 수 있는 자연력은 법률로 정하는 바에 따라 국가가 일정 기간 채취·개발 또는 이용을 특허할 수 있다.

제127조 ①국가는 농지에 관하여 경자유전(耕者有田)의 원칙이 달성될 수 있도록 노력해야 하며, 농지의 소작제도는 금지된다.

②농업생산성의 제고와 농지의 합리적인 이용을 위하거나 불가피한 사정으로 발생하는 농지의 임대차와 위탁경영은 법률로 정하는 바에 따라 인정된다.

제128조 ①국가는 국민 모두의 생산과 생활의 바탕이 되는 국토의 효율적이고 균형 있는 이용·개발과 보전을 위하여 법률로 정하는 바에 따라 필요한 제한을 하거나 의무를 부과할 수 있다.

②국가는 토지의 공공성과 합리적 사용을 위하여 필요한 경우에만 법률로써 특별한 제한을 하거나 의무를 부과할 수 있다.

제129조 ①국가는 식량의 안정적 공급과 생태 보전 등 농어업의 공익적 기능을 바탕으로 농어촌의 지속가능한 발전과 농어민의 삶의 질 향상을 위한 지원 등 필요한 계획을 수립·시행해야 한다.

②국가는 농수산물의 수급균형과 유통구조의 개선에 노력하여 가격안정을 도모함으로써 농어민의 이익을 보호한다.

③국가는 농어민의 자조조직을 육성해야 하며, 그 조직의 자율적 활동과 발전을 보장한다.

제130조 ①국가는 중소기업과 소상공인을 보호·육성하고, 협동조합의 육성 등 사회적 경제의 진흥을 위하여 노력해야 한다.

②국가는 중소기업과 소상공인의 자조조직을 육성해야 하며, 그 조직의 자율적 활동과 발전을 보장한다.

제131조 ①국가는 안전하고 우수한 품질의 생산품과 용역을 제공받을 수 있도록 소비자의 권리를 보장해야 하며, 이를 위하여 필요한 정책을 시행해야 한다.
②국가는 법률로 정하는 바에 따라 소비자운동을 보장한다.

제132조 국가는 대외무역을 육성하며, 이를 규제·조정할 수 있다.

제133조 국방이나 국민경제에 절실히 필요하여 법률로 정하는 경우를 제외하고는, 사영기업을 국유 또는 공유로 이전하거나 그 경영을 통제 또는 관리할 수 없다.

제134조 ①국가는 국민경제의 발전과 국민의 삶의 질 향상을 위하여 기초 학문을 장려하고 과학기술을 혁신하며 정보와 인력을 개발하는 데 노력해야 한다.
②국가는 국가표준제도를 확립한다.
③대통령은 제1항의 목적을 달성하기 위하여 필요한 자문기구를 둘 수 있다.

제11장 헌법 개정

제135조 ①헌법 개정은 국회 재적의원 과반수 또는 대통령의 발의로 제안된다.
②대통령의 임기 연장 또는 중임 변경을 위한 헌법 개정은 그 헌법 개정 제안 당시의 대통령에 대해서는 효력이 없다.

제136조 대통령은 제안된 헌법 개정안을 20일 이상 공고해야 한다.

제137조 ①제안된 헌법 개정안은 공고된 날부터 60일 이내에 국회에서 표결해야 하며, 국회 재적의원 3분의 2 이상의 찬성으로 의결한다.
②헌법 개정안은 국회에서 의결한 날부터 30일 이내에 국민투표에 부쳐 국회의원 선거권자 과반수의 투표와 투표자 과반수의 찬성을 얻어야 한다.
③헌법 개정안이 제2항의 찬성을 얻은 경우 헌법 개정은 확정되며, 대통령은 즉시 이를 공포해야 한다.

부칙

제1조 ①이 헌법은 공포한 날부터 시행한다. 다만, 법률의 제정 또는 개정 없이 실현될 수 없는 규정은 그 법률이 시행되는 때부터 시행하되, 늦어도 2020년 5월 30일에는 시행한다.
②제1항에도 불구하고 이 헌법을 시행하기 위하여 필요한 법률의 제정, 개정, 그 밖에 이 헌법의 시행에 필요한 준비는 이 헌법 시행 전에 할 수 있다.

제2조 ①이 헌법이 시행되기 전까지는 그에 해당하는 종전의 규정을 적용한다.

②종전의 헌법에 따라 구성된 지방자치단체, 지방의회, 지방자치단체의 장은 이 헌법 제9장에 따른 지방의회와 지방행정부의 장이 선출되어 지방정부가 구성될 때까지 이 헌법에서 정하는 지방정부, 지방의회, 지방행정부의 장으로 본다.

제3조 이 헌법 개정 제안 당시 대통령의 임기는 2022년 5월 9일까지로 하며, 중임할 수 없다.

제4조 ①2018년 6월 13일에 실시하는 선거와 그 보궐선거 등으로 선출된 지방의회 의원 및 지방자치단체의 장의 임기는 2022년 3월 31일까지로 한다.

②제1항에 따른 지방의회 의원 및 지방자치단체의 장의 후임자에 관한 선거는 부칙 제3조에 따른 임기만료로 실시하는 대통령 선거와 동시에 실시한다.

제5조 ①이 헌법 시행 당시의 공무원은 이 헌법에 따라 임명 또는 선출된 것으로 본다.

②이 헌법 시행 당시 대법원장의 지명으로 임명된 헌법재판소 재판관은 대법관회의에서 선출되어 임명된 것으로 본다.

③이 헌법 시행 당시의 감사원장, 감사위원은 이 헌법에 따라 감사원장, 감사위원이 임명될 때까지 그 직무를 수행하며, 임기는 이 헌법에 따라 감사원장, 감사위원이 임명된 날의 전날까지로 한다.

④이 헌법 시행 당시 대법원장이 지명한 중앙선거관리위원회의 위원은 대법관회의에서 선출한 것으로 본다.

제6조 이 헌법 시행 당시 군사법원에 계속 중인 사건으로서 이 헌법에 따라 군사법원의 관할에서 제외되는 사건은 법원으로 이관된 것으로 본다. 이 경우 이미 행해진 소송행위의 효력은 영향을 받지 않는다.

제7조 ①이 헌법 시행 당시의 법령과 조약은 이 헌법에 위반되지 않는 한 그 효력을 지속한다.

②종전의 헌법에 따라 유효하게 행해진 처분, 행위 등은 이 헌법에 따른 처분, 행위 등으로 본다.

제8조 이 헌법 시행 당시 이 헌법에 따라 새로 설치되는 기관의 권한에 속하는 직무를 수행하고 있는 기관은 이 헌법에 따라 새로운 기관이 설치될 때까지

존속하며 그 직무를 수행한다.

제9조 이 헌법 시행 당시의 지방자치에 관한 규정은 이 헌법에 따른 조례·자치규칙으로 본다.

[저자 약력]

김 종 세

계명대학교 법학과 교수
계명대학교 법과대학 수석졸업
한양대학교 법학석사 법학박사

주요 경력

독일 콘스탄츠대학교 유학(독일 DAAD 장학생)
미국 오번대학교 초청교수
법무부 연구위원
사법시험 출제위원
변호사시험 출제위원
국회사무처 출제위원
소방청 소방간부, 공채 출제위원
경찰청 경찰간부, 경채, 승진 등 출제위원
외교관 면접위원
인사혁신처 면접위원
인사혁신처 비상업무대비 출제위원
인사혁신처 각종 시험 출제위원
서울특별시 인재개발원 출제위원
국가평생교육진흥원 출제위원
한국산업인력공단 자격시험 출제위원
대구광역시 달서구 선거방송토론위원
경상북도 칠곡군 주택임대차분쟁조정위원
중앙경찰학교 외래교수
경상북도인재개발원 헌법담당교수
경상북도인재개발원 중견과정 정책과제 지도교수
대구광역시지방공무원교육원 지도교수
경상북도교육청 교육연수원 교육법 담당교수
대구광역시교육청 교육연수원 교육법 담당교수
대구광역시교육청 규제완화위원
법무부 다문화사회통합지원센터 거점운영기관협의회 부회장
대구경북법과대학 및 검찰실무회 간사
대구경북법과대학 및 법원교류협의회 간사
계명대학교 비사고시원 지도교수
계명대학교 법학과 학과장
계명대학교 이민다문화센터장
계명대학교 이민다문화사회학과장
계명대학교 기획부처장
대구광역시 시설관리공단 이사
금화복지재단 이사
국민권익위원회 부패영향평가자문단 위원
법무부 사회통합자원봉사위원
대구경찰청 징계위원
병무청 중앙신체검사소 징계위원, 정보공개위원
대구방송 SK브로드밴드 방송심의위원회 위원장

법무부 외국인옴부즈만위원회 위원장
대구지방검찰청 서부지청 검찰시민위원회 위원장

학회활동

(사)한국창의정책학회 회장
(사)한국법이론실무학회 부회장
(사)한국법학회 부회장
(사)한국공법학회 부회장
(사)한국부동산경매실무학회 부회장
(사)한국비교공법학회 상임이사
(사)한국법정책학회 상임이사
(사)전국법학교수협의회 간사
(사)한국토지공법학회 이사
(사)한양법학회 상임이사
(사)한국환경법학회 이사
(사)한국헌법학회 이사

저서 및 연구 논문

헌법판례 I
헌법판례 II
한자법률용어
경찰행정법판례
객관식 헌법(헌법총론)
객관식 헌법(기본권론)
객관식 헌법(국가조직론)
객관식 경찰헌법
환자의 연명의료결정법의 개선방안 외 90여 편

헌법개정사

초판발행 2024년 4월 30일

지은이 김종세
펴낸이 김중용

편 집 심성보 · 김인숙

펴낸곳 도서출판 정독
경기도 고양시 일산서구 하이파크로 113, 102-204
등록 제406-2014-000093호
전 화 031)924-7203 팩 스 02)718-8554
홈페이지 www.jeongdok.co.kr 이메일 admin@jeongdok.co.kr
ISBN 979-11-6858-265-1 93360

정 가 25,000원